ADDICTIONS 1

Faits d'observation clinique

LYDIA FERNANDEZ

ÉDITIONS
PERSPECTIVES
DES OUVRAGES POUR COMPRENDRE,
APPRENDRE, PROGRESSER.

TABLE DES MATIÈRES

INTRODUCTION

Les addictions regroupent des conduites relevant de la toxicomanie, de l'alcoolisme, du tabagisme, de la dépendance aux jeux vidéo et de tous les comportements de dépendance avec ou sans produits toxiques (addictions au travail, au sexe, au sport, etc.) (Pirlot, 2019)[1].

Cet ouvrage est une sorte de manuel-outil présentant des travaux ou des cours sur des thèmes soutenus par des vignettes ou des cas cliniques.

Les différents thèmes ou problématiques traités illustrent la pratique du psychologue avec différents outils (entretiens, échelles, questionnaires, tests projectifs de dessin, etc.) dans le champ de la clinique des addictions.

Le livre s'adresse aux psychologues-praticiens exerçant dans le champ des addictions, aux professionnels travaillant dans des lieux cliniques accueillant des personnes addictées. Mais aussi aux enseignants-chercheurs investiguant dans ce domaine et aux étudiants en psychologie intéressés par les addictions.

Clinique des addictions (alcool, tabac), addictions comportementales (jeu pathologique, achats compulsifs, etc.), vulnérabilités aux addictions, évaluations des addictions, etc. sont abordées confrontant le psychologue clinicien à des patients addictés (de tous âges) rencontrés au cours d'hospitalisation ou de consultations diverses.

---

[1] PIRLOT, G. (2019). *Psychanalyse des addictions*. Paris : Dunod, 3e édition, collection univers psy.

CLINIQUE DES ADDICTIONS

1. L'addiction et son parcours
2. Les caractéristiques de l'addiction : lorsque l'addiction est installée
2.1. L'addiction : une compulsion et un agir
2.2. L'addiction : auto-érotisme réussi ou raté ?
2.3. L'addiction : automédication physique et psychique
2.4. L'addiction : plaisir, déplaisir, auto-destruction, défi et ordalie
2.5. Les objets d'addiction
3. Addiction et vieillissement
3.1. Addiction et vieillissement précoce
3.2. Usages, usagers et dépendance
Bibliographie

1. L'addiction et son parcours

L'addiction est le résultat d'un itinéraire qui comporte des phases ou des passages et des stades (Lesourne, 2007 ; Fernandez, 2004). Chacun des sujets addictés suit un long chemin avec des avancées, des arrêts et des retours. Ces phases sont différentes selon le produit et l'individu. Ce qui détermine le passage d'une phase à l'autre est indépendant du produit lui-même.

Les discours des sujets addictés dévoilent les nombreux épisodes de leur parcours (premières expériences et qualité de l'expérience [sympathie, excitation] ou vécu physique de ces expériences [plaisir/déplaisir] et de leurs comportements d'addiction depuis l'initiation du comportement (recherche d'affirmation de soi, identification au groupe des pairs…) jusqu'à l'installation (habitude, état de besoin, manque, dépendance).

Au début du parcours, les premières consommations (initiation) sont volontaires et tout à fait conscientes. Elles ont lieu dans un contexte psychologique, social ou familial bien déterminé (convivialité). Les sujets en gardent un souvenir précis :
Monsieur A., 40 ans : *« j'ai commencé à fumer avec mon grand-père, un samedi après le déjeuner, il avait l'habitude de s'installer dans le salon et d'allumer sa pipe et un jour, il m'a fait essayer sa pipe, j'avais quinze ans »*. Les actes de consommation sont isolés les uns des autres, bénins, sans conséquences immédiates (*« prendre une bouffée dans sa pipe, c'était de temps en temps, ça ne me paraissait pas dangereux ni risqué »*). Ils produisent généralement du plaisir (*« prendre une bouffée dans sa pipe, ça m'a fait plaisir et j'ai aimé »*) et ils ont un caractère identificatoire positif à un groupe valorisé (avec notre jeune fumeur de pipe, il s'agit du groupe des hommes, celui auquel appartient son grand-père). Les motifs de la première consommation sont presque toujours futiles, il s'agit par

exemple de faire une nouvelle expérience intéressante et excitante : *« quand mon grand-père m'a proposé d'essayer sa pipe, je n'ai pas hésité, je me suis dit c'est excitant et nouveau, comme une expérimentation »*. Pour ce jeune fumeur de pipe, l'engagement est brutal : il *« découvre »* un produit (le tabac) et une pratique (fumer la pipe). Chez d'autres, le cheminement est plus long, passant par une consommation ludique, puis par la reconnaissance d'une dépendance que le sujet est sûr de pouvoir contrôler et rompre le moment venu.

Monsieur S., 47 ans : *« J'ai commencé à fumer du tabac vers douze ans et à fumer du cannabis vers treize ans, je voulais essayer avec ma bande de copains. On se voyait presque tous les mercredis après-midi à une certaine heure, pour fumer des joints, on s'asseyait en cercle, on les allumait et on se les passait, c'était un moment de retrouvailles sympathiques et on prenait ça comme un jeu. Je ne pensais pas à cette époque que ça allait devenir une véritable dépendance quelques années plus tard. Aujourd'hui, je ne fume que du tabac. J'ai arrêté de fumer depuis très longtemps du cannabis »*.

Durant le parcours, les actes de consommation se suivent les uns après les autres. Il est difficile d'en faire le compte.

Monsieur J., 60 ans : *« je ne me souviens pas combien de verres, je suis arrivé à boire dans une journée. Je buvais beaucoup, c'est certain »*. On ne doit pas perdre de vue que l'addiction — en tant que processus — commence en tant que comportement voulu ou accepté et devient un choix pleinement assumé. L'addiction a tendance à faire un tout qui devient la caractéristique principale de l'individu.

Monsieur U., 61 ans : *« je suis un joueur depuis de très longues années, c'est ma particularité »* (catégorie sociale d'appartenance bien définie). L'addiction apparaît comme un comportement qui procure du plaisir et/ou permet de limiter une forme de déplaisir. Le sujet n'a pas le sentiment d'être prisonnier du comportement et a la certitude de pouvoir le contrôler : *« je me suis toujours dit, je joue un peu et je m'arrête »*.

Mais au bout du parcours, que trouve-t-on ? L'addiction est souvent au bout d'un chemin. Le sujet devient dépendant à un produit ou à une situation recherché et consommé avec avidité (Pedinielli et al., 1997a). *« Du voulu ou accepté, le geste devient obligatoire, d'exécuté à l'instigation d'autrui, il devient totalement personnel ; d'intégrateur au groupe, il devient séparateur. De bénin, il devient grave. D'isolé, dans le temps, correspond à un certain contexte, il devient un parmi de nombreux actes, tous semblables et déconnectés du geste de l'existence »* (Lesourne, 2007, p. 24).

La dépendance physique quand elle existe peut s'accompagner d'une souffrance psychique, repérable à travers ce que nous dit le sujet de son histoire (Pedinielli,

Rouan, 2000). Les sujets retracent avec lucidité leur manière d'être *« sous l'emprise »*, d'être possédés par l'addiction, véritable compulsion, toujours présente qu'ils jurent de contrôler ou à laquelle ils promettent de renoncer.
Monsieur P., 67 ans : *« j'avais décidé d'arrêter de fumer du cannabis, j'ai résisté quelques jours, mais je me suis surpris à reprendre les joints »*.

Ils tiennent à distance quelques heures voire quelques jours, le produit ou la situation qu'ils semblent avoir dominés, mais qui revient en un instant leur faire perdre leur résolution : **monsieur U., 61 ans** : *« je me suis dit, je joue et j'arrête, mais je n'ai pas vu passer les heures et j'ai joué toute la nuit »*.

L'addiction apparaît lorsqu'après la rencontre avec le produit, les sujets sont confrontés à une situation de souffrance. Ils découvrent qu'ils ne peuvent pas rompre leur addiction, qu'ils sont envahis par l'addiction malgré des essais de maîtrise qui se sont souvent soldés par des échecs. Certains sujets évoquent d'emblée que l'addiction est au centre de leur mal être alors que d'autres dissimulent et ne révèlent que plus tardivement leur addiction à cause d'un sentiment de honte (impliquant le regard des autres et de la société sur leur addiction). Ils ne veulent pas être parqués dans des endroits spécifiques, séparés des autres ou montrés du doigt.

Monsieur R., 68 ans : *« Avant j'éprouvais une certaine fierté de dire que j'étais fumeur, surtout à mon âge, aujourd'hui j'ai honte, je cache mon tabagisme à l'extérieur et je fume chez moi. Ou alors quand je l'affiche à l'extérieur, c'est par bravade, je suis avec d'autres vieux copains fumeurs qui, comme moi, font de la résistance. Nous sommes des vieux fumeurs provocateurs »*.

Pour d'autres sujets encore, d'une certaine manière, ce que l'addiction apporte, contrebalance dans une certaine mesure les inconvénients qu'elle crée. Odile Lesourne (2007) parle d'une phase *« d'état »*, situation intermédiaire, qui peut être plus ou moins longue ou durer indéfiniment. On voit de vieux alcooliques qui ont toujours trop bu, mais cela ne les a pas empêchés de vivre normalement. Les grands fumeurs âgés qui vivent dans un milieu tolérant existent et ne se sentent pas atteints dans leur santé. Ils ont trouvé une sorte d'équilibre dans une situation intermédiaire où ils sont des sujets pré-addictés ou addictés fonctionnant à bas bruit.

Pour Valleur et Matysiak (2006 a, p. 61), *« un buveur ou un fumeur dépendant qui, librement, feraient le choix de continuer à boire ou à fumer ne seraient pas des addicts au plein sens du terme. D'une certaine manière, si une addiction d'abord inconsciemment choisie devient un choix pleinement assumé, elle cesse d'en être une »*. La position subjective du sujet est donc centrale. Ces sujets en phase *« d'état »* ne font pas de l'addiction *« une identité, ni un processus spécifique d'aliénation, mais simplement des adjuvants importants, des modes d'investissement ou de défense »* (Pedinielli, Rouan, 2000 ; Lesourne, 2007) qui leur permettent de trouver un certain équilibre. Pour certains d'entre eux (certains vieux sujets addictés par exemple), l'addiction évoque plus le fait d'avoir recours au produit [usage] (tabac, alcool, jeu…) que d'être un alcoolique, un fumeur, un joueur (dépendance) révélant souvent la dimension restitutive et auto-thérapeutique de l'addiction (Pedinielli, Rouan, 2000).

Monsieur D., 35 ans : *« Je joue beaucoup aux cartes et à toutes sortes de jeux de société avec mes vieux copains, mais pas d'argent, juste des jetons de couleur qui représentent des sommes d'argent. On se retrouve pour jouer chez moi et chez eux et on peut passer de nombreuses heures à jouer chaque jour. Nous ne sommes pas des joueurs, nous jouons juste pour éviter l'ennui, pour nous occuper et ne pas nous sentir isoler ou seuls chez nous à regarder la télévision ».*

Ils ne sont généralement pas sensibles aux campagnes de lutte contre les toxicomanies, ils n'ont jamais envisagé d'arrêter de fumer, de boire, de jouer… Ils ne perçoivent les effets négatifs sur leur santé que s'ils sont touchés par une maladie chronique invalidante.

Monsieur B., 66 ans : *« Fumons heureux en attendant la mort, c'est ma devise. Je suis un fumeur de cigares (havanes) et la fumée du cigare ne m'a pas encore envoyé au paradis. À 66 ans, j'ai de la chance, je suis en bonne santé, car malgré mon âge, j'ai eu une très bonne hygiène de vie, une vie agréable et heureuse et j'étais plutôt sportif alors je suis encore bien conservé physiquement. Vous savez, Raymond Devos disait : "il n'y a pas que le* tabac *qui soit* nocif. La *vieillesse aussi, c'est* dangereux. Je connais des gens qui en *sont morts". Alors, je n'ai jamais envisagé d'arrêter de fumer le cigare jusqu'ici, mais je suis sans doute un cas à part. Peut-être que si un jour je suis atteint par la maladie, je changerai d'avis ».*

Mais certains ne vont pas trouver leur équilibre dans une situation intermédiaire. Il apparaît alors qu'un mouvement de bascule dans l'addiction, généralement inaperçu sur le moment, s'opère. Il est constitué par un double facteur : une initiation (rencontre initiatique, révélation), puis une intolérance grandissante des sujets à se supporter tels qu'ils sont en l'absence du produit (Pedinielli, Rouan, 2000). Leur situation psychique de base (narcissisme très fragile, vacillation identitaire, tendance à l'agir…) et les circonstances extérieures (échec, deuil, déception amoureuse, défi…) sont propres à faire basculer les sujets, dans des états où ils vont commencer à se sentir obligés de prendre un ou des produits, de s'isoler dans leur pratique, pour s'évader, sortir de leur souffrance, penser à autre chose, se sentir autre ou tout-puissant. Il existe toujours un ou plusieurs évènements de vie ou des crises qui font passer les sujets d'un état relativement modéré à un état chronique : pour bien des alcooliques, le décès d'un proche aimé à la suite d'un accident (quelquefois causé par eux) et qu'ils ne parviennent pas à assumer ; pour les fumeurs, la mort d'un proche. Les sujets addictés arrivent alors dans l'état de besoin, de manque et s'installent dans la dépendance.

Monsieur N., 72 ans : *« J'ai commencé à boire tardivement quelques jours après le décès de ma femme à la suite d'une longue maladie, j'avais 65 ans. Je me suis senti subitement seul et j'ai eu la sensation d'un grand vide à l'intérieur de moi (comme si j'avais perdu ou cassé quelque chose) et autour de moi (avec la disparition de ma femme, j'ai réalisé que je serai désormais seul à la maison et que j'avais perdu la femme de ma vie). Je n'avais jamais bu avant cet évènement de vie tragique. Je buvais un peu quand nous recevions des amis à dîner, mais sans plus. Je ne sais pas ce qui m'a pris, mais un jour où j'étais très triste et déprimé, je me suis mis à penser à l'alcool et j'ai eu une très forte envie de boire un alcool très fort. Je n'arrivais pas à m'ôter cette idée de la tête. J'ai senti que j'en avais besoin, je n'ai pas pu résister, je me suis dirigé vers le meuble où l'on rangeait quelques bouteilles et j'ai bu en quelques jours tout ce que le meuble contenait. Je voulais ne plus penser, avoir la tête vide. À partir de ce jour-là, je ne me suis plus arrêté de boire. Je me rappelle toujours ce jour fatidique où j'ai basculé dans l'alcool ».*

2. Les caractéristiques de l'addiction : lorsque l'addiction est installée

2.1. L'addiction : une compulsion et un agir

L'addiction obéit à une impulsion personnelle qui surgit à l'intérieur du sujet. Il s'agit d'un irrésistible désir ou besoin (compulsion) de continuer à prendre le produit ou à réaliser un comportement pour chercher une sortie à la confrontation au manque. Confrontation qui peut s'avérer insupportable de par ses effets de production d'angoisse chez le sujet. Dans ces conditions, le sujet cherche une solution qu'il croit retrouver dans une nouvelle prise compulsive de produit.

La compulsion déborde les capacités de contrôle de l'individu. Le sujet se sent dans l'impossibilité d'échapper à sa conduite. Ce vécu compulsif incontrôlable et automatique entraîne de la souffrance chez l'individu. Il est contraint ou se sent contraint de recourir au produit (répétition). Il ne peut pas rompre avec l'addiction et découvre que celle-ci ne remplit plus son rôle de restauration de l'équilibre ou d'extinction de la souffrance (Lesourne, 2007 ; Varascon, 2005 ; Fernandez, 2004 ; Pedinielli, Rouan, 2000 ; Hantouche, 1997). Dès lors, la compulsion apparaît.

Monsieur M., 45 ans : *« Quelquefois, je ne sais pas si je suis triste ou en colère ou si j'ai faim, c'est alors que je commence à boire. Je ne peux pas m'empêcher de boire, c'est plus fort que moi ».*
Madame J., 43 ans : *« Je ne comprends pas, c'est absurde, mais je ne peux pas m'empêcher d'allumer une cigarette dès que je suis devant la télévision à regarder mon feuilleton. Je ne pense à rien d'autre, je fume devant la télévision ».*

Madame F., 38 ans : « *Quand j'ai de l'argent, je ne peux pas m'empêcher de le dépenser. J'ai une envie irrésistible d'entrer dans un magasin et d'acheter. Je suis très impulsive dans mes achats, j'ai souvent acheté sans pouvoir me retenir des objets dont je n'avais pas besoin alors que je manquais d'argent* ».

L'addiction est un agir qui traduit immédiatement en actes des impulsions, des fantasmes et des désirs (décharge dans l'agir, afin d'éviter les idées et les émotions conflictuelles ou pénibles qui, sous leur pression, risquent d'émerger. Il se produit un court-circuitage du psychisme (la pensée est réduite à son minimum ; les états affectifs sont innommables − *cf.* alexithymie), une faille dans la capacité de symbolisation, donc dans l'aptitude à élaborer mentalement l'impact de certains vécus conflictuels (Catteeuw, 2000 ; McDougall, 1982 ; 1996). Pour J. McDougall (1989), l'addiction est un agir immédiat et répétitif de qualité compulsive (« *les sujets dans l'addiction éprouvent un besoin incontrôlable de médicaments, nourriture, tabac, alcool, opiacés* ») qui vise à réduire la douleur psychique et les conflits pour compenser la carence dans l'élaboration psychique. L'addiction est une forme de désinvestissement par une répudiation des représentations difficiles et une évacuation des affects.

Mademoiselle S., 95 ans : elle est hospitalisée dans un service de soins et de réadaptation à la suite d'une fracture de la cheville. Elle n'a jamais été mariée et n'a pas d'enfant. Elle a travaillé toute sa vie en tant que modiste. Elle vit dans un contexte de désocialisation. Son réseau social est pauvre. Elle sort peu de chez elle et les derniers temps, avant son hospitalisation, elle ne sortait plus de son domicile pour faire les courses. Elle attendait que sa nièce lui porte des provisions.
Mademoiselle S. présente des troubles anxieux et dépressifs importants qui semblent liés :
− *à sa solitude* (« *mes amies sont toutes mortes ou ont déménagé et mes nièces, surtout une en particulier, me rendent peu visite. De plus, depuis que je suis à l'hôpital, aucune activité ne m'est proposée* »). Le vécu de solitude apparaît dans le discours de mademoiselle S. de façon récurrente « *je suis toute seule, je n'ai personne. Y., ce n'est pas ma fille. Je la considère comme ma fille, car c'est ma nièce. Pour elle, je ne suis que sa tante et puis elle a son travail, sa famille, elle ne peut pas venir me voir tous les jours. Je me sens seule, je n'ai personne à qui parler à part vous* ».
− *ainsi qu'à ses problèmes de santé* (problèmes auditifs, visuels et locomoteurs − elle se déplace avec un déambulateur de plus en plus difficilement, elle a peur de ne plus arriver à se déplacer et de se retrouver en fauteuil roulant).
Mademoiselle S. consomme des benzodiazépines quotidiennement (depuis le début de son hospitalisation, il y a cinq mois : Imovane 7,5 mg : 1 comprimé au coucher). Elle explique que ce médicament est indispensable pour elle : « *J'en ai besoin. Avec lui, au moins, je dors la nuit, ça m'empêche de rester éveillée et surtout de penser à tout un tas de choses* », « *avant je passais une partie de la nuit,*

pour ne pas dire toute la nuit, assise sur mon lit. Je pensais à plein de choses qui me contrariaient et parfois ça me faisait pleurer ».

Lors de la distribution des médicaments, elle vérifie que son comprimé est bien présent dans le pilulier *(« il faut qu'il soit là, dans le pilulier, j'ai besoin de le prendre tous les jours, ça me réconforte, je suis moins anxieuse, ça m'aide à dormir. Je ne pourrai pas imaginer de m'en passer ou de l'oublier, sans ce médicament, je souffrirai beaucoup »).*

Il existe des formes d'agirs où prédomine la dimension impulsive dans lesquelles les agirs comportementaux, souvent polymorphes, ne semblent pas reliés à des affects représentés.

Monsieur V., 54 ans : *« Quand je joue au poker, je joue depuis des années, car je suis joueur professionnel, ce que je ressens en jouant, c'est surtout une excitation, une impulsion à jouer. Le poker, c'est un sport mental, je me considère comme un sportif. Il faut être patient, se maîtriser, contrôler ses émotions et avoir une excellente hygiène de vie ».*

Nous trouvons également des formes d'agirs où prédomine une conflictualité intra-psychique plus compulsive dans lesquelles les mises en actes spécifiques et différées sont liées à des affects anxieux et dépressifs donnant lieu à des représentations mentales (Venisse et al., 1989).

Monsieur E., 65 ans, *ne parvient pas à assumer la perte de sa femme (conflit). Il se sent perdu, seul, triste (affects dépressifs) et il bascule dans l'alcool. Il se met quelques jours après le décès de sa femme à vider compulsivement des bouteilles et des verres d'alcool (mise en actes différée) pour ne plus penser (court-circuitage de l'activité de pensée).*

2.2. L'addiction : auto-érotisme réussi ou raté ?

L'*auto-érotisme* pourrait être le ressort des addictions (Lesourne, 1984 ; Pedinielli, 1994 ; Pirlot, 1997, 2002, 2019 ; Fernandez, 1999, 2004 ; Lesourne, 2007).

Pour Pedinielli (1994), toute addiction (se piquer, manger, boire, fumer…) est une forme spécifique d'auto-érotisme (se substituant à une activité sexuelle impossible, car supposant un investissement objectal menaçant pour le sujet) repérable dans l'acte qui lie l'objet et le sujet. Dans cet auto-érotisme, l'acte et l'effet de l'acte (réduplication dans l'agir de l'opposition entre plaisir préliminaire et plaisir terminal) doivent être pris en compte. Il ne s'agit pas seulement de se protéger, de se soulager, mais de se remplir, de faire *« le plein de vie »*. Car ce dont se plaint, par exemple, l'amateur de sensations, qu'il soit fumeur, sportif, joueur…, c'est justement de ne pas ressentir, de s'ennuyer, de ne pas *« vivre à plein »*. Le phénomène d'addiction apparaît généralement comme l'expression psychique d'un attachement aux effets du produit. Il maintient un lien étroit entre un objet extérieur, un corps (autant pulsionnel que biologique) et une forme de soulagement.

Se référer à l'hypothèse d'activité auto-érotique réussie (c'est-à-dire d'une activité dirigée vers une satisfaction auto-érotique), c'est accepter l'idée que cette satisfaction auto-érotique pourrait éviter au sujet de passer une demande vers un autre pour la satisfaction de ses besoins. Et le recours à l'addiction serait interprété comme une réduction du désir à la simplicité du besoin.

Pour Lesourne (2007), l'addiction est clairement un acte « *auto* ». Le vécu et la sensation ne sont pas partagés et isolent d'autrui. Mais ce vécu n'est pas un vécu érotique (exception faite du tabagisme pour cet auteur). Il comporte l'excitation des plaisirs préliminaires, mais l'acte addictif terminé n'apporte aucun soulagement. Il ne donne que l'envie, le besoin de recommencer. Comme si, chaque fois, la tentative était ratée et que le sujet n'arrivait pas à trouver d'autres solutions pour s'apaiser. C'est seulement lorsque l'acte addictif rend le sujet physiquement incapable de continuer qu'il s'arrête (*cf.* les soûleries en chaînes de l'alcoolique).

Prenons l'exemple du tabagisme. Le tabagisme est considéré comme une pratique auto-érotique typique. La plupart des fumeurs éprouvent un certain plaisir à fumer, même si au début, l'acte de fumer semble dépourvu de tout caractère auto-érotique. La cigarette fait naître un désir inassouvi, mais peut apporter la jouissance. C'est du moins ce que cherche le jeune fumeur. Les premières cigarettes provoquent un phénomène de co-excitation libidinale et c'est sur cette base que va se construire l'auto-érotisme. Le jeune fumeur va opérer un repli auto-érotique. Il va s'efforcer de tirer la jouissance : jouissance du sujet et jouissance de la zone érogène, pour faire de la cigarette une bonne cigarette pourvoyeuse de plaisir. Les « bonnes » cigarettes sont préférentiellement celles qui suivent les repas ; les zones érogènes ont été alors excitées en même temps que le besoin physiologique satisfait. La cigarette prolonge cette excitation comme pour redoubler le phénomène ancien du plaisir d'organe et la satisfaction du besoin, comme si le fumeur était contraint de produire lui-même ce phénomène. Mais le clivage est là pour sauvegarder quelque chose qui risquerait d'être contaminé par le mauvais objet ou détruit par l'agressivité. Ce clivage maintient, sauvegarde le symbolisme de la cigarette renvoyant à la dimension du plaisir (Fernandez, 1999). *« La cigarette est un moyen, en quelque sorte parfait, de donner libre cours à l'auto-érotisme. Fumer mime à la perfection les premiers mouvements de l'auto-érotisme, basés sur l'expérience de la tétée. La cigarette, c'est un peu la tétine de l'adulte. Aucun des autres produits d'addiction n'a cette capacité de présence permanente et d'offre acceptable de l'auto-érotisme »* (Lesourne, 2007).

Tous les fumeurs ne parviennent pourtant pas à tenir cette position et pour ceux-là le plaisir devient souffrance. Pour ces fumeurs, plus la cigarette devient mauvaise, plus elle se vide de sa représentation et il n'y a plus d'auto-érotisme sur la base du plaisir (*cf.* auto-érotisme raté (Lesourne, 2007) ou auto-érotisme artificiel (Rado, 1975), mais seulement sur celle de la souffrance. Le tabagisme devient un comportement suicidaire. La cigarette est presque dédramatisée et d'autant plus indispensable qu'elle est vide de signification. Pour eux, plus de clivage entre bonnes et mauvaises cigarettes, elles sont toutes identiques et indispensables.

2.3. L'addiction : automédication physique et psychique

Toutes les addictions sont à l'évidence des médicaments détournés de leurs usages et faites pour soigner (*cf.* McDougall, 2001 – le comportement addictif comme analgésique), pour faire du bien, pour guérir, pour atténuer les souffrances (*cf.* Jeammet, 2000 – « les conduites addictives comme *"pansement pour la psyché"*) alors que paradoxalement les addictions font du mal, abîment, voire détruisent : désordres corporels et psychiques).

Les addictions [par exemple, tabac (Glassman et al., 1990 ; Anda et al., 1990) ; comportements de prises de risque (Spadone, Baylé, 1995) ; autres drogues (Lôo, 1990)] font fonction d'automédication :
– *physique* : le produit est utilisé, par exemple, pour soigner un dysfonctionnement interne de nature physique, réduire les symptômes négatifs schizophréniques voire limiter l'apparition de phénomènes psychotique ;
– *et/ou psychique* : la substance est employée, par exemple, pour chasser une sensation de malaise psychique, pour apaiser des tensions (états d'anxiété, stress, angoisse) ou certains états émotionnels (dépression) [Rado, 1933 ; Wurmser, 1974 ; Mc Dougall, 1982, 1989, 2001 ; Khantzian, 1985, Khantzian et al., 1990 ; Pedinielli, 1994, Fernandez, 2004 ; Lesourne, 2007].

Les addictions ne se réduisent pas à la dépendance biologique à une substance. L'individu addicté n'est pas qu'un sujet biologique, il est aussi un sujet psychologique dont les discours, les comportements, ne s'expliquent pas seulement par l'existence d'une dépendance physiologique au produit. La prise du produit, son utilisation systématique, les particularités de la dépendance répondent aussi à une souffrance psychique que le sujet tente de résoudre et qu'il ne fait que transformer en une autre. Le sujet dépendant n'est donc *« ni le consommateur, ni l'usager, ni la simple victime de la dépendance physique, mais le sujet psychiquement dépendant d'un toxique »*. Le toxique fait fonction d'automédication (Pedinielli, 1994).

Les addictions représentent des mécanismes de défense massifs contre la douleur psychique, visant à obscurcir, écarter les expériences psychiques irrépressibles, insupportables, qui, faute de défenses, pourraient susciter la confusion. Il s'agit d'une tentative d'auto-guérison vis-à-vis d'états menaçants, le sujet se sentant persuadé que la parade est assurée du fait de l'illusion de contrôle omnipotent sur l'objet de substitution (d'addiction) choisi, qui est censé ne jamais faire défaut. Les sujets addictés ont besoin d'échapper au sentiment de malaise et de souffrance qu'ils ressentent et en même temps d'anticiper l'euphorie qui pourra leur apporter cet objet de soulagement (McDougall, 1989, p. 124 ; 2000, p. 37 ; 2001, p. 16).

Nous retrouvons cette tentative d'automédication et de recherche permanente du *bon produit*, de *la bonne solution* chez bon nombre de sujets addictés (*cf.* **mademoiselle R., 95 ans** : son cachet la réconforte, la rassure. Elle est moins angoissée et peut dormir la nuit).

2.4. L'addiction : plaisir, déplaisir, auto-destruction, défi et ordalie

Plaisir et déplaisir

Ce que cherche avant tout, le sujet addicté, c'est consciemment la recherche du plaisir ; ce n'est pas le désir de se faire du mal qui prime. Bien que le sujet addicté puisse se sentir esclave de son objet ou de son comportement addictif, son but n'est en aucun cas de se faire du tort ; bien au contraire, il pense que cette poursuite est celle d'un bon objet qui lui procure un état de bien être voire de normalité perdue ou jamais retrouvée. L'addiction est le besoin de se débarrasser au plus tôt de tout sentiment d'angoisse, de colère ou de tristesse qui font souffrir voire même de sentiments en apparence agréables ou excitants et qui sont vécus inconsciemment comme défendus ou dangereux. L'addiction implique toujours un mélange de douleur (entraînant un déplaisir) et de plaisir. Tout ce qui relève du déplaisir est principalement psychique (vide, angoisse, ennui, culpabilité...) et parfois physique (sensation de manque). Le déplaisir est ressenti avec une acuité particulière parce que rien ne vient tempérer cette douleur dont le poids se révèle écrasant (Mc Dougall, 2001). Les sujets addictés évoquent alors leur sentiment d'être envahis par l'addiction, les drames issus de celle-ci, la souffrance que rien ne peut atténuer et le dépérissement qu'elle entraîne. C'est ainsi que vient l'acte suivant d'addiction qui doit apporter un plaisir censé gommer, effacer, annuler la souffrance vécue précédemment (Lesourne, 2007 ; Pedinielli, Rouan, 2000).

Auto-destruction et mort

Les addictions majeures s'attaquent au corps et au psychisme et entraînent des désordres corporels et/ou des désordres psychiques. Toutes les addictions sont des conduites autodestructrices (Lesourne, 2007 ; Pedinielli, 1995) :
- soit *directes* : celles qui font appel à une intentionnalité avec un effet destructeur immédiat (tentatives de suicide, suicide, overdoses par exemple).
- soit *indirectes* : celles qui sont les conséquences à terme de leurs comportements d'addiction (maladies chroniques).

Le rapport à la mort est tout à fait différent selon la position actuelle du sujet addicté concernant :

— le *présent* : son âge, son état de santé physique et psychique, son existence sociale et familiale, sa culture, sa religion ;

— le *passé* : son histoire, les évènements de sa vie qu'il a connus...

Avec les sujets addictés, la question de la mort apparaît sous un jour particulier. Ils parlent :

— *de la mort d'un proche* : la mort de l'autre confronte le sujet à sa propre finitude et à son risque de disparition. Le déni de cette réalité aboutit à l'addiction ou au maintien du fonctionnement addictif (*cf.* **monsieur N., 72 ans**, devenu alcoolique quelques jours après le décès de sa femme) ;

— *des risques pour la santé* : **madame, H., 60 ans** : « *peut-être que je vais mourir d'un cancer du poumon à force de fumer* » ;

— *de leur difficulté à vivre et de leur volonté de mourir* (**mademoiselle R., 95 ans** : la mort est très présente dans son discours : « *j'ai 95 ans et même si je prends des médicaments, je n'y vois plus, j'entends plus, je marche plus. Qu'est-ce que je fiche ici ? Pourquoi je meurs pas ? J'aimerais mourir au plus vite, j'ai rien à faire ici. Qu'est-ce que j'apporte aux autres ? Je suis une charge* »).

La question de la mort n'apparaît pas seulement sous le jour de la destruction de soi ou de la disparition, mais sa représentation, sa mise en acte sont dans certaines circonstances, associées à une tentative de restitution de soi, voire de réinvestissement narcissique et constituent des tentatives de reconstruction (Pedinielli, 1995).

La mort peut apparaître comme l'identique du produit en ce qu'elle est présentée comme permettant de poursuivre une même recherche, sinon d'obtenir un même résultat (la mort cherchée). Mort et produit se rejoignent dans une même catégorie, celle qui a trait à la résolution d'une situation d'impasse générée par une rupture (l'injonction d'arrêter de fumer).

C'est le cas de **Camille, 85 ans**, dont l'histoire est rapportée par S. Granotier dans le quotidien Libération du jeudi 13 mars 2008 : « *La dernière cigarette du retraité* ».

La mort peut apparaître comme l'antithèse du produit (**monsieur I., 71 ans** : « *je suis aujourd'hui en mauvaise santé parce que je fume et je bois depuis de très nombreuses années, j'ai bien essayé d'arrêter, de m'en sortir, mais je retombe dedans, rechercher la mort, c'est peut-être la seule solution pour m'en sortir* ». La mort cherchée est ici une tentative pour essayer de rompre avec le processus addictif (discontinuité). Rechercher la mort, c'est tenter de se dégager de l'assujettissement et de l'aliénation par un acte (marquant la rupture avec l'addiction) qui signe l'échec du processus addictif.

Pour Pedinielli (1995), les rapports entre mort et psychisme chez les sujets addictés se ramènent à une opposition entre continuité et discontinuité : la mort peut se situer dans la continuité du processus addictif ou en radicale discontinuité, ce qui est souvent le cas de nombre de comportements concrets. Le recours au produit et ses premiers effets mettent à l'écart certaines défaillances et une souffrance non élaborable, mais le prix à payer est l'addiction produite. Le recours à la mort, dans ce contexte particulier, possède soit un rôle de maintien de l'illusion et des bénéfices (continuité-addiction-mort), soit un rôle de rupture de l'addiction et de production de l'identité (*cf.* Camille, 85 ans).

Les comportements mortels qui tentent de rompre avec l'addiction (discontinuité) possèdent la particularité d'être des prises de risques dont les effets ne sont pas seulement la destruction de soi, mais bien une forme de reconstitution d'une identité illusoire ou d'un narcissisme aliénant (Pedinielli, 1995).

Défi et ordalie
Charles-Nicolas (1981, 1985, 1989) décrit des comportements ordaliques chez les sujets addictés. Il parle de la manière qu'ils ont de cheminer au fil du rasoir, de laisser au hasard le soin de décider de leur sort. Nous y reviendrons. Sans aller jusque-là, chaque fois que le fumeur allume une cigarette, chaque fois que l'alcoolique prend un nouveau verre, ils lancent un nouveau défi, puisque ce n'est jamais assez et qu'il faut continuer. Le défi est exprimé au début du parcours du sujet addict, mais plus l'addiction gagne, plus elle est intériorisée. Chez le fumeur, le défi est à la maladie : « **Madame H., 65 ans** : « *cela fait des années que je partage ma vie avec une artérite des membres inférieurs. Laquelle sera la plus forte ? »*.

Pour Charles-Nicolas et Valleur (1982), les conduites ordaliques, les comportements de prises de risque et de confrontation à la mort, expérimentés dans certaines addictions ne signifient pas paradoxalement l'auto-destruction, mais une régénération par la confrontation à la mort et une tentative de restitution du Moi par l'affrontement dans le réel à la castration et à la filiation (*cf.* la métaphore de l'ordalie renvoyant un jugement de Dieu). La conduite ordalique a une fonction défensive contre les pulsions destructrices et autodestructrices. Le risque est la mort du sujet pour préserver le Moi.

La conduite ordalique a *trois sources* :
– la compulsion de répétition inhérente à la déliaison et au jeu de la pulsion de mort,
– la jouissance mégalomaniaque,
– l'échec de la fonction identifiante de la conduite.
Elle entretient des relations avec :
– l'identité corporelle (se donner des limites, se constituer un corps libidinal unifié),

– les idéaux du Moi (expérience de toute-puissance),
– l'identité symbolique (identification primordiale par inscription dans une filiation),
– l'Œdipe (confrontation à la castration inassumée).

Les addictions ne sont pas systématiquement interprétables en termes d'ordalie. Les conduites ordaliques décrites par ces auteurs (certaines toxicomanies, certaines tentatives de suicide, certaines passions du jeu, les conduites de risque et certaines prises de risques : sports violents cascades dans lesquels le hasard et le risque sont maîtrisés) diffèrent de l'ordalie par leur statut. D'une part, elles renvoient à une répétition de comportements à risque comme dans certaines addictions. Insensiblement, Charles-Nicolas (1981, 1985, 1989) est passé de l'addiction, quête du plaisir (recherche de l'euphorie, d'une vitalité intérieure, de l'hallucination, de l'inconscience) à l'addiction comme un jeu avec la mort. Il situe la conduite ordalique comme une quête de régénération (teintée de passion) à travers un risque de mort. Mettre son corps en danger pour un tel sujet satisfait le besoin d'éprouver la mort pour vivre. Le paradoxe de ces conduites ordaliques, c'est qu'elles ont pour but la vie, alors qu'elles sont minées par l'auto-destruction réelle (Charles-Nicolas, 1989). D'autre part, elles s'adressent *« à certains comportements de rupture de la dépendance et de la mise à l'épreuve de l'identité trouvant place dans d'autres addictions comme la toxicomanie, la boulimie, l'alcoolisme qui ne sont pas tournées primairement vers la recherche et la jouissance du risque ».* L'ordalie *« serait alors une rupture de l'addiction et un moyen plus radical d'assurer l'identité »* (Pedinielli et al., 1997 a et b). En raison de leur sentiment d'inefficacité, d'impuissance face à la vie de dépendance, en raison de leur difficulté à trouver une identité, les toxicomanes vont chercher à amortir l'agression d'autrui et à colmater une blessure narcissique à travers des actes singuliers marquant leur différence et leur conférant le sentiment d'exister (Charles-Nicolas, 1985).

Monsieur P., 59 ans, *industriel à la retraite, encore très sportif pour son âge et en très bonne forme physique, n'a rien dans sa vie citadine qui le mobilise et lui apporte plaisir ou inquiétude. Tout est dans la réalité et le sérieux. Le mental est désaffecté. Il n'a aucun hobby, mais concentre tout son temps et son énergie sur ses fins de semaine et ses vacances. Il prend sa voiture de sport et fonce à toute vitesse vers la destination et les activités sportives de son choix avec sa compagne plus jeune et sportive comme lui. L'entretien avec monsieur P. révèle qu'il pratique assidûment des sports à risque et qu'il a failli plusieurs fois ne pas en revenir. Il a un peu ralenti ses activités à risque, mais explique qu'il n'y a qu'en pratiquant ces sports dangereux qui le confrontent à la mort qu'il a l'impression de vivre et d'exister et surtout qu'il peut avoir des relations sexuelles avec sa compagne.*

2.5. Les objets d'addiction

Les objets d'addiction peuvent être des substances avec drogue (alcool, tabac, médicaments, opiacés — Fernandez, Catteeuw, 2002 ; Véléa, 2005 ; Lowenstein, 2005 ; Valleur, Matysiak, 2006) ou sans drogue (jeux vidéo, Internet, nourriture). Les êtres humains peuvent également servir d'objets d'addiction (addiction à l'autre, passions, addictions sexuelles — Véléa, 2005 ; Lowenstein, 2005 ; Valleur, Matysiak, 2003, 2006b).

Le choix de l'objet d'addiction est rarement le fait du hasard (objet spécifique). Généralement, il correspond aux périodes particulières du développement du sujet au cours desquelles il y a une faille dans l'intégration des objets bienfaisants. La substance, la personne ou l'acte choisis revêtira un sens « *d'état idéal* » que le sujet espère atteindre à travers cet acte : plénitude, exaltation, puissance… Les objets d'addiction ne sont pas interchangeables.

Ils ne résolvent que momentanément la tension affective, car ils sont des solutions psychosomatiques (ils fonctionnent comme des objets de médiation entre le sujet et son propre corps) et non solutions psychologiques à la souffrance psychique. Le but de la solution addictive est de créer ou de réparer une faille dans l'univers psychique interne du sujet. La solution addictive est une tentative d'auto-guérison face aux états psychiques menaçants contre lesquels le sujet addicté veut lutter (McDougall, 1996).

Les addictions tendent à remplir toute la vie du sujet addicté aux dépens de toutes les autres activités. Elles finissent par envahir la vie du sujet pour ne plus lui permettre de s'occuper normalement. Elles fonctionnent comme des objets de remplacement qui viennent se substituer à d'autres activités et comme des objets d'assujettissement qui mettent le sujet dans une position de contrainte.

Madame, Z., 45 ans : « *Au lieu de ranger mon appartement, de faire la vaisselle et le ménage, bref, de vaquer à mes occupations, j'allume la télévision dès que je me lève le matin, elle exerce sur moi un attrait si irrésistible que j'oublie de m'occuper des tâches ordinaires ou de sortir. Je me rends compte que la télévision est venue petit à petit remplacer mes activités et que je ne peux plus m'en passer* ».

Pour J. McDougall (1982), tout objet d'addiction peut tenir lieu « *d'objet transitionnel à mi-chemin entre la perception de l'autre comme totalement nié par le sujet et l'autre reconnu comme ayant une existence indépendante, des attributs et des désirs propres* ». L'addiction apparaît comme une tentative de reconstruction de l'espace et de l'objet transitionnels manquants par le recours aux objets externes transitoires (qu'il faut remplacer continuellement puisqu'ils n'ont ni sens ni destin). L'objet de l'addiction est un objet signant un échec de l'introjection (de la fonction maternelle). Le recours à la drogue, la nourriture, l'alcool, le tabac, les médicaments… a pour but de pallier à des états de tension douloureuse. L'activité ou la substance addictive sont les substituts d'un objet transitionnel défaillant.

Prenons l'exemple de la cigarette : extrait d'une consultation avec J Mc Dougall (2001) :

Après huit ans d'abstinence tabagique, suite à des problèmes cardiaques, Delphine fume à nouveau plus d'un paquet de cigarettes par jour. Et elle n'a aucune intention de s'arrêter en dépit de sa fragilité cardiaque. J. McDougall lui demande alors ce qui l'a poussée à recommencer à fumer.

D. : « *En fait, il y a un an, en recevant une lettre de ma mère qui rabâchait ses demandes infantiles habituelles, j'ai été prise d'une attaque de tachycardie si forte que je me suis sentie en danger de mort. Je me suis précipitée au tabac du coin et j'ai acheté un paquet de Gauloises que j'ai fumées instantanément, l'une derrière l'autre alors que j'avais arrêté de fumer depuis huit ans. Et ça m'a immédiatement calmée* ».

J.M. : À part ces effets calmants que représente pour vous la cigarette ?

D. : « *Je sais ! Mon père, que j'admirais et aimais, était un grand fumeur. En dépit de la pression agaçante de ma mère, il n'a jamais cessé de fumer* ».

J.M. : Alors la cigarette est comme un symbole de votre père ?

D. : « *Alors, oui ! C'est vrai. La cigarette l'aidait à faire front devant les demandes et les attaques de ma mère* ».

J.M. : « Donc, si je vous comprends bien, lorsque vous avez vous-même recommencé à fumer, c'est parce que vous avez eu l'impression d'être attaquée par votre mère ? ».

D. : « *Oui, elle me démolit, elle me détruit comme elle l'a toujours fait* ».

J.M. : « Peut-on dire alors que vous mettez la cigarette-père entre vous et une mère dangereuse et menaçante ? ».

D. : « *Oui, c'est exactement ça !*

Cette terreur de l'introjection dangereuse n'est qu'un des facteurs de la difficulté à renoncer à la solution addictive.

3. Addiction et vieillissement

3.1. Addiction et vieillissement précoce

Un regard sur le siècle passé révèle que chaque décennie a connu sa substance phare. Les sujets addictés qui ont survécu à leur addiction, ou qui ont réussi à s'en sortir, vieillissent avec leur dépendance ou avec leurs thérapies. Aujourd'hui, le patient le plus âgé bénéficiant d'un traitement de substitution a 68 ans.

Lorsque l'on parle de « *vieux toxicomanes* », il ne s'agit pas forcément de toxicodépendants ou de patients soignés parvenus à l'âge de la retraite. Une longue carrière d'addiction accélère le processus de vieillissement à tel point que l'état de santé d'un héroïnomane de 50 ans peut correspondre à celui d'une personne de 70 ou 80 ans. Ces personnes souffrent fréquemment d'hépatites non traitées, susceptibles de conduire à de graves complications après vingt ans. Parmi les autres pathologies que l'on rencontre dans le milieu des drogués, on peut citer la tension artérielle élevée, des problèmes cardiaques (causés par les effets secondaires indésirables de divers médicaments), des maladies du métabolisme dues à une insuffisance du foie, le diabète, des abcès, de l'ostéoporose, la réduction de la masse musculaire et des blessures par chute pendant des périodes de « *défonce* » ou suite à des co-médications défavorables. De même, les conséquences de modes de vie défavorables à la santé pendant des décennies, comme le tabagisme ou la consommation excessive d'alcool, une mauvaise alimentation et un manque d'activité physique accélèrent le processus de vieillissement de manière drastique chez les sujets addictés. Leur état mental est tout aussi précaire : démence précoce et dépressions ne sont que deux des nombreuses maladies psychiques dont souffrent ces personnes (Egli, 2008).

3.2. Usages, usagers et dépendance

Une des difficultés auxquelles le clinicien est confronté est la diversité des usages et des usagers de drogue. Il ne semble exister pas de portrait type de l'usager de drogue, qui ne peut être défini ni par l'âge, ni par le sexe ni par l'appartenance à une catégorie sociale ou culturelle.

Au-delà des significations collectives de l'usage, chaque usager effectue ses choix personnels, en fonction de son histoire, de ses aspirations, de son fonctionnement psychique, mais aussi sans doute de ses caractéristiques physiologiques. Pour les uns, l'usage de drogues est synonyme de recherche d'intensité ou d'aventure, pour d'autres, les drogues soulagent d'une souffrance psychique.

La signification de l'usage de drogues évolue le plus souvent au fil des ans. Les addictions avec drogues (licites ou illicites) sont souvent expérimentées au moment de l'adolescence, par curiosité ou pour s'intégrer dans un groupe. Nombre de jeunes vont y avoir recours sur une période plus ou moins longue, puis vont progressivement renoncer à l'usage ou se contenter d'un usage occasionnel au fur et à mesure qu'ils trouvent place dans le monde adulte.

Quelques-uns vont s'engager, soit progressivement soit directement, dans un usage intensif. L'usage le plus intensif est le généralement réservé aux premières années de consommation. Pour une partie des usagers, on parle de « *lune de miel* » dans les premières années, puis le prix à payer est termes d'exclusion et de marginalité devient de plus en plus lourd. Les effets du produit peuvent aussi devenir moins satisfaisants, ou être vécus comme simplement répétitifs et une partie des usagers de drogues entrent alors dans une démarche d'éloignement du produit et/ou du monde de la drogue. En moyenne, cette démarche s'amorce après quatre ou six ans d'addiction, moment des premières demandes de soin et n'aboutit généralement qu'après une dizaine d'années d'addiction. Enfin, une autre partie des usagers n'envisagera pas de s'arrêter et les consommations vont s'installer sur de nombreuses années voire toute une vie (véritables carrières de sujets addictés).

Les sujets âgés addictés que nous avons rencontrés appartiennent à cette dernière catégorie d'usagers, celle *« des vieux routards »* de l'addiction qui n'ont pas mis fin à leurs addictions.

Les discours des sujets âgés nous apprennent que leur maintien dans l'addiction peut être expliqué par :

Des raisons ou motivations positives

La recherche du plaisir et l'habitude

Madame N., 68 ans : *« J'ai commencé à fumer par plaisir et toute ma vie la cigarette m'a apporté ce plaisir ressenti dès l'initiation, je ne suis pas encore prête à renoncer à ce plaisir ».*

Madame B., 67 ans : *« Je me mets devant la télé pendant des heures. C'est devenu une habitude et ça me divertit. De telle heure à telle heure, je regarde ce feuilleton, de telle heure à telle heure ce jeu télévisé ».*

On peut se demander de quel plaisir, il s'agit ? Moments de plaisir (fumer après les repas, après l'amour, après les situations de convivialité) ; plaisirs répétés ou faux plaisirs (car fumer ou regarder la télévision est devenue un réflexe conditionné, associé à tous les moments de la vie, une habitude) ; satisfactions orales, anales et phalliques subsumées par la satisfaction de résister, de s'opposer, d'être le plus fort, d'écraser l'autre (Lesourne, 2007).

Le besoin de stimulation et d'excitation

Monsieur W, 78 ans : *« Ce que j'aime, c'est parier sur des chevaux. J'ai perdu et j'ai gagné beaucoup d'argent en pariant, mais je continue, car j'aime voir les courses et les chevaux galoper, c'est très excitant, stimulant que je perde ou que je gagne ».*

Aller au champ de courses, c'est sortir de chez soi, le plus souvent plusieurs fois par semaine. C'est se retrouver dans une ambiance particulière : l'intensité des paris, l'effet de foule, le spectacle de la course pour rechercher un mystérieux frisson (excitation et tension) et pour éliminer purement et simplement les désagréments liés au principe de réalité au profit du seul principe de plaisir (Valleur, Bucher, 2006c).

La nécessité de reconnaissance sociale et identitaire

Monsieur X, 73 ans : « *J'ai eu deux carrières dans ma vie, une carrière de banquier et une carrière de fumeur de cigares* ». *J'ai arrêté ma carrière de banquier, mais je n'ai pas arrêté ma carrière de fumeur de cigares pour conserver un ancrage social et amical au sein de notre groupe de fumeur de cigares. C'est une façon de continuer d'exister après la mort professionnelle* ».

La pratique tabagique fait partie des comportements et des attitudes fortement impliquant pour l'individu, du fait qu'il y ait fortement engagé et directement concerné par ses conséquences, et que les enjeux identitaires sont essentiels. Ces enjeux identitaires ont la particularité d'être associés à une menace de l'identité de l'individu liée à trois dimensions sur lesquelles la position du fumeur est affaiblie : le manque de justification pour fumer, la stigmatisation sociale du fumeur (compte tenu de la représentation sociale négative du fumeur, de son image et de sa consommation de tabac) et le manque de légitimité sociale. Cette menace est intériorisée par le fumeur lui-même qui emploie des stratégies le mettant à l'écart de cette menace. Les études issues de la théorie de l'identité sociale ont montré que face à une menace de l'identité sociale, un individu aura tendance à s'engager dans des comportements collectifs, en particulier lorsqu'il présente une forte identification à son groupe (Falomir-Pistachor, Mugny, 2004).

L'automédication psychique, la relaxation et la détente

Monsieur T., 80 ans : « *Je joue seul aux machines à sous, je perds beaucoup d'argent parce que je joue régulièrement, mais chaque fois que je joue, mes angoisses s'envolent, c'est ma psychothérapie, pas la peine de me bourrer de cachets comme la plupart des petits vieux que je connais* ».
Madame U., 68 ans : « *J'ai toujours été d'un tempérament anxieux et fumer m'a toujours détendu et relaxé surtout quand je travaillais intensément* ».

Certains fument lorsqu'ils sont tendus ou en colère pour décharger leur agressivité. Ils peuvent fumer cigarette sur cigarette sans aller au bout, remplir leur cendrier, polluer les lieux avec leurs cendres, leurs mégots, leur fumée. Certains fument pour se sentir à l'aise lorsqu'ils sont en compagnie d'autres, lorsqu'ils parlent au téléphone. Tous ceux qui ont eu des difficultés dans l'établissement de relations par manque de confiance en eux par peur de déplaire ont tendance à fumer dans des circonstances sociales pour se tenir à quelque chose, pour se protéger des agressions. D'autres fument après une activité intense pour se détendre, pour se relaxer, pour rééquilibrer et pour apaiser (Fernandez, 2004 ; Lesourne, 2007).

Monsieur T. joue solitairement aux machines à sous pour ressentir des sensations, des stimulations (quel que soit le résultat de ses gains ou de ses pertes), pour calmer ses angoisses (rituel compulsif de décharge des tensions) et prend des risques (risques choisis et vécus positivement).

Des raisons ou motivations ou négatives

La dépendance

L.F. : « *Vous me dites que vous êtes dépendant(e) de/du…. De quelle dépendance s'agit-il selon vous ? Que représente pour vous votre dépendance ? »*.
Quelques exemples :

À cause de la passivité

Madame S., 70 ans : « *Je suis dépendante de la télévision, une télé addictée paraît-il. La télévision est allumée au moins trente heures par semaine et je la regarde en moyenne trois heures par jour, quelquefois plus, j'ai calculé, vous savez. Quelle dépendance ? Ça doit être psychologique. C'est une compagnie pour moi et un passe-temps pour éviter l'ennui et puis ça m'aide à planifier ma journée. Je sais qu'après tel feuilleton tel jour, c'est l'heure de mes courses. Comme je vis seule, je regarde la télé le plus souvent seule, assise immobile dans mon fauteuil confortable. Je suis assez passive, je me laisse guider par les divers programmes. Ma dépendance, ça représente la passivité. Comme ma vie, j'ai toujours été une spectatrice, toujours à me laisser guider par mes parents quand j'étais plus jeune et par mon mari ensuite et j'ai toujours suivi. Jamais dans l'activité, c'est toujours mes amies qui viennent me chercher pour m'obliger à faire d'autres activités, car je n'ai pas réellement de hobbies »*.

Certains individus regardent la télévision lorsqu'ils sont contraints ou qu'ils se contraignent à être inactifs pour se défendre contre la passivité.

Pour combler des besoins

Monsieur A., 61 ans : « *Je suis dépendant de l'alcool. Les deux dépendances physique et psychologique. Ma dépendance représente des besoins jamais assouvis, j'ai toujours besoin des femmes (pour me prouver que je suis un homme), de l'amour (parce que je suis un grand sentimental) et du sexe. Je me sens toujours frustré et alors je me replie sur moi-même, je remâche mon amertume ou je pars et la boisson vient éponger tout ça »*. « *Ça représente la honte surtout à la sortie d'abominables cuites après les vomissements, et l'oubli de ce qui s'est passé et surtout quand je recommence alors que je m'étais juré que ça n'arriverait plus »*.

Besoin d'amour jamais satisfait du côté de la mère et du côté du père. **Monsieur A.** n'a jamais trouvé une personne qui se soit vraiment intéressée à lui et qui l'a vraiment aimé. Il ne parviendra pas à avoir une vie sexuelle et une relation durable avec une femme. Il a besoin des femmes, mais en même temps, elles l'effraient. Chaque fois qu'il a fallu franchir le pas, il n'y est jamais arrivé. Alors, il boit avec excès pour oublier, pour ne pas penser. Lorsqu'il se sent frustré, il se replie sur lui-même ou il fuit de chez lui pour se rendre indifférent à tout, pour ne plus sentir les blessures que la vie lui inflige.

Le vécu de l'isolement, la solitude et le sentiment d'ennui

Madame K., 86 ans : *« Je suis très dépendante de la télévision. Chez moi, elle est allumée dès que je me lève le matin et même si je ne la regarde pas, le bruit de fond me suffit. Comme je suis seule, c'est une compagnie, un passe-temps pour éviter l'ennui ».*

Il semble que ce qui pose problème, c'est l'isolement, au sens de raréfaction des liens affectifs, familiaux et amicaux qui conduit la personne âgée à utiliser la télévision comme un substitut relationnel artificiel.

La quête d'une image de soi positive ou le rejet d'une image négative

Madame F., 66 ans : *« J'ai toujours aimé fumer, car cela m'a toujours donné un style, une certaine prestance. J'ai toujours été très bien habillée et la cigarette avec tous ses accessoires, ça m'a vraiment permis d'avoir une image de moi très positive. C'est un style de vie que je conserve ».*

Madame L., 62 ans : *« Je n'ai jamais su me mettre en valeur et j'ai toujours tendance à me déprécier alors pour lutter contre cette tendance, je joue aux cartes, au bridge, dans un cercle privé d'habitués où les femmes sont admises. Et comme, il paraît que je suis une excellente joueuse, puisque j'ai déjà gagné de nombreuses parties où les mises étaient importantes. Alors, c'est sans doute ma façon de me revaloriser ».*

La cigarette est le symbole de soi-même (prestance, style, rééquilibration narcissique). Elle permet de réguler les rapports entre soi (image de soi) et autrui (regard d'autrui) et de s'affirmer dans un rôle féminin.

La pratique du bridge doit être avant tout basée sur le plaisir de jouer en société, entre amis. Il permet d'ailleurs de multiplier ses relations, avec ses partenaires, mais aussi avec les autres joueurs, ce qui stimule la communication et les échanges autour d'une table. **Madame L.** a trouvé avec ce jeu, un moyen d'utiliser des qualités de concentration, de mémorisation, et même d'imagination, qualités qui sont largement développées par la pratique de ce jeu et qui lui ont permis de rétablir une estime de soi défaillante.

La résignation, la perception réduite des avantages pour la santé

Madame V., 79 ans : *« Cela fait longtemps que je ne me pose plus la question de savoir pourquoi je fume et si je dois arrêter. Je fume et j'ai renoncé à arrêter de fumer depuis longtemps parce que j'y trouve des bénéfices plaisants. Je ne vois pas quels avantages j'aurai à cesser de fumer même au niveau de la santé après tant d'années de tabagisme ».*

Certains sujets âgés ont tendance, malgré les campagnes de sensibilisation à l'arrêt tabagique, à ne pas percevoir les avantages pour la santé au renoncement du tabac à un âge avancé. En ne n'abandonnant pas le tabac, **madame V.**, n'a pas renoncé à une partie d'elle-même, à toutes les sensations externes ou internes que le tabac lui procure.

Des problèmes familiaux et des conditions de vie défavorables

Monsieur B., 67 ans : « *La vie n'est pas un long fleuve tranquille… j'ai commencé à fumer assez tard vers 25 ans, à la suite du décès de ma mère. J'ai perdu mon père peu de temps après. La cigarette a été une béquille à ce moment-là. J'ai rencontré ma femme, une fumeuse (elle avait 25 ans et moi 27) et nous nous sommes mariés assez rapidement. J'ai continué à fumer pendant toutes ces années. Je n'ai jamais envisagé d'arrêter de fumer. J'en tirai des bénéfices (toujours l'effet soutien et béquille). Ma femme m'a quitté pour partir avec mon meilleur copain à 40 ans (un vrai choc pour moi) et nous avons dû divorcer, vendre la maison, partager nos biens. Je me suis retrouvé dans une situation financière difficile (frais de la vie, pension alimentaire à verser…). Avec un salaire, c'est plus difficile qu'avec deux salaires… Et je me suis retrouvé seul à 42 ans. Je me suis investi dans mon travail pendant dix ans, dix ans où j'ai oublié de vivre, mais où j'ai réussi à stabiliser mon budget et où j'ai continué à fumer. Quand j'ai commencé à avoir quelques problèmes de santé à 55 ans, j'ai essayé d'arrêter de fumer, j'ai tenu un an et faute de soutien et de volonté, j'ai rechuté. J'essaie d'arrêter, je fais des tentatives, je tiens 6 à 12 mois et je rechute. J'ai remarqué que mes rechutes correspondent toujours à des moments où je suis en difficulté dans ma vie (moments de déprime, séparation). Je n'ai pas réussi à refaire ma vie. Je n'ai pas encore arrêté de fumer aujourd'hui et je dois même dire que cela fait un moment que je n'y pense plus* ».

Chez un certain nombre de grands fumeurs, la vie leur a apporté plus ou moins d'insatisfactions, de stress, de contraintes de tout ordre. Les problèmes qui dominent sont d'ordre narcissique. C'est de leur être tout entier qu'ils veulent s'assurer. Ils éprouvent « *une certaine difficulté d'être* ». Ils ne sont pas sentis suffisamment aimés, soutenus, compris dans leur plus jeune âge. La cigarette est pour eux, un signe, une indication de ce petit quelque chose d'essentiel qui leur manque, mais qui ne les empêche pas de travailler et de vivre (Lesourne, 2007).

En conclusion, nous pouvons dire que la clinique des addictions dévoile des épisodes de parcours de vie, le plus souvent reliés aux comportements d'addiction. Le clinicien confronté à la diversité des usages et des usagers de drogues se doit d'être à l'écoute et de repérer comment et pourquoi, en fonction de son histoire, de ses aspirations, de son fonctionnement psychique et de ses caractéristiques physiologiques, l'usager de drogue effectue ses choix d'addiction. Il sera ainsi en mesure d'offrir au sujet addicté une prise en charge psychothérapique adaptée à sa problématique addictive.

Bibliographie

ANDA, R.F., WILLIAMSON, D.F., ESCOBEDO, L.G., MAST, E.E., GIOVINO, G.A., REMINGTON, P.L. (1990). Depression and Dynamics of Smoking. A National Perspective. *JAMA*, 264, 12, 1541-1545.

CATTEEUW, M. (2000). *Phobie du penser et fonctionnalités addictives : étude psychodynamique de l'addiction aux substances psychoactives*, Thèse de doctorat en psychologie : Université Toulouse Le Mirail.

CHARLES-NICOLAS, A. (1981). Addiction, passion et ordalie. In: J. BERGERET, *Le psychanalyste à l'écoute du toxicomane*, Paris : Dunod, 63-74.

CHARLES-NICOLAS, A., VALLEUR, M. (1982). Les conduites ordaliques. In: C. OLIEVENSTEIN, *La vie du toxicomane*. Paris : P.U.F., 82-99.

CHARLES-NICOLAS, A. (1985). À propos des conduites ordaliques : une stratégie contre la psychose ? *Topique*, 35-36, 207-239.

CHARLES-NICOLAS, A. (1989). Fantasme et conduites ordaliques. In: *L'anorexique, le toxicomane et leur environnement*. Paris : E.S.F., 76-85.

EGLY, T. (2008). Question d'âge : toxicomanes vieillissants : un problème récent. *Spectra, newsletter*, décembre 2007-janvier 2008, 66, 2.

ESTERMANN, T. (2008). Question d'âge : la consommation des médicaments chez la personne âgée. *Spectra, newsletter*, décembre 2007-janvier 2008, 66, 2.

FALOMIR-PISTACHOR, J. M., MUGNY, G. (2004). *Société contre fumeur. Une analyse psychosociale de l'influence des experts*. Grenoble : PUG.

FERNANDEZ L., SZTULMAN H. (1999). La dépendance en psychopathologie. *L'Encéphale*, XXV 1, 233-243.

FERNANDEZ, L., CATTEEUW, M. (2002). *Cliniques des addictions. Théories, évaluation, prévention et soins*. Paris : Nathan Université.

FERNANDEZ, L. (2004). *Actualités des addictions en psychopathologie : diversité des approches, des méthodologies et perspectives*. Synthèse d'Habilitation à diriger des recherches, Université de Provence, France.

GLASSMAN A.H., HELZER, J.E., COVEY, L.S., CATTLER, L.B., STENER, F., TIPP, J.E., JOHNSON, J. (1990). Smoking, Smoking cessation and Major Depression. *JAMA*, 264, 26, 1546-1549

HANTOUCHE, E.G. (1997). Addictions et compulsions : similitudes conceptuelles. *Pratiques psychologiques*, 4, 25-36.

JEAMMET, P. (2000). Les conduites addictives : un pansement pour la psyché. In: S. Le Poulichet, *les addictions*. Monographies de psychopathologie. Paris: PUF, 93-108.

KHANTZIAN, E.J. (1985). The self-medication hypothesis of addictive disorders. *American Journal of Psychiatry*, 142, 1259-1264.

KHANTZIAN, E.J., HALLIDAY, K.S., M.C. AULIFFE, W.E. (1990). *Addiction and the vulnerable self: modified dynamic group therapy for substance abuses*, New York: Guilford Press.

LESOURNE, O. (2007). *La genèse des addictions. Essai psychanalytique sur le tabac, l'alcool et les drogues*. Paris : PUF.

LOO, H. (1990). Toxicomanies ou pharmacodépendances non alcooliques. In: P. DENIKER, TH. LEMPERIERE, V. GUTOYAT, *Précis de Psychiatrie Clinique de l'Adulte*. Paris : Masson, 310-317.

LOWENSTEIN, W. (2005). *Ces dépendances qui nous gouvernent comment s'en libérer ?* Paris : Calmann-lévy.

MCDOUGALL, J. (1982). *Théâtre du Je*. Paris : Gallimard.

MCDOUGALL, J. (1989). *Théâtre du corps*. Paris : Gallimard.

MCDOUGALL, J. (1996). *Éros aux mille et un visages*. Paris : Gallimard.

MCDOUGALL, J. (2001). L'économie psychique de l'addiction. In: J. MCDOUGALL, *Anorexie, Addictions et fragilités narcissiques*, Monographies de psychopathologie. Paris : P.U.F., 11-36.

PEDINIELLI, J.L. (1994). Corps et dépendance. In: D. BAILLY, J. L. VENISSE, *Dépendance et conduite de dépendances*. Paris : Masson, 111-126.

PEDINIELLI, J.L. (1995). Le toxicomane et la mort. *Cliniques Méditerranéennes*, 47/48, 37-57.

PEDINIELLI, J. L., ROUAN, G., BERTAGNE, P. (1997a). *Psychopathologie des addictions*. Paris : PUF. Nodules

PEDINIELLI, J. L., ROUAN, G., BERTAGNE, P. (1997 b). Addictions et dépendance. *Pratiques psychologiques*, 4, 5-12.

PEDINIELLI, J.L., ROUAN, G. (2000). Les logiques de l'addiction. In: S. Le Poulichet, *les addictions*. Monographies de psychopathologie. Paris : PUF, 81-92.

PIRLOT, G. (1997). *Les passions du corps. La psyché dans les addictions et les maladies auto-immunes : possessions et conflits d'altérité*. Paris : PUF, collection le fil rouge.

PIRLOT, G. (2002). Complexité psychopathologique du phénomène d'addiction réévalué avec des concepts psychosomatiques et métapsychologiques. *Psychotropes*, 8, 2, 97-118.

PIRLOT, G. (2019). *Psychanalyse des addictions*. Paris : Dunod ,3ᵉ édition collection univers psy,.132-133.

RADO, S. (1933). La psychanalyse des pharmacothymies. In: J. L. Chassaing, *Écrits psychanalytiques classiques sur les toxicomanies*. Paris : Éditions de l'association freudienne internationale, 1998.

RADO, S. (1975). *La psychanalyse des pharmacothymies*. Revue Française de psychanalyse, 4, 611.

SPADONE, C., Bayle, F.J. (1995). Conduites à risque et dépression. In: J. P. OLIE, M.F. POIRIER, H. LOO, *Les maladies dépressives*. Paris : Flammarion, 52-57.

VALLEUR, M., MATYSIAK, J.C. (2003). *Sexe, passion et jeux vidéo. Les nouvelles formes d'addiction*. Paris : Flammarion.

VALLEUR, M., MATYSIAK, J.C. (2006a). *Les addictions. Panorama clinique, modèles explicatifs, débat social et prise en charge*. Paris : Armand Colin.

VALLEUR, M., MATYSIAK, J.C. (2006 b). *Les pathologies de l'excès. Sexe, alcool, drogue, jeux… Les dérives de nos passions*. Paris : J.C. Lattès.

VALLEUR, M., BUCHER, C. (2006 c). *Le jeu pathologique*. Paris : Armand Colin, collection 128.

VARASCON, I. (2005). *Psychopathologie des conduites addictives*. Paris : Belin Sup.

VELEA, D. (2005). *Toxicomanies et conduites addictives*. Paris : Éditions Heures de France.

VENISSE, J. L., RAULT. A., SANCHEZ, M. (1989). Conduites addictives. Objet de l'addiction. *Psychologie médicale*, 21,12, 1767-1770.

WURMSER, L. (1994). Psychodynamics in compulsive drug use. In: J.D. LEVIN, R. H. WEISS (Eds). *The dynamics and treatment of alcoholism: Essential papers,* Northvale, NJ, US: Jason Aronson, Inc.,176-206.

LYDIA FERNANDEZ

ADDICTIONS COMPORTEMENTALES

1. Définition

Par *addiction comportementale*, il faut entendre un ensemble d'activités et de comportements addictifs ne consistant pas à consommer des substances psychoactives (cf. addictions sans drogues). La dépendance physique passe au second plan après les aspects psychiques englobant surtout le *« désir compulsif et incontrôlable »*, le craving (Hantouche, 1997). Sont mis en avant, *« la contrainte, la répétition et le besoin compulsif »* (Baylé et al., 1994).

Le principe de l'addiction comportementale consiste en ce que le comportement fournit à l'individu qui le réalise un ensemble de stimulations (psychomotrices, sensorielles, proprioceptives, intellectuelles, émotionnelles...) qui ont une action cérébrale et psychique par l'intermédiaire de la libération de drogues endogènes. L'addiction comportementale s'inscrit bien dans la ligne de l'activité addictive (marquée par des phénomènes de manque, de tolérance, de perte de contrôle, de saillance, de rechute...). Des stratégies comportementales permettent aux individus de contrôler leurs états psychologiques (Neiss, 1993), mettant en jeu conditionnements et apprentissages (O'Brien et al., 1992).

Ces définitions psychologiques et/ou comportementales permettent de dégager **huit signes de reconnaissance d'une addiction** (Loonis, 2015) :
   1) soulager une souffrance ;
   2) se donner du plaisir, se détendre (rechercher des stimulations) ;
   3) ressentir un manque (dépendance physique) ;
   4) ne plus sentir les mêmes effets ou mêmes doses (tolérance) ;
   5) avoir besoin de toujours plus (tolérance) ;
   6) perdre le contrôle de ce qu'on fait (saillance) ;
   7) vivre des conflits externes (pertes financières par exemple) et/ou internes (baisse de l'estime de soi par exemple) ;
   8) combattre pour arrêter ou rester abstinent et rechuter.

Jeu pathologique, achats compulsifs, troubles des conduites alimentaires, sexualité addictive, conduites de risques, efforts intensifs, tentatives de suicide, addiction au travail, kleptomanie...

2. L'addiction au jeu

Maintes fois décrite par les romanciers (Dostoïevski, Schnitzler) et les scénaristes, la *« passion du jeu »* est considérée comme une addiction à partir du moment où le joueur a perdu sa liberté de s'arrêter de jouer. Le DSM-IV reconnaît, dans la catégorie *« Troubles du contrôle des impulsions non classés ailleurs »*, le *« Jeu pathologique »*. Il se caractérise par la préoccupation par le jeu, le besoin de jouer des sommes croissantes pour atteindre l'état d'excitation, des efforts répétés et infructueux pour s'arrêter, l'agitation ou l'irritabilité lors des tentatives d'arrêt ou de réduction du jeu, l'utilisation du jeu comme moyen de compenser les pertes, les troubles de la vie sociale (mensonge pour dissimuler l'ampleur du jeu, actes illégaux pour se procurer de l'argent, mise en danger des relations affectives), l'utilisation des autres pour trouver de l'argent. Le phénomène, sans doute stimulé par les multiples sollicitations sociales, connaît une réelle importance puisque 1 à 3 % de la population en serait atteinte. Le jeu *« des initiés »* (casino, cercles) est maintenant complété par les « jeux de masse » (machines à sous, loteries, grattage...) ce qui lui accorde de nombreux nouveaux adeptes dans toutes les couches sociales. On remarque d'ailleurs que la pauvreté ne réduit pas le nombre de joueurs, certains « oubliés de la croissance économique » vivant dans l'idée que le sort peut (doit) réparer leur infortune sociale.

Trouble lié au jeu d'argent (Jeu pathologique)
DSM 5 – Manuel Diagnostique et Statistique des troubles mentaux (2015)
Critères diagnostiques
A.   Pratique inadaptée, persistante et répétée du jeu d'argent conduisant à une altération du fonctionnement ou une souffrance, cliniquement significative, comme en témoigne, chez le sujet, la présence d'au moins quatre des manifestations suivantes au cours d'une période de 12 mois.
1) Besoin de jouer avec des sommes d'argent croissantes pour obtenir l'état d'excitation désiré
2) Agitation ou irritabilité lors des tentatives de réduction ou d'arrêt de la pratique du jeu
3) Efforts répétés, mais infructueux pour contrôler, réduire ou arrêter la pratique du jeu
4) Préoccupation par le jeu (remémoration d'expériences de jeu passées ou par la prévision de tentatives prochaines ou par des moyens de se procurer de l'argent pour jouer).
5) Joue souvent lors des sentiments de souffrance/mal être (par exemple sentiments d'impuissance, de culpabilité, d'anxiété, de dépression)

6) Après avoir perdu de l'argent au jeu, retourne souvent jouer un autre jour pour recouvrer ses pertes (pour « se refaire »)

7) Ment pour dissimuler l'ampleur réelle de ses habitudes de jeu

8) Met en danger ou a perdu une relation affective importante, un emploi ou des possibilités d'étude ou de carrière à cause du jeu

9) Compte sur les autres pour obtenir de l'argent et se sortir de situations financières désespérées dues au jeu.

B. La pratique du jeu d'argent n'est pas mieux expliquée par un épisode maniaque.

Le moteur du jeu pathologique est « *la sensation voluptueuse de vertige et la peur ressenties* ». Cependant, d'autres variables entrent en jeu : des fantaisies de toute-puissance qui impliquent le conjoint, les enfants, ou les parents, en imaginant devenir très riches en signe de valeur narcissique ; des distorsions cognitives qui affectent la capacité du joueur à percevoir correctement sa situation financière, ses chances, une illusion de contrôle, des superstitions, la réinterprétation de l'anxiété en excitation ; des facteurs affectifs tels qu'une anxiété chronique, ou une dépression qui cherchent à être soulagées par l'excitation du jeu ; des renforçateurs environnementaux comme l'atmosphère, le décor d'un casino.

La vie d'un joueur pathologique est dominée par le jeu et organisée en fonction de celui-ci. Les symptômes de manque, de dépendance et de tolérance sont bien présents. Le jeu induit des sensations particulièrement fortes, avec les alternances d'espoir et de désespoir, de dépression ou d'euphorie ; le temps semble s'arrêter, tandis que le joueur ressent comme une restauration de son identité : admirable dans le gain, stoïque dans la perte. Dans les moments de lucidité, le joueur se sent coupable, écœuré de lui-même, étonné de l'emprise du jeu sur son psychisme, avec des sentiments d'étrangeté.

À plus ou moins long terme, le jeu pathologique confronte le sujet à des conséquences négatives importantes : l'envahissement des intérêts autres que le jeu, la souffrance occasionnée par l'emprise addictive du jeu, le retour à la dépression et les idées de suicide si le sujet décide d'arrêter (le suicide étant alors perçu comme une façon ultime de ne pas retomber), puis, les passages à l'acte délictueux pour se renflouer en argent, les conséquences financières et leurs répercussions au plan familial, professionnel, jusqu'à l'intervention du contrôle social.

Pour qualifier quelqu'un de joueur, il faut qu'il s'adonne à cette activité avec une certaine fréquence, voire qu'il en ait fait une habitude. Le joueur n'est pas celui qui joue, mais celui qui rejoue. il est possible de distinguer plusieurs grandes catégories de joueurs :

Les « joueurs sociaux » : jouent soit occasionnellement, soit régulièrement, mais dans leur vie, le jeu garde une place limitée, celle d'un loisir.

- *Les joueurs professionnels* : retirent du jeu des revenus substantiels. Ils vivent le jeu comme un sport professionnel et peuvent accéder au vedettariat dans leur milieu. Le jeu n'est pas un jeu de hasard pur, mais un jeu qui laisse une place au savoir-faire (poker, bridge) ou aux connaissances de pronostics.

- *Les joueurs pathologiques, « addicts »,* seraient donc une catégorie à part. Ils font montre de *« perte de contrôle »* de l'activité ludique, ne peuvent s'arrêter de jouer avant d'avoir tout perdu. La personne est contrainte à l'activité de jeu, est poussée à jouer. À la dépendance, s'ajoute dans leur cas la démesure, le fait que le jeu est devenu centre de l'existence, au détriment d'autres investissements affectifs et sociaux.

Il existe de fait, dans ce genre de classification, un déséquilibre, une mise en exergue du jeu pathologique, du simple fait qu'il se retrouve sur le même plan que le jeu *« social »*, toléré ou encouragé, et qui ne pose pas de problèmes aux usagers.

Le jeu exprime une relation entre **quatre niveaux** :
1/les sensations fortes qui vont du sentiment d'exaltation au désespoir,
2/la répétition illimitée des sensations,
3/le plaisir de la prise de risque,
4/la confrontation au hasard, perçu comme le destin.

Il comporte donc une dimension de plaisir — qui se substitue souvent à la génitalité — et une dimension plus identitaire, le joueur se sentant unifié par le gain ou la perte. La subjectivité du joueur est marquée par ce *« frisson »*, cet *« appétit »* que procure le jeu, à tel point que la conception naïve faisant du jeu la simple recherche du gain pourrait être pondérée. Naturellement, les joueurs ne jouent pas pour perdre, mais une fois le gain obtenu, la sensation de toute-puissance dissipée, le gain pèse et semble dilapidé sans grande passion. En revanche, lorsque le temps est compté (fermeture du cercle ou du casino) ou lorsqu'ils perdent les sensations sont d'autant plus fortes et l'espoir d'autant plus *« fou »*. Le rapport au gain est donc particulier, le but du jeu étant avant tout de continuer à jouer et pas simplement d'accumuler des gains pour se retirer. Mais l'expérience du gain a, chez certains joueurs des conséquences particulières ; ce sont les premiers gains *« surprenants »* qui font croire le futur joueur à sa bonne étoile, à son destin, qui constituent une expérience subjective de toute-puissance, de jouissance, que le sujet va, à travers les pertes ultérieures, tenter de retrouver. La ressemblance avec la toxicomanie est patente, y compris dans le discours des joueurs qui emploient souvent l'image de la drogue et de la dépendance.

D'autres dimensions ont été mentionnées au gré des travaux. La psychanalyse a mis le jeu pathologique en rapport avec la *recherche de punition*. Freud, dans son texte sur Dostoïevski, considère le jeu comme une répétition de la compulsion à la masturbation et évoque son évolution vers l'auto-punition ; le désir inconscient de perdre serait la satisfaction du besoin de punition lié à la culpabilité attachée au désir inconscient de meurtre du père. Bergler (1957) évoque la notion de « névrose orale » en mettant l'accent sur le plaisir auto-érotique, tout en reprenant l'idée de l'auto-punition. Tostain met le jeu en relation avec le déni de la castration symbolique et le rapport à la loi. Valleur (1997, 2002) a aussi appliqué ses conceptions de l'ordalie au jeu. Le joueur pathologique est en quête des moments où tout devient possible, il joue sa vie, son droit à l'existence, par l'intermédiaire de l'argent. Le joueur pathologique est en quête d'identité à travers la jouissance mégalomaniaque du gain ou de la perte, évoque les avatars de la castration, la substitution du matériel et du corporel au psychique et au symbolique, comme dans les autres addictions.

Bergler (1957) propose une description systématique du *joueur pathologique*, qu'il oppose au « *joueur du dimanche* ».

Selon lui, il existe **six caractéristiques du joueur pathologique** :

1/*Il doit jouer régulièrement :* il s'agit là d'un facteur quantitatif, mais dont l'importance ne peut être négligée : comme pour l'alcoolisme, la question est ici de savoir à partir de quand le sujet joue « *trop* ».

2/ *Le jeu prévaut sur tous les autres intérêts.*

3/ *Il existe chez le joueur un optimisme* qui n'est pas entamé par les expériences répétées d'échec.

4/ *Le joueur ne s'arrête jamais tant qu'il gagne.*

5/ Malgré les précautions qu'il s'est initialement promis de prendre, *il finit par prendre trop de risques.*

6/ *Il existe chez lui un vécu subjectif de « thrill »* (une sensation de frisson, d'excitation, de tension à la fois douloureuse et plaisante), durant les phases de jeu.

La trajectoire du joueur : il est généralement admis que le joueur pathologique passe par une série de phases stéréotypées :

– **Phase de gain** : c'est l'engagement dans le monde du jeu, avec peut-être la croyance que les gains vont pouvoir résoudre toutes les difficultés existentielles préexistantes. Mais il est aussi possible de faire l'hypothèse que le gain, la rencontre avec la chance, a sinon le rôle traumatique d'une « *rencontre avec le réel* », du moins celui d'une déstabilisation, d'une perte des repères antérieurs...

– **Phase de perte** : le joueur va rejouer pour tenter de « *se refaire* ». On pourrait souligner ici l'apparition d'une dimension de besoin : besoin d'abord d'argent, reporté sur l'idée de gagner à nouveau, besoin ensuite simplement de rejouer.

– **Phase de désespoir** : c'est dans le jeu que le sujet cherche la solution de difficultés qui s'accumulent. L'ensemble de ces phases s'étend sur plusieurs années, de dix à quinze ans, favorisant l'assimilation métaphorique du jeu pathologique à une maladie physique progressive.

Il n'y aurait alors que quatre types d'issues à cette situation : le suicide, la délinquance et l'incarcération, la fuite, ou l'appel à l'aide.

Pourquoi une personne joue-t-elle de façon compulsive ?

Il n'existe pas de cause universelle et unique expliquant le comportement de jeu compulsif. Chaque joueur et chaque joueuse a ses raisons d'accrocher à ce type de dépendance. Mais toujours, la personne essaie de fuir ou d'exprimer un besoin ou un malaise intérieur.

Certains joueront parce qu'ils ressentent la nécessité de succès spectaculaires. Cela résulte du besoin tout à fait normal et légitime qu'ils ont de démontrer leur valeur et d'obtenir l'approbation des autres. Cependant, ils auront appris, souvent dans leur famille, qu'on est aimé et estimé des autres pour ce que l'on fait, pour nos succès, plutôt que pour ce que l'on est. De plus, parmi ceux qui ont appris qu'il est nécessaire de performer (avoir du succès matériel) pour avoir l'attention et être reconnu, la persévérance, qui est souvent une valeur importante dans ces familles, peut venir soutenir le comportement de « *chasing* » (revenir jouer sans cesse dans le but de regagner l'argent perdu).

D'autres expriment, par le comportement de jeu compulsif, de la colère et de la rébellion. Ceci est basé sur l'assomption que le jeu est un comportement qui sera perçu par la famille et les autres comme déviant et dérangeant. Plusieurs sont en quête d'une libération d'un état de dépendance émotive par la recherche d'une activité qu'ils peuvent contrôler. Cela en prenant appui sur le lien qu'ils ont établi entre indépendance financière et indépendance émotive. Aussi, bon nombre de joueurs et joueuses cherchent l'acceptation sociale, puisqu'autour d'une table de jeu, tous sont égaux. « *Si vous avez l'argent, vous êtes accepté* ».

De nombreuses personnes qui ont un problème avec le jeu compulsif jouent dans le but de fuir des émotions douloureuses intolérables. Par exemple, les joueurs dépressifs peuvent ressentir un regain d'énergie ou une libération d'endorphine en jouant. Ensuite, le jeu demande de l'attention, ce qui a pour effet de distraire l'individu de ses problèmes. De plus, les activités à haut risque comme le jeu, de par les sentiments d'excitation qu'elles procurent, combattent le sentiment de vide et de mort. En outre, pour les personnes souffrant de trouble d'hyperactivité, le jeu, comme la cocaïne ou les amphétamines, a comme effet de les ralentir. Enfin, le jeu peut aussi être pratiqué afin de prolonger la phase « maniaque d'une maniaco-dépression.

Relations de comorbidité

Dépression et états maniaques ou hypomaniaques

Les dépenses inconsidérées, parmi lesquelles pourrait se trouver une frénésie de jeu sont l'un des premiers symptômes classiquement décrits en psychiatrie dans les débuts d'un épisode maniaque ou hypomaniaque, qu'il entre ou non dans le cadre d'un trouble bipolaire (psychose maniaco-dépressive).

Les études épidémiologiques ou cliniques tendent à montrer une importante relation entre la dépression et le jeu pathologique. La dépression serait un des principaux motifs de consultation spontanée chez les joueurs pathologiques.

Personnalités antisociales

La délinquance est un élément fréquemment retrouvé dans les cas de jeu pathologique. Le D.S.M. insiste sur cette dimension, après avoir (dans sa troisième version), exclu les « *troubles de la personnalité antisociale* », du cadre du jeu pathologique. Selon le DSM, les problèmes liés au jeu sont souvent associés à la personnalité antisociale, et, dans le jeu pathologique, le comportement antisocial est fréquent. Lorsque les deux troubles sont présents, les deux diagnostics doivent être faits.

Usage de drogues et d'alcool

Les recoupements entre jeu pathologique et abus de substances psychoactives sont très larges. Parmi les personnes en traitement pour une dépendance à l'alcool ou aux drogues, de 9 à 14 % sont aussi des joueurs pathologiques. Ces pourcentages sont à multiplier par deux si l'on inclut la catégorie des joueurs « *à problèmes* ».

Dans l'autre sens, si l'on étudie des cohortes de joueurs pathologiques en traitement, de 47 à 52 % d'entre eux se révèlent aussi présenter une dépendance ou un abus d'usage d'alcool ou de drogues.

Il existe des éléments communs entre d'une part l'alcoolisme ou la toxicomanie, d'autre part le jeu pathologique. Aussi que certaines personnes peuvent passer de l'une à l'autre de ces pathologies. Par ailleurs, le fait de boire et de fumer est très présent dans des lieux réservés aux jeux (bien qu'à l'heure l'interdiction de fumer dans les lieux publics soit en vigueur).

Troubles des conduites alimentaires

Des parallèles théoriques peuvent aussi exister entre jeu pathologique et troubles des conduites alimentaires, anorexie, boulimie, dans la mesure où ces troubles sont avant tout décrits en termes de comportements auto-infligés et comportent les caractéristiques d'impulsivité ou de compulsivité qui sont évoqués dans le cas du jeu pathologique. Il semble que parmi les femmes qui s'adonnent au jeu de façon excessive, les boulimiques soient surreprésentées.

Prise en charge des joueurs pathologiques ou addictés

L'objectif du traitement consiste à rendre acceptable le jeu « *raisonné* », à lui enlever son caractère obsédant : accepter de perdre sans vouloir combler les insuccès par de nouvelles mises exorbitantes (ce qui correspond à l'accession à une certaine forme de subjectivation de la perte).

Les principes généraux du traitement sont les suivants : calmer l'excitabilité et l'anxiété ; renforcer les représentations globales de la situation ; canaliser l'énergie vers des objectifs à plus long terme.

Psychothérapies individuelles
Un traitement analytique suppose l'élaboration préalable d'une demande et comporte plus précisément deux aspects : une demande d'aide, non spécifique, visant à réduire la souffrance et un questionnement relatif à ce qui insiste dans la trajectoire existentielle du sujet. Il est fondé sur le sentiment, même ténu, d'en être l'auteur. Cela implique donc le sentiment que le jeu n'est pas une simple maladie, mais aussi part de l'histoire du sujet. Cette interrogation, cette curiosité, cette remise en cause personnelle n'est pas la règle dans l'addiction au jeu où le sentiment d'urgence, l'inexprimable de l'affect donnent au sujet l'impression d'être la victime d'un processus qui lui échappe.

Thérapies comportementales et cognitives
Désensibilisation par « imagerie mentale » : le sujet en état de relaxation doit imaginer une situation où il joue, situation qu'il peut délaisser, dont il peut se déprendre sans jouer, tout en demeurant cependant en état de relaxation.

Thérapies de restructuration cognitive :
Exemple de programme : informations sur le jeu et surtout prise de conscience des verbalisations irrationnelles en situation de simulation de jeu.
1) *Phase d'entraînement à la solution de problèmes à l'égard du jeu avec des séquences pédagogiques distinctes* (orientation générale du problème, définition et formulation du problème, énumération des solutions possibles, mise en place d'une solution, vérification de l'efficacité de la solution mise en place dont le patient acquiert l'application en situation conflictuelle).
2) *Entraînement aux compétences sociales* par le truchement de jeux de rôles où le patient est incité à refuser d'accéder aux sollicitations d'autrui, à affronter les commentaires désobligeants et négatifs de ces pairs et à développer un réseau social.
3) *Prévention des rechutes* : le patient apprend à reconnaître les situations « à risque » et à anticiper la rechute.

Thérapies de groupes
Les effets favorables de thérapies psychothérapiques groupales pour les joueurs, en présence ou non de leurs conjoints. Elles semblent assez largement appliquées, en association, au sein des programmes thérapeutiques, sans toutefois faire l'objet d'une formalisation très rigoureuse.

Thérapies familiales
L'action du thérapeute consiste à problématiser la dette de jeu, ses aléas, ses avatars et son mode de circulation dans le milieu familial. Aborder la prise en charge des dettes s'argent à partir des interactions familiales est important pour le traitement psychothérapique du joueur compulsif.

Chimiothérapie psychotrope
Certains auteurs ont assimilé le jeu pathologique à un trouble obsessionnel-compulsif, dans lequel les agents sérotoninergiques et le lithium font montre d'efficacité en termes de réduction de la symptomatologie. L'action du lithium, par exemple, permettrait une stabilisation de l'humeur et d'une réduction de l'impulsivité

Programmes ou accompagnement ?
Traitements ponctuels, conseils, hospitalisations pour sevrage, aides sur le plan médical ou social, constituent l'essentiel des pratiques quotidiennes.

Le but de ces approches pourrait être d'adapter l'accompagnement à l'infinie diversité des cas individuels, y compris quant aux objectifs à atteindre.

Des grilles et des questionnaires ont été élaborés pour servir de base diagnostique, ainsi que d'outil d'évaluation statistique, ou d'appréhension de l'évolution d'un cas.

Ainsi celle du *South Oaks Gambling Screen*, de Lesieur et Blume (1987). Cette grille comporte des questions essentiellement centrées sur le jeu et l'argent, et est considérée comme un outil statistique fiable par la plupart des auteurs. L'association Joueurs Anonymes, propose aussi un questionnaire, à visée essentiellement d'auto-évaluation, destinée à aider le futur membre à prendre conscience de ses difficultés.

Il existe une adéquation et une parenté entre les critères diagnostiques du DSM, et les questions du South Oaks Gambling Screen (S.O.G.S) : ce dernier apparaît donc comme un outil adapté, dans la mesure où l'on accepte les définitions du premier.

Mouvements associatifs et/ou d'entraide Gamblers Anonymous et « Gam-Anon »

Les Gamblers Anonymous (GA) ont été créés en 1957, et récemment implantés en France (Joueurs anonymes : *http://bit.ly/2BVYbh0*)

Il ne s'agit pas d'une invention originale, mais de la transposition au jeu pathologique des *« traitements de conversion »* en douze étapes, qui tendent à devenir une réponse répandue dans le monde entier, pour toutes les nouvelles addictions. Le succès même de ce type d'associations est un élément incontournable de réflexion.
La première étape voit le sujet reconnaître son impuissance devant le jeu.
– Nous avons admis que nous étions impuissants devant le jeu, que nos vies étaient devenues difficiles à diriger.

– Nous en sommes arrivés à croire qu'une puissance supérieure à nous-mêmes pourrait nous ramener à une façon normale de penser et de vivre.

– Nous avons pris la décision de remettre notre volonté et nos vies aux soins de cette puissance telle que chacun la conçoit.

Plus spécifique est la grille d'auto-évaluation proposée par les GA, pour qu'un sujet qui s'interroge sache s'il doit se considérer comme joueur pathologique. Cette grille est souvent utilisée, même en dehors de ce cadre.

L'association Gam-Anon

C'est un *« lieu d'écoute et de partage des expériences »* où des familles de joueurs trouvent un soutien moral.

C'est ainsi qu'un programme en 12 étapes, calqué sur le modèle des GA, structure l'activité associative. Il consiste en premier lieu à mieux comprendre la problématique du joueur, tout en admettant sa propre dépendance à son égard et l'inefficacité d'une aide financière. (C'est à changer l'autre qu'il faut ici s'avouer impuissant).

http://www.gam-anon.org : association de joueurs anonymes – Réunion tous les lundis à 20 h (sauf juillet et août). 13 bis rue des Bernardins – 75 005 Paris *(Métro : Maubert-Mutualité)* Gam-Anon : *« Gam-Anon est une association d'hommes et de femmes qui ont été affectés par le problème de jeu »*. Gam-Anon est une organisation mondiale qui offre un rétablissement par l'entraide, que le joueur cherche de l'aide ou non, ou reconnaisse même l'existence d'un problème de jeu.

http://www.crje.fr : centre de référence sur le Jeu Excessif DREFAC – pôle universitaire d'addictologie et psychiatrie CHU de Nantes Hôp. Saint Jacques Bât. Louis Philippe Section 085, rue Saint-Jacques 44093 Nantes cedex 1, tel : 02 40 84 76 29. Le Centre de référence sur le jeu excessif comporte :
- Une activité de recherche
- Une activité de formation, de prévention et d'information

Il est ouvert aux joueurs et non-joueurs, aux professionnels de la recherche, de l'accompagnement, de la santé, du domaine social…, « aux opérateurs de jeux privés engagés dans le jeu responsable ».

S.O.S. joueurs en France

C'est une association d'aide au joueur dépendant et à sa famille. Lorsque le joueur se présente à la consultation, c'est généralement, ici comme ailleurs, sous la pression familiale. L'association propose une aide psychologique et juridique. Les réunions hebdomadaires des joueurs, où l'anonymat est également de mise, consistent en l'orchestration de groupes de parole, dans une perspective de *« prise en charge globale de la personne »*, et non de simple prise en compte du symptôme, en vertu de références psychanalytiques et systémiques. Les conséquences du surendettement sont également abordées dans le cadre de l'accompagnement des joueurs dépendants.

Des mesures judiciaires ou administratives (mesures de protection des biens, interdiction de l'accès aux salles de jeux, voire d'expertise psychiatrique en matière pénale) doivent ou peuvent être prises.

0 810 600 115 (Numéro azur : prix d'un appel local, depuis un poste fixe et en France métropolitaine)

6 rue Eugène Millon 75015 Paris – Métro : Convention – Bus : 62,30, rue Georges Ville – 06300 Nice – Email : *contact@sos-joueurs.org* S.O.S. JOUEURS ne reçoit que sur rendez-vous. S.O.S. JOUEURS est une association loi 1901, à but non lucratif créé en 1990. Des professionnels interviennent de façon individualisée dans plusieurs domaines liés à la dépendance aux jeux. Les interventions de ces spécialistes se font auprès :

- *des joueurs excessifs* pour les aider à réduire ou à arrêter une pratique de ludique problématique.
- *des familles des joueurs* en leur fournissant des conseils et de l'aide pour leur protection, pour trouver des solutions face aux difficultés financières parfois graves.
- *d'autres professionnels* pour leur apporter de l'information et des conseils d'orientation.
- *des opérateurs de divertissements* en collaborant à des actions de prévention qui ont pour but de faire reculer le jeu excessif. (S.O.S. JOUEURS est partenaire de la FDJ et du PMU.)
- *des autorités et administrations françaises* (consultations ARJEL, Sénat...)

joueurs-info-service.fr
Pour rechercher de l'information, de l'aide ou du soutien pour soi-même ou pour un proche. joueurs-info-service.fr permet d'être rappelé au moment de son choix.

09 74 75 13 13 de 8 h à 21h : appel non surtaxé. joueurs-info-service.fr est un site édité par Addictions Drogues Alcool Info Service (ADALIS). "Addictions Drogues Alcool Info Service est un groupement d'intérêt public dépendant du Ministère de la Santé et placé sous l'autorité de l'Institut National de Prévention et d'Éducation pour la Santé (INPES). Il réunit au sein de son conseil d'administration différents ministères et associations nationales. Il est présidé et financé par l'INPES." joueurs-info-service.fr propose plusieurs liens vers *http://www.drogues-info-service.fr*.

Martin, 35 ans a été introduit par un ami dans le monde des cercles de jeu, il y a quelques années. Il a commencé à gagner de l'argent et il a eu l'impression de faire partie d'un groupe d'initiés. Le jeu devient une habitude, un véritable style de vie.

Il critique aujourd'hui ces fausses amitiés, comme un toxicomane en veut à ses premiers dealers qui ont commencé à lui offrir gratuitement de la drogue, jusqu'à ce qu'il devienne dépendant, « *accroc* », au point d'y investir tout son argent. Il pense qu'un moment précis de sa vie correspond à un basculement. Marié jeune, il avait réussi à mener de front « *une carrière* » de joueur excessif et une vie sociale dans le cadre de son travail.

Le jour de l'accouchement de sa femme, appelé à l'hôpital, il s'arrête en chemin dans un PMU, un de ces lieux et il joue en suivant les résultats sur un écran de télévision. Des heures plus tard, ruiné, honteux, il n'ose se présenter à l'hôpital, s'enfuit et disparaît. De délinquance. Il fait des chèques sans provision, des cambriolages divers et se retrouve en prison.

En parlant de sa situation, il prend conscience qu'il est dépendant du jeu. « *le jeu, c'est pire qu'une drogue, c'est une maladie, un vice dont on ne peut pas se débarrasser* ». Il ajoute : « *c'est un mystérieux frisson, la montée, l'excitation puis la descente* ».

Il décrit au psychologue les longues années de sa vie passées uniquement dans ce monde du jeu. Toutes les relations affectives et sociales étaient reléguées au second plan. Il a joué à tous les jeux d'argent existants : le poker dans des « cercles », la roulette au casino, les courses sur les hippodromes ou dans les bars du PMU, etc. Il est devenu dépendant de tous les jeux d'argent et de hasard.

Plusieurs fois, il a eu la sensation de « *toucher le fond* », de ne plus pouvoir aller plus loin. « *J'ai touché le fond de tout mon corps, je me suis enfoncé plus loin que le sol. Le soir, j'arrivais au casino, on m'accueillait avec du champagne, le lendemain, je n'avais plus les moyens de rentrer chez moi. Je n'avais plus de domicile, plus d'amis... ».*

Martin présente la trajectoire type du joueur pathologique : une initiation puis une phase de gain suivie d'une phase de perte et enfin d'une phase de « *conséquences* ». Dans un premier temps, le joueur s'enferme dans le jeu, pour résoudre les problèmes posés par le jeu lui-même. Les dettes se sont accumulées, il importe de « *se refaire* », de regagner de l'argent, donc, vite, de rejouer. Cette phase est en quelque sorte pré-pathologique, c'est-à-dire que le joueur a fort peu conscience de cette dérive. En revanche, il est assez courant que l'entourage s'émeuve, mais l'isolement du joueur dans le jeu rend l'influence des proches inefficaces. Puis le joueur réalise et admet, pour lui-même et non artificiellement, que le jeu est une impasse. Il décide d'arrêter et constate qu'il n'y arrive pas (tentatives répétées, mais infructueuses pour cesser la conduite). Il en souffre, et sa demande d'aide va dès lors rendre une thérapie possible.

3. L'addiction aux achats (AA)

Dans une société où la consommation est légion et fait l'objet de sollicitations intenses, la compulsion à acheter, l'incapacité à gérer son budget sont des désordres de la conduite de plus en plus fréquents. L'AA est une tentative d'endiguer un sentiment d'inadaptation et d'anxiété qui expliquerait le besoin compulsif de dépense. De nombreuses études psychopathologiques permettent aujourd'hui de mieux cerner le phénomène et décrivent la phénoménologie de l'achat compulsif (AC) ainsi : il apparaît comme une impulsion, une envie irrésistible qui s'accompagne d'une forte tension intérieure, le sujet se sentant à la fois excité, mais déjà coupable de l'acte auquel il va se livrer. Cette tension qui précède, soutient et accompagne l'acte d'achat, se trouve momentanément réduite après l'acquisition d'un objet souvent inutile, parfois même acheté en plusieurs exemplaires. Le vécu est marqué par une intolérance à la frustration et le besoin d'une réalisation immédiate du désir afin de fuir un vide ultérieur. La tension qui sous-tend la compulsion entraîne une perte du contrôle et les achats sont renouvelés toujours davantage pour tenter de maintenir un niveau suffisant de soulagement. Les conséquences négatives surviennent plus ou moins rapidement selon les ressources du sujet en moyens financiers et en résidus de contrôle. Après c'est l'endettement, parfois des actes délictueux (chèques sans provision, vols, abus de biens sociaux, détournements de fonds) et l'intervention du contrôle social.

Les achats réalisés possèdent rarement une véritable valeur pragmatique, il s'agit plutôt de « se faire plaisir » ou de « *faire plaisir* » et ainsi de combler un manque plus profond, de restaurer une image narcissique défaillante. Comme pour toute addiction, la solution est illusoire et ne tient que le temps de l'acte et le vécu post-achat est fait de sentiments de vide, d'épuisement, d'angoisse et de dépression. L'acheteur compulsif se sent aussi seul, replié sur lui-même et coupable, son image de soi est ternie. Parfois, d'autres conduites addictives peuvent coexister : boulimie, alcoolisme, usage de drogues. De même, il existe souvent une incapacité à réaliser une relation d'amour avec une autre personne.

Les achats compulsifs (AC) ne se réduisent pas simplement à l'acquisition, mais entrent dans le cadre de transactions narcissiquement étayantes. D'une part, le sujet s'arrange pour fréquenter et manipuler un entourage capable de lui donner de l'argent, puis cet argent sert souvent à faire des cadeaux qui sont censés représenter un gage d'amour, une estime de soi. C'est comme si la personne cherchait à combler à la fois des besoins d'étayage (qu'on lui donne de l'argent) et de narcissisation qu'on lui donne, en retour de ses cadeaux, de l'amour, de la reconnaissance, de l'estime. Si l'argent sert pour soi, alors il s'agit de valoriser une image de soi défaillante : se vêtir avec élégance, prendre soin de son corps, aller dans des endroits chics, finalement il s'agit de combler un besoin de paraître et de séduire, recevoir le regard de l'autre.

Les AC représentent donc une solution addictive à un douloureux vécu de vide intérieur et de dépression qui signe une défaillance narcissique. La mise en tension produite par l'achat et sa répétition distrait momentanément de la dysphorie et le sujet a tendance à instaurer des relations d'étayage et de réassurance pour sa survie narcissique.

Les AC sont des comportements irrépressibles d'achats soit d'objets inutiles, soit d'objets utiles en plusieurs exemplaires, comportements qui peuvent être source de difficultés financières significatives (surendettement, faillite personnelle) ou d'actes médico-légaux (vols, chèques sans provision). Les objets achetés sont rarement utilisés ou portés, mais sont souvent délaissés après l'achat ; c'est moins la possession de l'objet qui apparaît que l'acte d'acquérir ces comportements possède les caractéristiques des addictions : « *besoin* » d'acheter, tension avant le comportement, résolution par la réalisation d'achats.

Les AC représentent donc une solution à un douloureux vécu de vide intérieur et de dépression qui signe une défaillance narcissique.
Les trois critères diagnostiques (A, B et C) pour définir l'AA sont les suivants :
A.   Pensées envahissantes et gênantes concernant les achats ou comportement d'achat inadapté ou impulsions d'achat correspondant à au moins une des propositions suivantes :
  1. Pensées envahissantes et gênantes concernant les achats ou impulsions d'achats vécus comme irrépressibles, intrusives et dépourvues de sens.
  2. Achats fréquents supérieurs aux capacités financières, achats fréquents d'objets inutiles ou achats durant plus longtemps que prévu
  Le critère A souligne la dimension intrusive de l'envie compulsive d'acheter. La pensée intrusive concernant les achats est comparable aux idées obsédantes présentes dans le trouble obsessionnel compulsif. La pensée s'impose dans le champ de la conscience et ne peut être que difficilement chassée. L'autre élément diagnostique désigné par ce critère est la présence d'impulsions d'achat.
B.   Les pensées, les impulsions ou le comportement provoquent une gêne marquée, font perdre du temps ou perturbent sensiblement le fonctionnement social ou les loisirs ou entraînent des difficultés financières (par exemple dettes, interdits bancaires).
Le critère B conduit à considérer comme pathologiques ou compulsifs les achats provoquant une gêne marquée et altérant le fonctionnement social, les loisirs ou la situation financière (donc survenue de perturbations individuelles, familiales ou professionnelles. Le caractère pathologique du comportement s'établit ainsi sur ses conséquences sociales).
C.   Le comportement excessif d'achat n'apparaît pas uniquement pendant les périodes de manie ou d'hypomanie.

Le critère C, enfin, distingue les achats compulsifs primaires des perturbations comportementales directement provoquées par un autre trouble mental (accès maniaque).

La complexité de la psychologie de l'achat, l'intrication des facteurs économiques et psychopathologiques ne permettent pas de proposer une explication psychodynamique unique pertinente dans tous les cas d'achats compulsifs. La plupart des réflexions psychopathologiques sont formulées à l'occasion d'analyses de cas uniques. Bien que la question de l'argent soit évoquée dans les écrits psychanalytiques concernant l'addiction, peu de travaux portent de manière spécifique sur les achats compulsifs. Les modèles psychanalytiques concernant l'addiction peuvent s'appliquer dans une certaine mesure aux achats compulsifs (*cf.* les travaux sur la compréhension des impulsions comportementales, les dimensions d'agressivité et de masochisme, d'intolérance à la frustration, de tendance à la répétition d'une séquence comportementale, de réparation narcissique et de lutte contre la dysphorie).

Pour Adès et Lejoyeux (2001, 2002), le besoin d'achat représente la satisfaction immédiate de besoins narcissiques. Il existerait chez ces patients des défaillances narcissiques comblées par l'acte et la possession : la double polarité agir-maîtrise, soutenue par la théorie du conflit entre relation objectale et narcissisme, rend compte de ce comportement. Les achats pathologiques pourraient ainsi être considérés comme la transposition dans le réel des impasses de troubles de l'identité et de la quête de soi.

Peu d'études ont étudié de manière systématique les troubles de la personnalité associés aux achats compulsifs. Aucune n'a pu mettre en évidence un trouble de la personnalité « spécifique » de l'achat compulsif. Parmi les troubles de la personnalité, les plus souvent retrouvés figurent les personnalités obsessionnelles, limites, narcissiques et hystériques (Schlosser et coll., 1994 ; Krueger, 1988).

Objets achetés : vêtements, chaussures, bijoux, produits de maquillage, objets d'antiquité, disques, électroniques, voitures, objets pour la maison, livres, objets d'art.

Troubles psychopathologiques, psychiatriques associés : troubles de l'humeur (bipolaires), troubles anxieux, alcoolisme, toxicomanie, troubles alimentaires (boulimie), kleptomanie, jeu pathologique.

Certains achats sont directement provoqués par un trouble mental : accès maniaque, état délirant ou démence.

Achats maniaques (accès maniaque) : réduction du besoin du sommeil, augmentation de l'estime de soi, fuite des idées, distractibilité et désinhibition qui conduisent à des achats incontrôlés, inutiles.

Achats délirants : Les achats pathologiques chez les schizophrènes sont habituellement suscités par l'activité délirante elle-même.

> Tel patient, adhérant sans la moindre réserve au projet délirant d'un voyage en Amazonie pour y faire le commerce du bois, achetait tous les livres qu'il trouvait en rapport avec les arbres, leur entretien, leur taille, et leur transport. Ses autres achats inadaptés correspondaient plus au souci d'amasser des objets ésotériques ou bizarres en relation avec ses idées délirantes qu'aux impulsions décrites chez l'acheteur compulsif.

Chez certains schizophrènes, par ailleurs, d'authentiques AC peuvent s'observer, indépendamment de toute activité délirante. La tendance à l'acquisition répétée d'objets inutiles et à leur accumulation pourrait, comme d'autres addictions telles que l'alcoolisme ou les toxicomanies médicamenteuses, représenter des modes de lutte contre l'athymhormie (absence d'élan vital) et l'anhédonie (perte de plaisir). Ces tentatives de « *réchauffement émotionnel* » par l'achat constituent une sorte d'auto-stimulation tendant à compenser, pour un temps du moins, l'émoussement affectif.

Achats démentiels : Les états démentiels débutants peuvent s'accompagner d'achats incontrôlés. Ces derniers témoignent de l'association de troubles de jugement et d'une euphorie pathologique.

> Une patiente avait entrepris, à l'âge de soixante ans et en rupture avec ses habitudes, de s'acheter des robes de luxe chez de grands couturiers. Après quelques mois pendant lesquels ses conduites d'achat pathologique étaient restées isolées sont apparus des signes d'un processus démentiel.

Certains achats sont provoqués par des vendeurs à domicile peu scrupuleux qui « *utilisent* » la faiblesse des sujets qu'ils rencontrent pour les inciter à acquérir des objets inutiles ou inadaptés à leurs revenus. Les troubles du jugement et les troubles de la mémoire favorisent ce type de transaction.

> **Laura, 43 ans,** est mariée et mère de deux enfants. Elle est timide et manque de confiance en elle. Elle a grandi dans un milieu familial conflictuel. À l'adolescence, elle a dû s'occuper de ses sœurs et de sa mère atteinte d'une maladie très invalidante.
>
> Jusqu'à 33 ans, elle a bien administré et géré son foyer. Puis, la famille a connu de gros ennuis financiers sans qu'il en soit connu la véritable raison depuis environ un an. En fait, il apparaît que depuis 5 ans, Laura dilapide l'argent en achetant beaucoup de vêtements de toute sorte, articles qu'elle stocke sans les utiliser dans un placard.
>
> Au début, elle passait des matinées entières deux fois par semaine, sous prétexte de sortir de la maison, à faire les magasins et des achats. Elle se sentait seule (son

mari travaillait toute la journée et les enfants étaient à l'école). Elle pleurait souvent en cachette et se sentait honteuse. Quand elle se trouvait dans un magasin (petite ou grande surface), elle se sentait très excitée surtout au début des achats et ressentait un vif plaisir dans tout son corps. Puis une fois rentrée chez elle, elle déprimait et se sentait coupable. Pleine de remords, elle se confia à son mari et lui expliqua comment elle dépensait tout cet argent.

Elle suivit un traitement antidépresseur pendant 12 mois jusqu'à sa rémission ainsi qu'une psychothérapie cognitive et comportementale pour corriger son manque de confiance en soi, augmenter son estime de soi et apprendre à gérer son temps et à éviter la solitude.

La différence entre AC et le collectionnisme est évidente. Le collectionneur goûte moins l'achat répété que la réunion d'objets ayant un intérêt esthétique, historique ou affectif.

Chez le collectionneur, l'achat n'est qu'un moyen de constitution d'un groupe d'objets. Les collectionneurs recherchent surtout l'accumulation d'une catégorie d'objets investie de manière élective alors que les acheteurs compulsifs investissent les objets de manière isolée et successive au moment où ils les acquièrent.

Les acheteurs compulsifs et les collectionneurs entretiennent des relations aux objets radicalement différentes. Le collectionneur éprouve un attachement passionnel aux objets. Certains collectionneurs s'attachent plus à leur collection.

Monique, 35 ans, ne peut s'empêcher d'acheter des vêtements et des objets inutiles, au point de s'endetter sérieusement. *« Je suis*, avoue Monique, *une spécialiste des étoles. J'ai gâché ma vie à cause des étoles. Chaque jour, je me promets d'arrêter d'en acheter. Et puis le désir me reprend. Avant d'acheter, je souffre, j'hésite, je m'agite. Mais dès que le paquet est prêt, je suis apaisée, même gaie. C'est honteux. J'essaie de résister, mais ma vie est triste quand je n'achète rien. Je devrais pourtant savoir gérer un budget : je travaille dans une banque après tout. Mon travail, c'est d'inciter les clients à la modération, de les prévenir des risques des crédits à la consommation, des cartes de crédit. Mais ils sont loin d'imaginer à quel point leur conseillère un brin sévère gaspille ses propres deniers… »* L'ironie de sa déclaration l'arrête un instant, et puis la banquière dépensière reprend : *« Je n'ai même pas besoin de ces vêtements qui restent au fond de mon armoire. Il m'est même arrivé de ne pas rapporter chez moi les vêtements que j'avais achetés ! Régulièrement, pour calmer ma honte, j'offre des sacs entiers d'habits aux associations caritatives. »*

Les questionnaires et les échelles

Les *cinq questions* de Faber et O'Guin (1992) :

- Tout l'argent est-il dépensé au moment de la paye ?
- Achetez-vous des choses même si vous n'en avez pas les moyens ?
- Vous arrive-t-il de faire délibérément des chèques sans provision ?
- Faites-vous des achats pour vous sentir mieux ?
- Sentez-vous anxieux ou nerveux si vous ne pouvez pas acheter ?

Avec trois réponses positives, on en conclut que la personne peut présenter un problème d'achat compulsif qu'il faut approfondir par une évaluation clinique à partir d'un entretien exhaustif.

En France, Jean Adès et Michel Lejoyeux (1999) ont traduit *le questionnaire de l'équipe de Christenson*, un autoquestionnaire a 19 items, auxquels il faut répondre par *oui* ou par *non*. Il aborde les envies irrépressibles d'aller acheter, le fait de cacher ses achats aux proches, de se mettre en difficulté financière, d'acheter sans réfléchir, sur un coup de tête… Un score de dix réponses positives signe un probable problème d'achats pathologiques.

D'autres instruments d'évaluation existent comme la *Yale Brown Obsessive-Compulsive Scale Shopping YBOCS-Shopping* de Monahan et al. (1996), le *Saving Inventory Revised* de Frost et al. (2004).

Association d'entraide

Les débiteurs anonymes (*https://debiteursanonymes.org*)

Débiteurs Anonymes n'est pas une organisation professionnelle. DA est une association qui repose uniquement sur l'entraide de ses membres qui partagent leur expérience, leur force et leur espoir pour résoudre leur problème commun et aider d'autres à se sortir de l'endettement compulsif.
DA propose un programme basé sur la pratique d'outils et d'étapes suggérés comme voie de rétablissement.
La seule condition pour devenir membre est le désir d'arrêter de créer des dettes insolvables.

4. L'addiction sexuelle (AS)

Dès 1877, le médecin allemand Levenstein plaçait parmi les addictions les excès sexuels, mais c'est P. Carnes (1983) qui a popularisé pour la première fois la notion d'AS, un trouble qui affecte surtout les hommes et qui a donné l'occasion de créer aux États-Unis un groupe d'entraide, les « *Sexaholics Anonymous* », qui prêchent la tempérance, sinon l'abstinence et pourfendent la masturbation.

Une « *curiosité* » est apparue dans les addictions sous le terme de « *sexualité addictive* » ou d'« *addictions sexuelles* ». Les auteurs les définissent par une incapacité à établir une relation sexuelle saine et gratifiante avec le partenaire, par l'apparition, au cours de l'acte sexuel, d'un état mental similaire à celui décrit par les toxicomanes (vécu de déréalisation), par la négligence de son entourage au seul profit du comportement sexuel, par des conduites de dissimulation et l'utilisation préférentielle du déni. Le comportement addictif est vécu comme ayant une forte réalité alors que les autres secteurs de la vie paraissent vides ou factices.

L'AS trouve souvent d'autres dénominations comme le « *comportement sexuel compulsif* », le « *désordre du contrôle des impulsions* », voire le concept de « *néo-sexualité* » développé par McDougall qui met l'accent sur les aspects pervers de l'addiction sexuelle.

L'addiction sexuelle (AS) se situe entre deux formes extrêmes. L'une proche de l'addiction à l'amour (répétition forcenée d'aventures sexuelles) et l'autre proche des pratiques ludiques ou virtuelles comme la cyberaddiction. Au niveau descriptif, l'AS constitue un excès, une dépendance compulsive à l'acte sexuel. Pour la plupart des auteurs, les AS vont bien au-delà des paraphilies, et une AS, en plus du comportement sexuel compulsif, est souvent liée à une compulsivité fantasmatique et à une relation affective addictive : les AS sont souvent accompagnées de relations anaclitiques qui réclament la présence impérieuse de l'objet comme étayage du narcissisme du sujet.

Selon les auteurs, on trouve : *la masturbation compulsive, la sexualité anonyme (pornographie, téléphone), l'utilisation de drogues stimulantes du plaisir sexuel (marijuana, cocaïne, psilocybine) ou d'accessoires.* On peut encore trouver *le sexe payant (prostituées, messageries roses), le sexe intrusif (exploitation sexuelle d'autrui), le sexe échange (contre argent, drogue ou autres avantages), le sexe objet (avec accessoires, déguisements, fétichisme…).*

Les *comportements sexuels compulsifs* sont regroupés en **cinq catégories** : *la drague compulsive* (partenaires multiples), *l'auto-érotisme compulsif* (masturbation répétitive quotidienne seulement limitée par la fatigue extrême), *les blessures ou la pression sociale,* l'activité pouvant déborder sur le fonctionnement professionnel, social, familial, *la fixation compulsive* (sur un objet inapproprié, sans réciprocité, sur la base d'une auto-suggestion fantasmatique), *les rapports compulsifs amoureux multiples* (obsession-compulsion dans la recherche permanente d'un sentiment amoureux de grande intensité, besoin de nouveauté, course à la « lune de miel »), et enfin, la sexualité compulsive (intégrée dans une relation, avec la manipulation du partenaire, la coercition et la violence).

Le processus de l'AS peut être décrit selon *quatre phases* :

a) *phase d'obsession*, dans laquelle en réponse à des difficultés existentielles, le sujet est totalement absorbé par des préoccupations sexuelles ;
b) *phase de ritualisation*, c'est-à-dire d'exécution des rituels qui précède le comportement sexuel ;
c) *phase d'agir sexuel*, qui entraîne un soulagement temporaire ;
d) *phase de désespoir*, avec un sentiment d'impuissance à contrôler sa conduite.

Le DSM-IV propose « *un trouble sexuel non spécifié* » qui peut être rapproché de l'AS, mais ce trouble n'est pas bien précisé et aucune indication n'est donnée sur sa fréquence. Cette catégorie est incluse pour coder une perturbation sexuelle qui ne remplit les critères d'aucun trouble sexuel spécifique et qui n'est ni une dysfonction sexuelle ni une paraphilie. Par exemple :

a) sentiments prononcés d'inadéquation par rapport à la performance sexuelle ou à d'autres traits liés aux représentations personnelles des normes de masculinité ou de féminité ;

b) désarroi provenant d'un mode de relations sexuelles répétitives impliquant une succession de partenaires sexuels que l'individu ne perçoit que comme des objets dont il se sert ;

c) souffrance marquée et persistante relation à l'orientation sexuelle. Le *trouble de dépendance à la sexualité* n'a pas été inclus dans le DSM 5.

On a décrit un cycle en quatre étapes qui s'intensifie à chaque répétition :

1/*phase d'obsession* (le champ psychique est entièrement dominé par ces préoccupations, provoquant la recherche de stimulations sexuelles),
2/*phase de ritualisation* (exécution d'actions précédant le comportement sexuel, le rituel intensifie les obsessions et accroît l'excitation),
3/*phase compulsive* (exécution de l'acte sexuel précis, dicté par les obsessions et la ritualisation, le sujet ne peut contrôler ou interrompre son comportement),
4/*phase de désespoir* (sentiment d'impuissance devant son comportement). Le comportement sexuel répété serait d'abord utilisé comme un moyen de résoudre les conflits internes, puis le processus aurait tendance à devenir autonome, chaque répétition de l'acte augmentant la dépendance, le processus addictif commencerait à envahir différents secteurs de la vie, enfin, les stimuli les plus divers déclencheraient le cycle addictif.

Il est certain que des individus décrivent — parfois aussi pour justifier des actes entraînant une sanction pénale — des « contraintes » internes portant sur leur sexualité, qu'il s'agisse de « *sexualité commune* » ou de perversions : impulsions, sentiment de libération, sentiment d'être poussé à accomplir des actes, mais aussi « *consommation frénétique* » de partenaires. Il reste que faire de certains comportements sexuels, soumis au libre arbitre, des « *maladies* » ou des comportements pathologiques participe bien de la médicalisation de la sexualité, forme subtile de contrôle social dénoncée en son temps par Foucault.

D'un point de vue psychopathologique, ce qui est dit des addictions sexuelles rappelle ce que l'on rencontre dans certaines perversions : réduction de l'autre à un objet partiel, recherche d'une jouissance sans tenir compte du désir de l'autre, instrumentation de l'autre pour arriver à ses propres fins... S'il y a bien une « *addiction sexuelle* », serait-elle une nouvelle perversion quant au but de la sexualité ?

La clinique des AS montre que ce sont les besoins d'étayage narcissique, de « *solution addictive* » pour lutter contre la dépression, qui entraînent une intensification psychique de la fantasmatique sexuelle, qui entraîne à son tour le sujet vers des activités de plus en plus déviantes. Les AS mettent donc en jeu une lutte contre les vécus dépressifs à l'aide d'un étayage fantasmatique, parfois associé à une relation anaclitique, et qui se met en acte à travers d'activités sexuelles compulsives, souvent déviantes.

Dans son approche structurale de l'imaginaire érotique, Loonis (1999, 2014-1), montre que les fantaisies sexuelles (fantasmes érotiques), présentent de grands *paterns*, quatre de types de structures :

1) Les structures temporelles comprennent la phase de mise en scène, la phase d'action, l'onanorythmie (répétition du contenu fantasmatique) et les phases finales déclenchante et défantasmante.

2) Les structures logiques comprennent les fractalisations verticale et horizontale, et l'emboîtement de contextes.

3) Les structures de rôles qui sont tripartites et comprennent trois instances : le désir, l'interdit et la diversion.

4) Les structures thématiques comprennent la transgression, l'exhibition phallique, la contrainte et l'humiliation.

Les fantaisies sexuelles ne sont donc pas des phénomènes psychiques secondaires, mais elles occupent une place centrale dans l'économie et la dynamique du psychisme et le fonctionnement sexuel. C'est en ce sens qu'elles sont au cœur des addictions sexuelles, expliquant à la fois la construction des scénarios sexuels, mais aussi leurs dérives perverses, liées aux effets d'accoutumance aux scénarios sexuels et la nécessité concomitante de les renouveler et amplifier. Et enfin la fascination qu'ils exercent (addiction aux scénarios sexuels), de la pensée, jusqu'aux passages à l'acte, dans l'addiction sexuelle au niveau comportemental.

David, 29 ans, éprouve depuis quelques semaines le besoin de se masturber plusieurs fois chaque nuit. Depuis quelque temps, il ne sort plus le soir. Il se sent mal dans sa peau et éprouve un certain dégoût pour lui et ses conduites peu satisfaisantes. Il ne comprend pas ce qui lui arrive, car jusqu'à ce jour, il pensait que tout allait bien pour lui et que la masturbation n'était qu'une ancienne habitude d'adolescents.

David est acteur de films pornographiques depuis l'âge de 18 ans. Tout allait bien pour lui, il s'épanouissait et assumait parfaitement selon lui son métier. Jamais satisfait, il a toujours enchaîné les tournages et fait ce qu'il appelle des « extras ». Il est régulièrement rémunéré pour participer à des petites fêtes privées dans les milieux mondains. Il avoue que ce n'est pas l'appât de l'argent qui l'excite, mais la découverte de nouveaux corps et de nouvelles sensations.

Abandonné dès sa naissance, il ne connaît ni sa mère ni son père. Il ne sait même pas s'ils sont encore vivants. Il a connu de nombreux placements dans des familles d'accueil et il n'a, dit-il, jamais vraiment été aimé. Il en a conçu un sentiment de frustration et d'abandon, qu'il a transformé en un besoin de revanche plus particulièrement envers une mère qu'il n'a pas connue. Il ne comprend toujours pas comment une mère peut laisser de côté un enfant et continuer à vivre : « comme si de rien n'était ».

À sa majorité, il enchaîne les petits boulots et les sorties nocturnes. Sa sexualité débridée lui permet, dit-il « de prendre sa revanche », d'autant qu'il n'hésite pas à se faire payer pour *« faire son show »* en comité restreint. Il est vite repéré par un producteur de films X et trouve ainsi sa nouvelle voie. Le sentiment d'être enfin reconnu et la plus trouble sensation de dominer les femmes font le reste. Il lui en faudra toujours plus, toujours en quête de sensations et de performances.

Ce système fonctionnera jusqu'à ce jour. Il vient de rencontrer une jeune fille *« hors contexte »* pour qui il éprouve *« un sentiment nouveau »* qui le déstabilise. Pour la première fois de sa vie, il est demandeur. Malheureusement, celle-ci ne répond pas à son désir. Il est troublé par son attirance pour la jeune fille. L'attrait physique n'est pas au premier plan. C'est tout autre chose et cela le déconcerte.

Petit à petit, il ressent dans ses pratiques moins de plaisir, une satisfaction qui s'effrite. À 29 ans, il réalise ce qu'est sa vie. L'atténuation du plaisir lui fait mettre en doute ce qu'il pensait être un choix délibéré. Mais plus encore, il ressent un vide, un manque malgré sa « suractivité ». Il avoue qu'il n'a jamais pu maintenir une relation affective stable et que cela l'interroge sur son avenir.

David vit de toute évidence ses relations comme une revanche. Elles lui doivent quelque chose. Cette fuite en avant peut-elle s'interpréter comme une conduite addictive ? Il multiplie les relations sexuelles comme d'autres multiplient les rencontres amoureuses. Il lui faut chercher la répétition de la satisfaction sexuelle qui vient faire oublier un vide, un manque. Mais dans le même temps, cette quête effrénée de partenaires multiples signe de toute évidence la crainte d'engagement dans une relation unique. Il ne peut développer de relation affective stable dont il a manifestement très peur.

Les partenaires sont considérées comme des partenaires interchangeables, comme une source de plaisir et non comme des personnes avec qui il pourrait développer une relation intersubjective. Des objets. Fuite de l'engagement dans une relation amoureuse et tentative d'une thérapie d'une enfance vécue comme une injustice. Ce qui constituait un soulagement initial à sa souffrance représente maintenant, de manière similaire à toute addiction et du fait de la répétition, une perte de sens de la conduite. L'addiction sexuelle vient signer un élément fondamental de la genèse d'une addiction. C'est lorsque la conduite devient une réponse à des difficultés existentielles que le processus addictif peut se mettre en place, source de soulagement en première intention, mais également une dépendance progressive qui devient source de malaise et de souffrance.

David se complaît dans ses conduites qui ne l'inquiètent que très tardivement. La personne cherche la solution de son problème dans le problème lui-même. C'est ainsi qu'un toxicomane cherche une meilleure drogue, qu'un joueur d'argent joue pour se refaire. Il en va un peu de même pour David qui multiplie pendant très longtemps les relations pour ne pas éprouver un sentiment de manque. Ce n'est qu'à l'occasion de l'échec de sa première relation amoureuse qu'il s'interroge sur sa véritable quête. Il se replie sur lui et tente de fuir sa vie actuelle. C'est le déplacement vers une quête solitaire de plaisir qui le remet en question et le fait souffrir. Il commence à souffrir de ses conduites et tente d'y mettre fin… sans succès.

Cet exemple met en lumière la constitution d'une addiction. David croit trouver dans un type de sexualité la solution à un malaise existentiel profond. C'est au début une sorte de révélation, et le sentiment de soulagement est tel qu'il lui faut reproduire, répéter, pour éprouver à nouveau cette sensation très forte de bien-être, mais comme toute drogue il faut en quelque sorte augmenter les doses pour obtenir le même effet, c'est donc dans la conduite elle-même qu'il recherche une solution à l'atténuation progressive du plaisir. Puis, au bout du compte, il lui devient manifeste que sa quête est stérile et en elle-même source de souffrance. Un leurre. C'est alors simplement qu'il tente de mettre fin à sa conduite et l'inefficacité de sa démarche est alors une source de souffrance supplémentaire et enfin de demande d'aide.

5. L'addiction au travail (AT)

L'AT est sans doute celle qui se rapproche le plus du sens premier et juridique du mot addiction qui, rappelons-le, signifiait une sorte de mise en esclavage d'un débiteur envers son créancier ; mais si le workaholism est l'esclavage moderne du travailleur surmené, il garde tout de même une qualité ambiguë, celle d'une vertu cardinale : le glorieux dévouement du travailleur pour la société. C'est l'addiction la plus clean, difficile à combattre du fait des renforçateurs sociaux, de sa productivité tant collective qu'individuelle (argent et pouvoir).

Cependant, dans la véritable AT, un glissement se produit au cours duquel l'individu n'est plus tant motivé par le fruit de son activité que par la procédure elle-même. Cette centration sur l'action au présent et les sensations, ou états mentaux qu'elle procure est partagée par toutes les addictions : les jeux d'argent, le sport excessif, l'hyper-sexualité, l'addiction à la télévision…

L'AT doit tout d'abord être distingué de la workaholophobie : le sujet se dit workaholique (souvent, il connaît le mot qu'il a découvert dans quelque magazine), mais l'analyse de ses activités montre, non pas un surcroît d'activité professionnelle, mais bien plutôt sa contamination par toute une série d'activités de diversion (week-ends prolongés, journée de travail entrecoupée de repas, d'activités sportives, de pauses rituelles et de visites médicales…).

Ici, le diagnostic doit être celui d'un surmenage contre lequel le sujet lutte à sa façon. Dans la véritable addiction au travail (au moins dans les premiers temps), le sentiment du sujet est le plaisir. La suractivité fait d'ailleurs l'objet d'un ensemble de dénis et de justifications. J'arrête quand je veux, c'est une surcharge temporaire, il me faut ces revenus supplémentaires, je dois obtenir cette promotion…

L'addiction au travail est définie par la perte de contrôle sur le comportement (de travail) et sa poursuite en dépit des dommages. *« Ils [les workaholics] ont des pulsions à travailler qui sont ingérables », des envies, des « craving »* (Karila et al, 2016). Lejoyeux (2015) définit le *workaholic* comme *« une personne qui a un besoin de travailler en permanence et une sensation de manque lors des interruptions de travail »*, signant la centration du sujet autour de l'objet addictif. Le travail dicte la durée et la fréquence des périodes de repos, de détente ou d'intimité.

La WART (*Work Addiction Risk Test*: **http://bit.ly/32aPGcG**) et la *WorkBatt* (*Workaholism Battery*) sont des exemples d'outils de dépistage et de diagnostic utilisables dans ce contexte.

À l'heure actuelle, l'addiction au travail n'est pas reconnue en tant que telle par les grandes classifications diagnostiques (CIM-11, DSM-5).

L'addicté au travail présente une personnalité et des troubles psychiques particuliers. Il a besoin de recevoir de grandes satisfactions narcissiques afin d'être réassuré sur sa force, sa puissance, son pouvoir (on observe souvent des troubles affectifs — difficulté pour aimer — et sexuels-impuissance).

Le travail acharné permet alors d'agir stratégiquement sur deux fronts : la réassurance narcissique et fuir toutes les relations intimes (notamment de couple et familiales) qui pourraient mettre en lumière la défaillance du moi. Les dessous de l'addiction au travail se révèlent lorsqu'une rupture est imposée (chômage, retraite, maladie), c'est la dépression et les angoisses de vide, d'ennui profond.

Le workaholique se caractérise par une perte de contrôle malgré les contraintes ou les conséquences négatives de son travail acharné, il est incapable dans l'immédiat de réduire son activité.

On décrit trois stades :

1) individu est entièrement absorbé par et voué à son activité professionnelle qui lui procure du plaisir et il répugne à s'arrêter ;

2) la vie personnelle commence à être affectée, les relations sociales et familiales sont négligées, puis évitées, les tentatives de changer les habitudes de travail échouent. L'individu se sent usé, vidé, asthénique, il a des troubles du sommeil, des périodes d'absences ; de vide apathique ;

3) on assiste à un retentissement somatique avec céphalées, lombalgies et d'autres troubles fonctionnels qui tendent à se chroniciser. La dépression et le burn-out (sentiment de rejet absolu et impératif du travail, qui peut s'initier dans des passages à l'acte agressifs et impulsifs avec la hiérarchie, les collaborateurs, les clients, le matériel) accompagnent au stade ultime, les sentiments de désespoir et d'impuissance.

Des liens existent entre l'AT et les autres addictions, notamment l'alcoolisme qui est souvent l'aboutissement d'un burn-out (épuisement professionnel), d'une mise au chômage, ou d'un arrêt-maladie pour surmenage. Nous voyons encore ici comment une base de défaillance narcissique et de dépression trouve à se compenser dans une activité répétitive à laquelle le sujet se sent à la fois aliéné, mais aussi irrésistiblement attiré.

Addiction au travail intellectuel, à la recherche (jeune homme, chercheur) (Loonis, 2014-2). « Je suis chercheur depuis maintenant presque six ans et c'est un boulot qui me passionne énormément. Et j'en suis dépendant, parce que j'ai essayé de quitter la science, pendant trois ans j'ai fait autre chose, mais c'est une vie qui ne me convenait pas, je suis revenu à la recherche ».

« Je pense que beaucoup de chercheurs sont narcissiques et comme dans une déclaration d'amour, réussir ça procure un peu les mêmes sensations. Tu es aimé pour ce que tu penses. Je suis dépendant des sensations que la recherche me procure, plus que de la recherche elle-même. Je vis avec, je ne prends pas de vacances, mais cela ne m'empêche pas de sortir, j'ai plein d'activités à côté. Mais, même quand je vais aux toilettes, j'amène un peu de papier, pour réfléchir, voilà (il rit). Si j'ai une idée, si j'ai un truc qui me passe par la tête, un petit calcul à faire, voilà, je vis avec ça. Vu de l'extérieur, ça peut ressembler à une obsession, je vis avec. Je vis comme avec une femme que j'aimerais beaucoup, j'y pense même pendant les vacances. Cette dépendance à la recherche m'a empêché d'avoir des relations stables, parce que j'étais beaucoup en voyage, en déplacement. C'est pas facile pour une femme d'être avec un chercheur. »

Bibliographie

ADES, J., LEJOYEUX, M. (1999). Dépendances comportementales : achats compulsifs, addictions sexuelles, dépendance au travail, kleptomanie, pyromanie, trouble explosif intermittent, trichotillomanie. *EMC*, 37-396-A-20.

ADES, J., LEJOYEUX, M. (1999). *La fièvre des achats. Le syndrome des achats compulsifs.* Paris : Empêcheurs de penser en rond.

ADES, J., LEJOYEUX, M. (2001). *Encore plus ! Jeu, sexe, travail, argent.* Paris : Odile Jacob.

CARNES, P. (1983). *Out of the shadows: Understanding sexual addiction.* Minneapolis: CompCare.

BERGLER, E. (1957). *The Psychology of Gambling.* Madison, CT, US: International Universities Press.

BRONNEC, M., ROCHER, B., BOUJU, G. VENISSE, J. L. (2010). Jeu et addiction. *Annales Médico-Psychologiques*, 168, 509-512.

BOURDIN, D. (2002). *Les jeux du normal et du pathologique : des figures classiques aux remaniements contemporains.* Paris : Armand Colin, collection Cursus.

BOURGEOIS, M.L. (2010). Les addictions sexuelles. *Annales Médico-Psychologiques*, 168, 533-537.

BOUTEYRE, E. (2009). L'addiction au travail. In: I. Varescon, *Les addictions comportementales*, Paris : Mardaga ; 205-235.

BOUTIN, C., LADOUCEUR, R. (2006). *Y-a-t-il un joueur dans votre entourage ? Tout ce que les proches doivent savoir.* Québec : Éditions de l'homme.

BUDIN, J.D. (2017). *Ne vous tuez plus au travail.* Paris : À contre-courant.

DEBRAY, Q, DE SUTTER, P. (2013). *L'addiction sexuelle : Idées reçues sur une souffrance méconnue.* Paris : Le cavalier bleu, collection Idées reçues.

FABER, R. J., O'GUINN, TC. (1992). A clinical screener for compulsive buying. *J Consumer Research,* 19, 459-69.

FROST, R.O., STEKETE, G., GRISHAM, J. (2004). Measurement of compulsive hoarding: saving inventory-revised. *Behav Res Ther*, 42, 1163–1182.

GONZALEZ-SICILIA FERNANDEZ, D. (2015). *Jeu pathologique et troubles comorbides : La comorbidité chez les joueurs pathologiques en traitement dans un centre de réadaptation en dépendance de Montréal.* Éditions universitaires européennes, collection OMN.UNIV.EUROP.

GRALL-BRONNEC, M. (2012). *Le jeu pathologique : Comprendre-Prévenir-Traiter.* Paris : Elsevier Masson.

HACHE, P. (2017). Workaholisme : les dangers de l'addiction au travail. *Hygiène et sécurité du travail,* 246, 6-7.

KARILA, L., BENHAIEM, A. (2015). Accro-jeux, réseaux sociaux, bouffe, sexe, travail, les clés pour se sortir des nouvelles addictions. Paris : Marabout, collection psychologie.

KARILA, L., COSCAS, S. (2016). L'addiction au travail. In M. REYNAUD, L. KARILA, H.J. AUBIN, A. BENYAMINA. *Traité d'addictologie.* Paris : Lavoisier, 818-822.

LANÇON, C., COHEN, J. (2010). Addictions sans substances et comorbidités. *Annales Médico-Psychologiques,* 168, 513–515.

LAMAS, C., NICOLAS, I., CORCOS, M. (2010). Addictions comportementales (troubles des conduites alimentaires) et suicide. *Annales Médico-Psychologiques,* 168, 528-532.

LAXENAIRE, M. (2010). Psychanalyse et addictions sans substances. *Annales Médico-Psychologiques,* 168, 524-527.

LE NOUVEL OBSERVATEUR (2007). *Les nouvelles addictions*. Paris : Éditions Scali.

LOONIS, E. (1999). Approche structurale des fantasmes érotiques. *L'Évolution Psychiatrique*, 64 (1), 43-60.

LOONIS, E. (2014-1). *Structures et fonctions des fantaisies sexuelles*. Éditions Nègrefont.

LOONIS, E. (2014-2). *Théorie générale de l'addiction : Introduction à l'hédonologie*. Éditions Nègrefont.

LOONIS, E. (2015). *La gestion hédonique : Prolégomènes à une hédonologie humaine*. Éditions Nègrefont.

MONAHAN, P., BLACK, D.W., GABEL, J. (1996). Reliability and validity of a scale to measure change in persons with compulsive buying. *Psychiat Research*, 64:59-67.

PSYCHOTROPES (2018). *Addictions et monde du travail*. n° 3-4.

POUDAT, F.X., LAGADEC, M. (2017*). Sexe sans contrôle : Surmonter l'addiction*. Paris Odile Jacob. Collection OJ.GUIDE AIDER.

REYNAUD, M. (2005*). L'amour est une drogue douce… en général*. Paris : Éditions Robert Laffont.

REYNAUD, M. (2010). L'addiction amoureuse existe-telle ? *Annales Médico-Psychologiques*, 168, 516-523.

ROMO, L. (2009). La dépendance aux achats, diagnostic et traitement. *Le courrier des addictions*, 11,3, 14-15.

VALLEUR, M., VELEA, D. (2002). Les addictions sans drogue(s). *Revue Toxibase*, 6, 1-15. http://bit.ly/2PQzlYf

VALLEUR, M., BUCHER, C. (1997). *Le jeu pathologique*. Paris : P.U.F., Collection Que Sais-Je ? n° 3310.

VALEUR, M., MATYSIAK, J.C. (2003). *Sexe, passion et jeux vidéo. Les nouvelles formes d'addiction*. Paris : Éditions Flammarion.

VALLEUR, M. (2006). *Le jeu pathologique*. Paris : Armand Colin, collection 128.

VALEUR, M., MATYSIAK, J.C. (2006). *Les pathologies de l'excès. Sexe, alcool, drogue, jeux… Les dérives de nos passions*. Paris : Editions JC Lattès.

VARESCON, I. (2009). *Les addictions comportementales. Aspects cliniques et psychopathologiques*. Wavre : Éditions Mardaga.

VOROS, J. (2009). L'invention de l'addiction à la pornographie. *Sexologies*, 18, 270-276.

ADDICTIONS ET VULNÉRABILITÉS

1. La notion de vulnérabilité

Elle rentre dans le vocabulaire de la psychopathologie lors du VIIII ème congrès international de psychiatrie de l'enfant et des professions associées, organisé à Philadelphie en 1974. Le terme de vulnérabilité ou de fragilité, largement utilisé dans le langage courant. Cette notion fait référence à une certaine forme de fragilité, à une moindre capacité de résistance, à une plus grande sensibilité à l'adversité (Ionescu, Jourdan-Ionescu, 2006).

Le mot vulnérable trouve son origine dans le mot latin *vulnus, eris,* la blessure ; la fragilité est la disposition à être brisée (*frangere*). Une personne vulnérable est donc un sujet qui peut être blessé, par définition fragile et sensible, de constitution faible ou de fonctionnement délicat (Meire, 2000).

L'inégalité devant les agressions et la maladie est un fait d'observation quotidienne. Certes, cette constatation n'est pas nouvelle ; la notion de « *mauvais terrain* », de sujets à risque pour une intervention chirurgicale, la vulnérabilité des sujets âgés à la grippe ou aux infections saisonnières justifiant une vaccination systématique, celle des coronariens aux chocs émotionnels, des insuffisants respiratoires aux séjours en haute altitude ou aux médicaments déprimants la fonction ventilatoire, l'adaptation des posologies chez les insuffisants rénaux, sont autant de truismes. On pourrait multiplier les exemples concrets illustrant l'intrusion du concept de vulnérabilité dans notre réflexion au jour le jour (Godeau, 2002).

La vulnérabilité de l'enfant (Hayez, 2000) a acquis une place incontestée, qu'il s'agisse du domaine physiologique (sensibilité aux infections bactériennes ou virales) ou surtout psychologique (fragilité de l'équilibre émotionnel et comportemental, réceptivité aux suggestions, richesse de l'affectivité et de l'imaginaire, dépendance de l'environnement familial, social, éducatif).

Le passage difficile de l'adolescence (Van Meerbeeck, 2000) est peut-être le stade où la notion de fragilité – vulnérabilité trouve son champ d'application le plus large. La fameuse *« crise d'adolescence »*, la révolte contre le père aussi ambiguë que l'attachement au nid familial et le refus du sevrage, la perte des repères familiaux, culturels, éthiques, idéologiques, religieux, la détresse économique et la peur du chômage, l'angoisse de l'avenir, l'absence de motivation, le rejet des modèles du passé sont autant de facteurs de vulnérabilité qui rendent fragile l'adolescent victime expiatoire exposée aux ravages de la drogue, du sida et des maladies sexuellement transmissibles, à une période de la vie où la sexualité rayonnante cherche son équilibre. Le risque suicidaire et les troubles du comportement alimentaire, de l'anorexie mentale à l'obésité, occupent une place importante, 10 à 20 % des consultations ou hospitalisations dans les unités de médecine de l'adolescent (Van Meerbeeck, 2000). Ainsi, le concept de *vulnérabilité–fragilité* a acquis droit de cité en pédiatrie, psychopédiatrie et médecine de l'adolescence.

Elle n'est pas clairement démarquée de la notion de risque alors que ces deux notions, vulnérabilités et risque ne sont pas synonymes. Le risque est défini (Last, 2001-2004), comme la probabilité qu'un évènement survienne au cours d'une période donnée ou avant un certain âge. Dans cette définition, le mot évènement concerne le début d'une maladie ou d'un trouble ou le décès d'une personne.

E. James Antony (1978-1982), dans son adresse présidentielle au congrès de Philadelphie, parle, à plusieurs reprises, de risque et de vulnérabilité.
Dans une tentative de distinguer la vulnérabilité du risque, Ingram et Price (2001) note qu'une personne *« à risque »* — parce qu'elle vit dans un environnement particulièrement stressant — verra ce risque se transformer en trouble si elle est, aussi, vulnérable. Cela signifie que si la vulnérabilité et le risque se distinguent au plan conceptuel, ils ont, toutefois, des interactions étroites. Ils considèrent que pour mieux comprendre la vulnérabilité, il faut tenir compte du fait que *la vulnérabilité est un trait stable, inné ou acquis par apprentissage.*

Si aujourd'hui, nous ne pouvons agir sur la vulnérabilité génétique d'une personne, nous pouvons, en échange, utiliser des moyens psychologiques découlant d'apprentissages dysfonctionnels. Ainsi, comparativement à la pharmacothérapie administrée seule, la thérapie cognitive ou une combinaison de thérapie cognitive et de pharmacothérapie réduisent la probabilité de réapparition du trouble dépressif pendant deux ans.

Dans cette perspective, Hollon et al. (1990) ; Hollon et Cobb (1993) soutiennent que si les effets des traitements médicamenteux entraînent, en grande mesure, la suppression des symptômes, les prises en charge psychologiques (de type thérapie cognitive) modifient les structurent cognitives dysfonctionnelles. Dans la mesure où la vulnérabilité a ses racines dans ses structures, la thérapie cognitive diminuera ainsi la susceptibilité à la psychopathologie.

Si ces faits montrent que, dans certains cas, la vulnérabilité peut être diminuée, d'autres constats mettent en évidence des augmentations, dans le temps, de la vulnérabilité. Cela peut se produire, par exemple, lorsque la personne vulnérable est exposée, de manière continue, à des évènements stressants.

Les caractéristiques qui rendent une personne vulnérable sont endogènes, ce qui est évident pour des caractéristiques de type génétique. Les traits de vulnérabilité constituent des caractéristiques latentes, difficiles à observer. Cela explique l'intérêt de la recherche de marqueurs de vulnérabilité observables.

Différents modèles psychopathologiques postulent que la vulnérabilité ne s'exprime pas en l'absence de stress. Ces modèles sont basés sur l'interaction diathèse-stress. Le mot diathèse fait référence à une prédisposition, à un terrain qui concrétise la vulnérabilité de la personne.
Selon les modèles diathèse-stress, la vulnérabilité biologique à la psychopathologie ne s'exprimerait, ne se concrétiserait en trouble mental que dans certaines conditions environnementales. Dans le champ de la schizophrénie, de nombreux auteurs soutiennent que les personnes qui ont une vulnérabilité biologique (génétique) ne développeront une schizophrénie que si elles sont exposées à des facteurs de stress. Ce modèle diathèse-stress a aidé à intégrer les modèles biologique et environnemental de la schizophrénie.

Ces différents points appellent des commentaires :
— même au stade actuel de nos connaissances et de nos moyens d'intervention, la vulnérabilité apparaît moins stable que ces auteurs l'affirment. Le problème est d'identifier ces facteurs et de retarder l'échéance d'incapacité, d'institutionnalisation et de décès. Identifier les sujets vulnérables, approfondir nos connaissances sur les mécanismes physiopathologiques de la vulnérabilité, proposer des mesures préventives ou curatives efficaces, c'est ce triple défi que doivent les professionnels de la santé (Godeau, 2002).
— la distinction faite qui relie la vulnérabilité de la personne et le risque à l'environnement est discutable. Il y a des facteurs de risque individuel, génétique et acquis. La vulnérabilité apparaît donc plutôt comme un terrain fragilisé par l'action des facteurs de risque présents ou ayant agi précédemment.

À l'origine de la situation qui permet de qualifier la personne comme étant « *à risque* » se trouvent les facteurs de risque qui sont très divers : comportements, habitudes de vie, exposition à l'adversité et aux dangers environnementaux, caractéristiques innées ou héréditaires et qui constituent le « *lit* » de la vulnérabilité d'une personne.

2. Facteurs de vulnérabilité et addictions

Tous les individus ne sont pas égaux devant le passage de l'usage à la dépendance ou à l'addiction.

Les addictions sont la résultante de l'interaction de plusieurs facteurs (Reynaud, 2005) :
– *les facteurs de risque liés aux produits* (risque d'installation d'une dépendance ou addiction au produit ; risque d'apparition de complications sanitaires, psychologiques ou sociales) ;
– *les facteurs individuels de vulnérabilité (et de résistance)* qui comprennent les facteurs génétiques, biologiques, psychologiques et psychiatriques ;
– *les facteurs de risque environnementaux* qui interviennent dans les régulations des consommations dans l'exposition au produit.

Je vais m'intéresser essentiellement ici *aux facteurs individuels et sociaux de vulnérabilité,* car si l'installation d'une addiction dépend des facteurs propres liés au produit, elle dépend aussi des facteurs individuels et environnementaux et la connaissance de ces facteurs est capitale.
Elle permet des actions de prévention ciblée sur des individus ou des contextes de vulnérabilité, grâce à la mise en place d'un soutien psychosocial adapté et précoce. Le repérage de ces éléments individuels et environnementaux constitue un élément diagnostique et pronostique de toute première importance.

En effet, l'existence de ces facteurs lorsqu'elle est conjointe à la consommation de produits psychotropes laisse fortement présager l'installation d'une addiction. Ces facteurs sont à la fois des facteurs de vulnérabilité, des facteurs de risque d'addiction et de gravité (lorsque l'addiction est installée).

2.1. Facteurs individuels

Facteurs génétiques
L'existence de facteurs génétiques de vulnérabilité ne fait pas de doute. Je vous renvoie aux travaux sur les facteurs génétiques dans les addictions que je ne développerai pas ici.

Facteurs psychologiques
Parmi les facteurs psychologiques de vulnérabilité, on cite :
- *des traits de personnalité* (manière d'être au monde originale et personnelle d'un sujet, résultant des interactions entre le sujet et son environnement telles que : la faible estime de soi ; l'auto-dépreciation ; la timidité ; les réactions

émotionnelles excessives ; les difficultés de communication ; les difficultés interpersonnelles ; la difficulté à faire face aux évènements et à établir des relations stables et satisfaisantes.

– *des attitudes tempéramentales* (l'impulsivité, la recherche de sensations – de nouveauté, faible évitement du danger par exemple, un niveau élevé de réactivité émotionnelle, un retour lent à l'équilibre après un stress, un faible niveau de sociabilité, etc.).

– *des perturbations du comportement* (des difficultés de régulation comportementales et des tendances agressives ou turbulentes, des lacunes au niveau des habiletés sociales avec incapacité d'anticiper les conséquences d'une action ; le manque d'autocontrôle ; des difficultés à s'affirmer, un retrait social).

Tous ces facteurs de tempérament et de comportement et les difficultés de régulation des affects et des comportements associés par exemple à des performances scolaires faibles, des attitudes ou des croyances favorables à l'usage de substances, à la tolérance, pour la déviance sociale, à un faible attachement religieux, ont on lien direct avec un risque précoce pour l'initiation aux substances psychoactives.

- *Des comorbidités psychiatriques*
L'association des troubles psychopathologiques aux conduites addictives est soulignée par de nombreuses études. Les études portent par exemple sur :
- les troubles des conduites et l'hyperactivité avec déficit de l'attention ;
- les troubles de la personnalité (antisociale, dépendante, limite, narcissique) ;
- les troubles anxieux ;
- les troubles dépressifs et les troubles de l'humeur.

Il s'agit là de facteurs très hétérogènes dont le rôle est lié à des interactions entre eux, sans que tous les sujets qui présentent tel ou tel de ces éléments puissent être considérés comme potentiellement addictifs.

Les personnes présentant ces facteurs de vulnérabilité ne constituent en rien une classe nosologique et ne présentent pas obligatoirement la pathologie avérée, mais ils ont plus de mal à faire face à des situations de vides affectifs ou motivationnels marquées par une absence d'options positives (par exemple groupes sociaux désavantagés, zones de conflits armés, etc.) par un faible soutien social (structures familiales ou amicales perturbées) ou à des périodes critiques de l'existence (adolescence, divorce, isolement, stress, etc.).

2.2. Facteurs environnementaux

Ces facteurs influent sur les attentes des individus envers les produits, les modes de consommation, l'expression des conduites addictives, leur pérennisation et les réactions sociales vis-à-vis de ces conduites.

Il existe plusieurs types de facteurs environnementaux :

• *les facteurs culturels et sociaux.* Ils correspondent à :
– *l'exposition à un produit dans une société ou une microsociété donnée* : ce facteur d'exposition peut s'évaluer à partir des quantités consommées d'un produit donné dans une société donnée, par exemple en France. Ces données peuvent être affinées par âge, sexe, groupe social, etc.
– *le statut culturel et social du produit* : le statut légal de la consommation d'un produit a évidemment des conséquences sociales ; lorsqu'un produit est intégré dans la catégorie des stupéfiants dont la consommation, la détention et le trafic sont illégaux, la consommation de ce produit comportera pour l'utilisateur des risques légaux et sociaux.

• Parmi les *facteurs environnementaux,* on trouve :
– *les facteurs d'environnement social*[2] : tels que la misère sociale, le chômage, l'affaiblissement de la cellule familiale et de ses repères, la perte des valeurs (les valeurs religieuses sont un bon témoin de la solidité de l'attachement à des valeurs morales), les communautés de quartiers défavorisés à haute densité de population et à taux élevé de criminalité où circulent de multiples substances psychoactives, l'école (plus particulièrement l'absence d'encadrement pédagogique cohérent et surtout l'exclusion ou la rupture scolaire, la marginalité, etc.
Ces facteurs ont indéniablement un effet initiateur sur les consommations de substances psychoactives (alcool, drogue).
– *le rôle des pairs (des copains)* : il est sans contexte que le groupe des pairs joue un rôle majeur dans l'initiation de la consommation d'alcool, de tabac ou de drogue à l'adolescence complétée par la suite par le rôle renforçateur dans le choix du groupe de pairs dans lequel circulent les substances.

2.3. Facteurs familiaux

Ils concernent :
– *la consommation du produit et fonctionnement familial* (habitudes de consommation ou de non-consommation, acception ou rejet, interdits religieux, etc.) ;

1. *Habitudes de consommations familiales* : la plupart des études montrent une corrélation importante entre des antécédents familiaux d'alcoolisme et de toxicomanie et un début précoce d'abus de substances durant l'enfance et l'adolescence. La tolérance familiale pour l'usage d'alcool ou de drogue, l'usage de médicaments psychotropes chez les mères ou pour l'usage de substances diverses

---

[2] Le milieu social culturel d'origine ne se révèle pas comme un facteur ayant une relation directe avec l'apparition d'une addiction. Néanmoins, des facteurs favorisent une perte de repères sociaux.

par les parents, est un des facteurs de risques les plus incitateurs à l'abus de substances chez l'enfant et chez l'adolescent. Tous ces troubles présents chez les parents créent une situation familiale favorable à l'émergence de troubles psychopathologiques chez l'enfant avec des troubles cognitifs, des difficultés de socialisation et des troubles affectifs et du comportement, dont la présence majore le risque d'abus de substances psychoactives.

2. *Habitudes de fonctionnement familiales* : l'attitude des parents et les habitudes familiales ont un rôle favorisant dans le développement et la survenue d'une addiction. Les liens familiaux ont plus de poids que la structure familiale. Ainsi on retrouve fréquemment :
– une ambiance familiale délétère avec des éléments de discorde et de tension relationnelle importante ;
– des relations parents-enfants insatisfaisantes et conflictuelles en lien avec un faible niveau d'encadrement et d'autorité ;
– des attitudes parentales coercitives injustes ou incohérentes, avec un manque d'implication et de supervision parentale ;
– l'influence importante de la fratrie dans le giron familial ;
– la permissivité ;
– des violences intrafamiliales entraînant des troubles affectifs, du comportement et de la personnalité) ;
– des troubles mentaux chez les parents (conduites d'alcoolisation et usage de drogue, trouble de la personnalité anti-sociale, troubles dépressifs et anxieux) ;
– des antécédents de deuils familiaux non résolus, etc.

3. *Évènements de vie* : les évènements de vie font le lien entre les facteurs environnementaux et familiaux et la vulnérabilité du fonctionnement psychique.
– *évènements de vie familiaux* (surreprésentation des décès prématurés, conduites d'intoxication alcoolique surtout chez les pères, conduites d'intoxication médicamenteuse chez les mères – antidépresseurs par exemple) : c'est l'enchevêtrement des liens à l'intérieur de la famille ou la dimension transgressive du fonctionnement familial, s'articulant avec la dimension psychique individuelle, qui contribue à l'abus de substance. Néanmoins, les familles « à problèmes multiples » (deuils, divorces, séparations, abandons, etc.) ne sont pas directement spécifiques d'un risque de survenue de l'addiction.
– *évènements de vie individuels* (pertes et deuils, grossesses non désirées, histoires d'abus sexuels forcés – viols ou incestes), grossesse à l'adolescence associée à un problème de santé mentale, maladies graves, absence de domicile fixe, etc.) sont des facteurs de vulnérabilité à l'addiction.

3. Les modalités de consommation comme facteurs de vulnérabilité

3.1. La précocité de la consommation
Elle traduit à la fois la vulnérabilité génétique et familiale, une fréquente incitation environnementale et entraîne des conséquences délétères décrites sur le cerveau. Plus une consommation de substance démarre tôt dans la vie, plus le risque d'apparition d'installation d'une addiction est élevé. Cette règle est applicable à toutes les substances (tabac, alcool, médicaments, psychotropes, substances illicites) surtout si l'usage se répète.

3.2. L'automédication ou la consommation auto-thérapeutique
Elle condense les facteurs de vulnérabilité psychologique (personnalité et tempérament) et psychiatrique (anxiété et difficulté de gestion des émotions post-traumatiques) et l'entrée dans l'addiction par la voie de l'évitement de la souffrance. L'effet anxiolytique ou antidépresseur recherché est en lien avec des facteurs individuels psychopathologiques. La consommation vise à apaiser un état d'angoisse sous-jacent, à réfréner des phobies sociales, à calmer un vécu dépressif, à réduire une sensation de malaise pour se « déstresser ».

3.3. Conduites d'excès, recherche d'ivresse
Elles condensent la vulnérabilité génétique, les traits de caractère sociopathiques et l'entrée dans l'addiction par la voie de recherche de sensation. Qu'il s'agisse d'excès ou d'ivresse, l'effet recherché est celui d'une anesthésie, d'une « *défonce* », d'un anéantissement.

3.4. Polyconsommation
Elle traduit la vulnérabilité génétique et la recherche de sensation. Les polyconsommations et les associations de produits sont un facteur d'aggravation du risque d'intoxication pour toutes les substances psychoactives.

Bibliographie

ANTHONY, E.J. (1978-1982). Un nouveau domaine scientifique à explorer. In: E. J. ANTHONY, C. CHILAND ET C. KOUPERNIK (Eds), *l'enfant vulnérable*. Paris : PUF, collection le fil rouge, 21-35.

CHARRIER, F., GOUPIL, D., GEOFFROY, J. J. (2008). *Les personnes vulnérables. Les protections et accompagnements des majeurs en difficulté*. Paris : Erès. Collection Trames.

DERVAUX, A., KREBS, O. (2004). Les facteurs de vulnérabilité de l'héroïnomanie : L'héroïnomanie. *Annales médico-psychologiques*, 162, 4, 307-310.

GIROUX, E. (2010). Les facteurs de risque et le problème de la démarcation entre le normal et le pathologique : une analyse épistémologique. *La Revue de médecine interne*, 31, 651-654.

GODEAU, P. (2002). Vulnérabilité : un concept d'avenir ? In: Les colloques de l'Institut Servier, *Vulnérabilité et vieillissement : comment les prévenir, les retarder ou les maîtriser ?* Paris : Éditions scientifiques et médicales Elsevier SAS.

HAYEZ J.Y. (2000). À propos de la vulnérabilité de l'enfant. *Louvain Med*, 119, S205-212.

HOLLON, S.D., COBB, R. (1993). Relapse and recurrence in psychopathological disorders. In: C.G. COSTELLO (Ed.), *Basic issues in psychopathology*. New York: Guilford Press, 377-402.

HOLLON, S.D., DERUBEIS, R. J., EVANS, M.D. (1990). Combined cognitive therapy and pharmacotherapy in the treatment of depression. In: D.W. MANNING & A.J. FRANCES (Eds), *Combined pharmacotherapy and psychotherapy for depression*. Washington (DC): American Psychiatric Association, 37–64.

INGRAM, R. E., PRICE, J.M. (Eds) (2001). *Vulnerability and psychopathology: Risk across the lifespan*. New York: Guilford Press.

IONESCU, S., JOURDAN-IONESCU, C. (2006). La psychopathologie comme processus : vulnérabilité et résilience. In: S. IONESCU, A. BLANCHET et al., *Psychologie clinique et psychopathologie*, Paris : PUF., 133-157.

KARILA, L., REYNAUD, M. (2010). Facteurs de risque et de vulnérabilité aux addictions. *La revue de santé scolaire et universitaire*, 1, 2, 10-12.

LAST, J.M. (2001–2004). *Dictionnaire d'épidémiologie*. Acton Vale : Québéc-Paris : Edisem-Maloine.

MEIRE, P. (2000). La vulnérabilité des personnes âgées. *Louvain Med*, 119, S221-226.

REYNAUD, M. (2005). *Addictions et psychiatrie*. Paris : Masson, 31-48.

ROZAIRE, C., GUILLOU-LANDREAT, M., GRALL-BRONNEC, M., ROCHER, B., VENISSE, J. L. (2009). Qu'est-ce que l'addiction ? *Archives de politiques criminelles*, 1, 31, 9-23.

VAN MEERBEECK, P. (2000). L'adolescence vulnérable. *Louvain Med*, 119, S213-220.

VARESCON, I. (2010). Mieux comprendre la toxicomanie : que sait-on des facteurs de vulnérabilité et de protection ? : La résilience. *Bulletin de psychologie*, 63, 6, 441-444, 508, 510.

ADDICTIONS ET ÉVALUATIONS

L'injonction à l'évaluation est aujourd'hui particulièrement forte et se traduit par une multitude de travaux, tant dans le domaine de la recherche que dans le domaine de la pratique clinique sur les évaluations des addictions.

L'évaluation des addictions dépend du niveau d'objectivation (conduites addictives/personnalité des sujets addictés), des approches (catégorielle et/ou dimensionnelle) et des orientations théoriques (psychiatrique, cognitivo-comportementale, psychodynamique).

On peut distinguer les instruments pour l'évaluation du noyau central des addictions (substances psychoactives) de ceux utilisés pour les nouvelles pratiques addictives (jeu, achats, Internet, sexualité, etc.). Il n'y a pas une évaluation idéale, mais une série de choix sous contraintes à réaliser (visées de l'évaluation, qualité de l'instrument, adéquation au niveau d'objectivation, type de population, paradigme sous-jacent, contexte, etc.). (Fernandez, Catteuw, 2002).

I. Évaluer les addictions

1. Évaluation dimensionnelle des conduites addictives

L'approche dimensionnelle évalue, selon un continuum, l'intensité des conduites elles-mêmes (importance des symptômes) ou de certaines dimensions associées. L'évaluation n'a donc pas pour objectif d'établir un diagnostic de trouble en référence à une nosographie (approche catégorielle). Cette approche s'est surtout développée dans le domaine de l'évaluation de la consommation de substances psychoactives, sous la forme d'entretiens structurés ou de questionnaires.

1.1. Entretiens structurés

L'évaluation des conduites addictives est aujourd'hui multifactorielle afin de saisir la diversité des substances psychoactives, des pratiques de consommation, des parcours individuels et des contextes d'apparition. Il existe de nombreux entretiens structurés, non disponibles en français, pour l'évaluation multidimensionnelle de l'addiction aux substances psychoactives, par exemple, l'*Individual Assessment Profile* (IAP, Flynn et al., 1995) et le *Christo Inventory for the Substance-misuse Services (*CISS, Christo et al., 2000*)*.

Actuellement, seul l'*Addiction Severity Index (ASI[3])* constitue un outil de référence internationale, standardisé, traduit en neuf langues, dont le français (Brisseau et al., 1999). Il est utilisé dans de nombreuses recherches empiriques pour la description de la consommation de substances psychoactives dans diverses populations, mais également en pratique clinique pour l'évaluation et le suivi des patients. L'ASI, développé dans les années 80 aux États-Unis par Mac Lellan et ses collaborateurs est un entretien structuré permettant une évaluation multifactorielle, valide et fiable des comportements de consommation de substances psychoactives (« drogues » et « alcool ») ainsi que des difficultés dans différents secteurs de vie : « état médical », « emploi/ressources », « situation légale », « relations familiales/sociales », « état psychiatrique », chez l'adulte. La cinquième version de l'ASI (Mc Lellan et al., 1992) a été traduite et validée en français (Grabot et al., 1992). La passation de l'ASI se réalise en deux temps : un entretien structuré de 45 à 60 minutes, durant lequel les 240 items de l'ASI sont complétés et suivis d'un temps de cotation et de contrôle de la cohérence des réponses fournies (Brisseau et al., 1999).

L'entretien permet d'explorer les différents secteurs de vie ; l'objectif étant d'établir pour chacune des sept sections un profil de sévérité. La période de référence pour l'ASI est les 30 derniers jours, l'évaluation est donc relative à l'état actuel de la personne. Pour certaines sections, d'autres périodes sont explorées. Par exemple, les sections « drogues » et « alcool » font également une évaluation des substances consommées et des traitements sur toute la vie. Le parcours addictif est ainsi reconstruit avec la personne. Différents types d'items sont utilisés dans l'évaluation de chacune des sections. Les sections « tabac » et « autres addictions sans substances » (comme le jeu d'argent et de hasard et les troubles du comportement alimentaire) ont été rajoutées (Denis, 2009).

---

[3] *http://bit.ly/33ablOr*

Par exemple pour la section drogue/alcool :

– items *« objectifs »* (1 à 22) : produits (alcool, héroïne, méthadone, opiacés, analgésiques, barbituriques, sédatifs/hypnotiques/tranquillisants, cocaïne, amphétamine, cannabis, hallucinogène, inhalants et polydrogues), modes de consommation (orale, nasale, fumée, injection), pour les trente derniers jours et sur toute la vie. Périodes d'abstinence, delirium tremens et overdoses, traitements, nombres de jours avec difficulté, dépenses en argent.

– items *« subjectifs »* (23 et 24) : degré de préoccupation et de problèmes liés à l'alcool et aux drogues, besoin en traitement spécifique.

Évaluation de la sévérité

Le score de sévérité de la section est obtenu par une procédure particulière de pondération qui intègre les informations objectives et subjectives. La sévérité de chaque section est établie sur une échelle en 10 points et se définit par rapport au besoin en traitement (nouveau ou supplémentaire) basé sur la quantité, la durée, l'intensité des symptômes pour chaque section. Les scores de sévérité obtenus aux différentes sections forment un profil de sévérité, permettant des comparaisons entre sujets ainsi que des comparaisons pour un même sujet entre profil de base (début du traitement) et profil de suivi.

Le score composite est également un score reflétant la sévérité de l'addiction qui est calculé à partir d'items fortement intercorrélés, normalisés et additionnés, permettant d'obtenir une donnée chiffrée plus robuste, utilisée notamment dans les recherches et les évaluations de suivis.

Des données françaises (Façy, 2000), relatives aux profils de sévérité et aux scores composites sont disponibles pour des groupes de toxicomanes en traitement et hors traitement et pour des suivis d'héroïnomanes en médecine de ville.

Les qualités métrologiques

Les qualités métrologiques de l'instrument sont bonnes et bien connues dans différents contextes. La fidélité test-retest a été établie à 3 jours, 1 semaine, 18 jours (Mc Lellan et al., 1985; Drake et al., 1995; Mc Cusker et al. 1994). Les informations relatives à l'histoire de vie présentent également une bonne fidélité test-retest[4] (Cacciola et al., 1999). La fidélité inter-juges est bonne à excellente (Mc Lellan et al., 1985 ; Mc Lellan et al., 1992). La validité (concourante, de construit, prédictive) a été éprouvée dans différentes populations (pour un résumé, *cf.* Alterman et al., 2001). Il existe également des spécifications pour l'utilisation d'une base de données standardisées pour l'ASI (Carise et al., 2001; http://www.tresearch.org, Addiction Severity Index). L'ASI a été conçue comme pouvant être administrée par des personnes non spécialisées et ayant peu

---

[4] À 50 jours en moyenne d'intervalle.

d'expérience clinique, après une formation de base de deux jours et des séances de supervision[5]. Élaborés dans un contexte de recherche, les résultats obtenus en situation non contrôlée, non standardisée de pratique clinique indiquent que les sections de l'ASI présentent une bonne cohérence interne (.69 à .89) et une validité critériée acceptable (Leonhard et al., 2000).

Des limites

- *La validité des scores de sévérité et des scores composites* : quelques études ont mis en évidence que certains scores composites (« emploi », « légal », « drogue ») présentaient une cohérence interne insuffisante (<.70) et une validation restreinte à des groupes spécifiques de sujets (Alterman et al. 1994; Hodgins, El-Guelbaly, 1992). Quant aux scores de sévérité, leur validité n'est pas toujours optimum et dépendrait du niveau d'entraînement des interviewers[6] (Alterman et al. 2001). D'autres indices plus robustes, pour la recherche, sont aujourd'hui proposés : les *Évaluation Indices* (EI) et les *Clinical Indices* (CI) (Mc Dermott et al., 1996 ; Alterman et al., (1998 ; 2000) ; Cacciola et al. (1999).

- *La sévérité des troubles psychiatriques associés* a un impact sur la qualité de l'évaluation (Carey et al., 1997 ; Zanis et al., 1997).

- *Les conduites addictives* sont limitées de façon restrictive à la consommation de certaines substances psychoactives.

1.2. Questionnaires

Il existe une version de l'ASI sous la forme d'un questionnaire (Rosen et al., 2000). Dans les pays européens, le *Maudsley Addiction Profile* (Marsden et al., 1998, 2000) a été construit sur le même modèle que L'ASI. Il s'agit d'un questionnaire en 60 items, utilisé pour l'évaluation et le suivi clinique des personnes addictés.

Bien que les études aient montré que les pratiques de consommation de substances psychoactives sont multiples et associées, il existe des outils qui évaluent la sévérité d'une dimension spécifique, par exemple, la sévérité de la dépendance à une substance ; c'est le cas du tabac. L'outil pour évaluer la dépendance à la nicotine (*Fagerstrom Tolerance Questionnaire* (FTQ, Fagerstrom et Schneider, 1989). Il existe d'autres questionnaires qui évaluent spécifiquement la dépendance à un type de substances, par exemple le *Benzodiazépine Dependence Self-Report Questionnaire* (Kan et al., 1999 et 2001) ou l'*Alcohol Dependence Scale* (ADS, Willenbring et al., 1994).

---

[5] L'équipe française (laboratoire de psychiatrie, Université de Bordeaux II, Pr Tignol) ayant traduit et validée l'ASI assure la formation et les supervisions.

[6] Par exemple, pour la section drogue, les corrélations obtenues entre scores composites et scores de sévérité sont de 0,16, 0,50 et 0,44 selon le niveau croissant de formation des interviewers.

2. Évaluation catégorielle des conduites addictives

2.1. Entretiens diagnostics

Les entretiens diagnostiques structurés qui se sont développés parallèlement aux systèmes de classification en psychiatrie sont maintenant largement utilisés en recherche et en pratique clinique chez l'adulte. Ils présentent de nombreux avantages en permettant d'évaluer de manière standardisée les troubles et les comorbidités, d'explorer leurs durées, leurs fluctuations symptomatiques et leurs évolutions. L'évaluation diagnostique a pour objectifs le repérage des troubles pathologiques, à partir d'un ensemble de critères descriptifs, en référence à la nosographie DSM-IV R et/ou CIM-10. C'est une approche catégorielle de la pathologie. Pour la consommation de substances psychoactives, noyau central des addictions, les diagnostics de troubles reposent sur l'identification de la dépendance et de l'abus pour le DSM-IV R ; de la dépendance et de l'usage nocif pour la CIM-10. Les entretiens de diagnostics sont conçus pour dépister et établir l'ensemble des troubles d'un sujet (comorbidité). Nous ne présentons ici que les entretiens utilisés pour l'évaluation des troubles liés à l'utilisation de substances psychoactives.

Tableau I : exemples d'entretiens de diagnostic pour les troubles liés aux substances

Structured Clinical Interview for the DSM-IV – SCID-II – Section E: Substance use Disorders (First et al., 1997)	Critères DSM-IV et CIM-10 Utilisé comme mesure « étalon » pour valider d'autres instruments
Diagnostic Interview for Genetics Studies – DIGS (Nurnberger et al., 1994)	Critères DSM-IV Disponible en français — bonne fidélité (Berney et al., 2002)
Mini International Neuropsychiatric Interview – MINI (Sheehan et al., 1997)	Critères DSM-IV — validation française (Lecrubier et al., 1997)
Composite International Diagnostic Interview – **Substance Abuse Module** (CIDI-SAM) (Cottler et al., 1989)	Critères DSM-IV et CIM-10 Administration par des non cliniciens possible
Schedule for Clinical Assessment in Neuropsychiatrie – SCAN (Janca et al., 1994)	Critères CIM 10 Recommandé pour la recherche (Pull et Guelfi, 1995)
Substance Dependence Severity Scale – SDSS (Miele et al., 2000 a et 2000 b ; 2001)	Critères DSM-IV et CIM-10 Scores catégoriels et dimensionnels

L'intérêt de ces entretiens de diagnostic est de pouvoir communiquer entre cliniciens sur des bases communes (validité de « face », *i.e* consensus entre experts) en dépit d'orientations théoriques variées. Cependant, s'ils permettent d'établir des diagnostics fidèles, les limites sont relatives à la validité des critères, à l'éclatement *« artificiel »* des maladies en une multitude de syndromes, au recouvrement de certains troubles mettant en jeu des dimensions psychologiques et/ou biologiques communes (Pull et Guelfi, 1995). Les limites de l'approche psychiatrique catégorielle conduisent aujourd'hui au développement d'une évaluation dimensionnelle des troubles. Ainsi, certains instruments associent la possibilité de poser un diagnostic catégoriel en référence au DSM et/ou la CIM, à l'évaluation de la sévérité de dimensions telles que la dépendance et/ou l'abus (*cf.* la SDSS, tableau I). Certaines études s'intéressent donc à l'analyse de la validité des critères d'abus et de dépendance du DSM selon une approche dimensionnelle (Nelson et al., 1999).

2.2. Questionnaires

L'intérêt pour un dépistage rapide des conduites addictives dans des populations tout-venant a conduit au développement de nombreux questionnaires, notamment dans le domaine de la consommation de substances psychoactives (*cf.* tableau II). L'objectif est d'établir l'existence d'un trouble c'est-à-dire d'une entité pathologique.

Ces questionnaires (cf. tableau II) sont adaptés au dépistage en population générale ou en services de soins primaires (Allen et al., 2001 ; Arnaiz et al., 2001). Dans ces contextes, l'intérêt des questionnaires est essentiellement économique : pas de formation, rapidité de passation, de dépouillement et de cotation. Leurs limites sont liées à leurs qualités métrologiques qui varient en fonction de la population cible, des méthodes utilisées pour établir la validité concourante (critères DSM, CIM) et pour l'établissement de scores seuils de dépistage du trouble. Ces questionnaires sont des outils pour rechercher une consommation problématique de substances psychoactives. Ils ont été élaborés pour permettre, lors d'une intervention brève, une évaluation rapide, non stigmatisante et efficace. Il appartient au professionnel de santé qui l'utilise de choisir celui qu'il juge le plus adapté au patient ou à la situation.

Tableau II : exemples de questionnaires de dépistage des troubles liés aux substances psychoactives

ALCOOL, TABAC, DROGUES	Questionnaire ASSIST — Alcohol, Smoking and Substance Involvement Screening Test (Humeniuk, et al., 2008). Ce questionnaire est disponible à l'adresse :
MÉDICAMENTS SÉDATIFS ET DROGUES	Questionnaire DEBA-D — détection et évaluation du besoin d'aide-drogue (Tremblay, 2009). Ce questionnaire est disponible à l'adresse :
DROGUES ET ALCOOL	Substance Abuse Subtle Screening Inventory – SASSI (Miller, 1985) (Peters et al., 2000 ; Gray, 2001) Questionnaire DEBA-D — adolescents (De Germond-Burquier, et al., 2010).
DROGUES	Drug Abuse Screening Test (Skinner, 1982) et DAST-20 (Staley et Guebaly, 1990) Texas Christian University Drug Screen – TCUDS (Simpson, 1995; Simpson et al., 1997)
TABAC	Tobacco Dependence Screener (Kawakami et al., 1999) Test CDS-12 (Etter et al., 2003).
ALCOOL	CAGE (Ewing, 1984) – Version française : DETA (Rueff, 1989). Michigan Alcoholism Screening Test (MAST) et Short MAST (Selzer et al., 1975 ; Selzer, 1971) – validation française (Yersin et al., 1989). Alcohol Use Disorders Identification Test – AUDIT (Bohn et al., 1995). Questionnaire DEBA-A — détection et évaluation du besoin d'aide-alcool (Tremblay, 2009). Ce questionnaire est disponible à l'adresse :

Exemples : Validité de l'évaluation des troubles liés à l'alcool[7]

1. Le dépistage des troubles liés à l'alcool chez des patients hospitalisés (n=204), à partir du CAGE, du MAST, de marqueurs biologiques est comparé aux critères diagnostics CIM-10. Ces différents tests présentent une sensibilité faible (<60 %[8]), limitant leur utilisation pour le dépistage de l'alcoolisme dans cette population (Wetterling et al., 1998).

2. L'évaluation des problèmes d'alcool chez les personnes âgées doit être spécifique à cette population à cause — d'un impact plus important sur la

---

[7] Pour une présentation des instruments d'évaluation standardisée pour l'alcool, consulter Aubin et al. (1997).

[8] Moins de 60 % des sujets alcooliques (CIM-10) sont dépistés.

santé d'une consommation plus faible, — des problèmes liés à l'interaction entre l'alcool et les traitements médicamenteux — des changements physiologiques liés à une santé déclinante (Moore et al., 1999). Fink et al. (2002) comparent l'*Alcohol-Related Problem Survey* (APRS), un auto-questionnaire multidimensionnel, à trois instruments - CAGE, SMAST, AUDIT, dans une population (n=574) de personnes âgées de plus de 65 ans pour détecter les problèmes d'alcool. Les résultats indiquent que l'APRS est comparable aux autres instruments pour détecter les personnes présentant un trouble alcool (selon les critères DSM-IV). Il permet de plus de détecter les patients présentant un risque lié à l'utilisation d'alcool (interaction médicament-état de santé).

2.3. Pratiques addictives autres

La référence au modèle de Goodman pour la définition et les critères diagnostiques des conduites addictives rend possible une adaptation de ces critères à toutes conduites, quel que soit l'objet de l'addiction. Ainsi, l'extension du champ des addictions à d'autres conduites, dites *« addictions comportementales »*, *« dépendances comportementales »* (Adès, Lejoyeux, 1999) a conduit au développement de nombreux questionnaires d'évaluation (*cf.* tableau III). L'objectif de ces questionnaires est de déterminer si une pratique spécifique (jeu, achats, télévision, etc.) est pathologique dans une optique de dépistage et de diagnostic. Une présentation générale, en français, de cette *« nébuleuse addictive »* est disponible dans l'ouvrage d'Adès et Lejoyeux (2001). Ces addictions ne font pas toutes l'objet d'un même consensus ni l'objet de travaux empiriques concluants. Il convient donc d'examiner, pour chacune, à partir des articles publiés, le modèle sous-jacent *(« addiction », « impulsion », « compulsion »)*, la population dans laquelle l'instrument a été développé et les résultats des travaux de validation. Il faut rappeler ici que l'utilisation du modèle addictif, tel qu'il est proposé par Goodman, issu des substances psychoactives, pour certaines de ces conduites reste discutée et que les instruments développés n'ont pas tous démontré des qualités métrologiques robustes, contrairement, par exemple à l'ASI.

Exemples : l'évaluation des dépendances comportementales

1. Le jeu pathologique a fait l'objet de nombreuses études[9] empiriques. L'échelle d'évaluation, la *South Oaks Gambling Screen* (SOGS) présente des qualités satisfaisantes pour dépister le jeu pathologique chez des sujets en traitement, mais elle surestimerait dans la population générale, le nombre de

---

[9] Comorbidité jeu pathologique et dépendance à l'alcool (Sellman et al., 2002 ; Arseneault et al., 2001 ; Welte et al., 2001), en population générale adulte (Doiron et Nicki, 2001), chez des sujets dépendants en traitement (Langenbucher et al., 2001), l'association entre jeu pathologique, abus de substances, conduites sexuelles à risque (Petry, 2000 a et b).

joueurs pathologiques comparés aux critères DSM-IV (50 % de faux positifs) (Stinchfield, 2002).

2. L'addiction à des pratiques sportives reste hypothétique. Même si l'on en connaît les effets psychoactifs (sécrétion endogène d'opiacés), la pratique répétée et soutenue d'un sport ne peut constituer à elle seule une addiction. Il y a peu de travaux français. Un article récent tente d'apporter des éléments épidémiologiques sur les comorbidités entre sport et consommation de substances, sport et dopage (Franques et al., 2001).

3. Pour les conduites alimentaires, la référence à l'addiction est paradigmatique, heuristique, pour l'analyse et la compréhension de ces troubles (Corcos et al., 2000). L'évaluation, qu'elle soit dimensionnelle (sévérité des conduites et des symptômes) ou catégorielle (dépistage, diagnostic) est spécifique à ces conduites et réalisé à partir d'instruments bien connus. Pour une présentation des outils, de leurs qualités métrologiques et des versions françaises, on peut consulter les ouvrages de Bouvard et Cottraux (2002), Criquillon-Doublet et al. (1995), Lajeunesse et Foulon (1994).

Tableau III : exemples de questionnaires pour le dépistage des dépendances comportementales

JEU	South Oaks Gambling Screen (SOGS) (Lesieur, Blume, 1987) – validation française (Ansseau et al., 2000)
ACHATS	Questionnaire d'achats compulsifs (Adès, Lejoyeux, 1999)
SEXUALITÉ	Questionnaire des troubles sexuels addictifs (Carnes, 1992, cité par Adès et Lejoyeux, 2001)
TÉLÉVISION ET INTERNET	TV Addiction Scale (Smith, 1986 ; McIlwraith, 1998) Questionnaire de cyberdépendance (APA) Internet Abuse Test et Virtual Addiction Test[10] Questionnaire sur l'addiction à Internet (Gimenez et al., 2003)
SPORTS	Running Addiction Scale (Chapman, Castro, 1990) Bodybuilding Dependency Scale – BDS (Smith et al., 1998)
TRAVAIL	Work Addiction Risk Test (Robinson, Phillips, 1995)

Il n'y a pas d'instrument validé pour le dépistage générique d'une addiction. Cependant, on peut noter que la plupart des questionnaires spécifiques (*cf.* tableau III) sont très marqués par l'approche de Goodman (1990). La dépendance qui est la dimension centrale commune à toutes ces pratiques addictives y est conçue et réduite à la perte de contrôle, à l'incapacité à se maîtriser en dépit des

---

[10] Sur le net.

conséquences négatives pour le sujet. Selon cette approche, Washton (1995) propose une échelle d'addiction en 8 questions dichotomiques, quel que soit le type de conduites, basée sur les critères de Goodman. À partir de cinq réponses positives, le **diagnostic de dépendance** [11] serait posé (cité par Adès et Lejoyeux, 2001). Il convient de remarquer que la référence à l'addiction pour d'autres pratiques que celle de consommation de substances psychoactives conduit à retomber sur la notion connue de dépendance, dimension centrale des conduites addictives, mais ici, selon une approche strictement psycho-comportementale. D'autres instruments d'évaluation, en français, ont été élaborés selon cette même approche : questionnaire des conduites addictives (QCA, Galan-Fernandez, 1997) et test des comportements addictifs (Vavassori et al., 2002).

2.4. Validité des instruments

Toute évaluation est sous-tendue par un projet (recherche/clinique), une épistémologie (positiviste, herméneutique, etc.) et une méthodologie (qualitative et/ou quantitative). Il n'y a pas d'évaluation idéale de l'addiction, mais des choix à réaliser sous contraintes. Les problèmes généraux liés à l'évaluation des personnes (pertinence du projet d'évaluation, qualités métrologiques des instruments, adéquation à la population, etc.) ont déjà fait l'objet de nombreux ouvrages[12] et nous n'aborderons ici que succinctement, quelques problèmes plus spécifiques posés par l'évaluation des conduites addictives.

Modalités de l'évaluation

Des études rapportent que pour l'évaluation de la consommation de drogues, il existe une certaine concordance entre questionnaire et entretien, avec cependant une tendance à rapporter un niveau supérieur de consommation (Aquilino, 1994 ; Heithoff, Wiesman, 1996) ainsi que de problèmes psychiatriques (Rosen et al., 2000) pour l'évaluation par questionnaire. Cependant, l'exemple de l'ASI nous permet d'illustrer que le choix du mode de passation (questionnaire, entretien, logiciel) n'est pas uniquement un problème scientifique et/ou économique. L'ASI existe aujourd'hui sous la forme d'un auto-questionnaire mais également d'un programme multimédia (ASI-MV) qui simule un entretien et génère automatiquement des scores composites, des scores prédictifs de sévérité ainsi qu'un compte-rendu clinique (Butler et al., 1998). Les études de validation pour ces deux nouvelles formes de l'ASI tendent à confirmer leurs qualités métrologiques. Pour l'ASI-MV, l'auteur conclut même qu'elle est une alternative plus économique (pas de formation) que la version par entretien structuré et qu'elle produit des données plus fiables et plus valides (Butler et al., 2001). Donc, dans ce type de recherche, l'amélioration des qualités psychométriques de l'ASI aboutit à

---

[11] Nous soulignons le passage de l'addiction à la notion de dépendance.
[12] Par exemple, Huteau (1994), Pedinielli (1995).

considérer que la relation établie avec la personne lors de l'évaluation est une source d'erreurs qui altère la qualité des informations obtenues.

Dans une perspective clinique, l'objectif premier n'est pas le calcul fiable de différents scores, mais bien l'établissement d'une relation clinique avec une personne impliquée dans une démarche de soins. Durant l'entretien ASI, le clinicien accède aux modalités de fonctionnement de la personne (capacité de verbalisation, de reconstruction du parcours addictif, d'investissement de la relation, d'expression des émotions, etc.) qui apportent de précieuses informations pour l'analyse, le diagnostic, mais également l'indication thérapeutique. De plus, en comparant les résultats ASI obtenus à partir des données subjectives[13] et des données objectives, Brown et al. (1999) constatent qu'il n'y a pas de convergences entre ces deux types d'informations et s'interrogent donc sur la validité des évaluations de suivis qui ne tiennent pas compte de l'expérience subjective des patients.

Mesures subjectives et/ou mesures objectives ?

Les évaluations qu'elles soient à visée de recherche ou clinique utilisent massivement les informations rapportées par les sujets (« *self-report* »). Leur validité et leur fidélité dépendent de facteurs contextuels et interpersonnels (Meyers et al., 1999). C'est pourquoi dans certaines évaluations des marqueurs biologiques sont utilisés pour le dépistage de la consommation. En moyenne, 50 % des personnes contrôlées positives admettent dans l'auto-évaluation avoir consommé des drogues (Lu et al., 2001), mais cette différence importante dépendrait du contexte :

– *dans les recherches* où la confidentialité des résultats est assurée, les degrés de concordance entre auto-évaluation et analyse d'urine sont acceptables. L'auto-évaluation de la consommation de drogue est même supérieure à celle déduite des analyses d'urines (Drake, 1998 ; Magura et al., 1987 ; Zanis et al., 1994) ;

– *dans des contextes cliniques* où les résultats de l'évaluation sont transmis à l'équipe de soins et où des conséquences sur les prises en charge sont attendues, la détection par analyse d'urine semble la seule méthode fiable et valide (Chermack et al., 2000).

D'autres études ont mis en évidence que l'auto-évaluation de la consommation de drogues est affectée par le moment de l'évaluation (avant, début, pendant le traitement) et par le type de drogues consommées (Sherman, Bigelow, 1992). Cependant, si l'on accepte le principe du dépistage par des mesures biologiques, il existe tout de même des limites (Carroll et al., 1995) : détection de l'usage récent, difficulté d'établir la sévérité de la consommation, pourcentage de faux négatifs, de faux positifs, etc.

---

[13] Évaluation subjective des problèmes et des besoins en traitement du point de vue du patient et de l'interviewer.

Une évaluation spécifique selon l'âge

La plupart des instruments d'évaluation ont été développés dans des populations d'adultes et le plus souvent de patients adultes. Des instruments propres à l'évaluation des adolescents[14] ont donc été développés ces 10 dernières années. Meyers et al. (1999) rapportent 11 questionnaires de dépistage et 9 entretiens semi-structurés d'évaluation à visée compréhensive, spécifiquement élaborés pour évaluer la consommation de substances psychoactives et les problèmes associés chez l'adolescent, dans différents secteurs de vie. Le seul instrument d'évaluation multifactoriel disponible en français est l'*Adolescent Drug Abuse Diagnosis* (ADAD, Friedman et Utada, 1989). Élaboré sur le modèle de l'ASI, l'ADAD permet sur la base d'un entretien structuré de coter 150 items relatifs à l'évaluation de neufs domaines : médical, scolaire, social, famille, psychologique, légal, drogues et alcool. L'ADAD a pour objectif de déterminer, dans les neuf domaines, les besoins en traitement des adolescents. Il est également utilisé pour la mise en œuvre et le suivi des projets de soins (Godley et al., 1994). L'instrument a été traduit en français (Bolognini et al., 2000). Une étude sur un échantillon suisse de 102 adolescents de langue française (13-19 ans) a mis en évidence des éléments de validation acceptables, mais d'autres études doivent être menées pour évaluer notamment la validité prédictive et la fidélité test-retest (Bolognini et al., 2001).

Face à la multiplication des instruments anglo-saxons d'évaluation, Meyers et al. (1999) préconisent l'utilisation d'instruments permettant une évaluation compréhensive, intégrée et transversale aux différents systèmes de soins. Les caractéristiques principales de ce type d'évaluation sont :

— *un processus* : du dépistage à la prise en charge ;

— *une évaluation multidimensionnelle, à visée compréhensive*, déterminant les facteurs de risques et de protection dans les différents secteurs de vie ;

— *une méthode adaptée* : l'entretien semi-structuré validé est recommandé comme étant la méthode la plus sensible, produisant des informations fidèles, pertinentes tant pour le dépistage, l'établissement des diagnostics que pour l'engagement et la mise en œuvre d'un traitement ;

— *deux périodes de référence* : rétrospective et actuelle ;

— *l'utilisation d'autres sources d'informations* : entretiens avec les proches, mesures biologiques, éléments du dossier, tout en sachant que l'information apportée par chacune de ces sources n'est pas plus objective/valide, mais limitée, parcellaire et dépendante du contexte ;

— *la prise en compte des facteurs altérant la qualité d'une évaluation* : les caractéristiques de l'instrument (focalisé sur les substances), de l'interviewé

---

[14] Nous avons choisi l'évaluation des adolescents, car les conduites addictives sont particulièrement expérimentées à cette période, mais des données sont actuellement disponibles sur la spécificité de l'évaluation chez les personnes âgées (Fink et al., 2002).

(faible motivation), de l'interviewer (absence d'empathie, visée de recherche) et les conditions de l'évaluation (pas de confidentialité, présence des parents, conséquences de l'évaluation) ;

— *La formation de l'équipe ;*

— *La prise en compte des différences culturelles.*

Une évaluation de qualité est donc un processus complexe qui a un coût pour les équipes en termes de niveau de compétence, de formation continue, d'investissement relationnel et de temps. Le développement actuel d'une évaluation brève sous la forme de questionnaires en quelques items répond à des exigences économiques et peut dans certains domaines être justifié (dépistage rapide en médecine générale, lors de premiers soins, etc.). Mais Meyers et al. (1999) rappellent que construire des formes abrégées d'instruments (en ne retenant que les items les plus prédicteurs) est un facteur d'altération de la qualité de l'évaluation (réduction) et de son adéquation à la visée clinique, compréhensive ; seule pertinente pour l'élaboration et la mise en œuvre des projets de soins.

II. Évaluer la personnalité des sujets addictés

Il n'y a pas de consensus autour de la définition de la personnalité. Cottraux (1995) en retient neuf qui diffèrent selon l'approche théorique et clinique des auteurs. Nous avons choisi de présenter les outils d'évaluation utilisés chez les sujets addictés, selon trois grandes approches : catégorielle (les troubles de la personnalité), dimensionnelle (les traits/dimensions de la personnalité), structurale (le fonctionnement de la personnalité).

2.1. Approche par les troubles de la personnalité

Définitions et prévalences

Selon l'approche psychiatrique catégorielle, un trouble de la personnalité est une pathologie stable, durable des conduites et de l'expérience vécue entraînant une souffrance personnelle et des dysfonctionnements sociaux. C'est un ensemble de critères (présents ou absents) qui permet de diagnostiquer l'existence d'un trouble de la personnalité. Il ressort de l'évaluation des troubles de la personnalité chez les sujets présentant des addictions que tous les troubles y sont représentés et les prévalences rapportées selon le type de conduites addictives sont très variables.

Exemples : variabilité des prévalences des troubles de la personnalité chez les sujets addictés

1. Chez des sujets polytoxicomanes, il est rapporté une prévalence des troubles du groupe B, essentiellement la personnalité antisociale, borderline, narcissique, et une comorbidité avec les troubles de l'axe I (anxiété,

dépression) (Fargès, 1996). Cependant, selon les études, les prévalences des troubles du groupe B varient (51 % Musselman et Kell, 1995 ; 73 % Fieldman et al., 1995). La prévalence du trouble borderline varie de 11 % à 69 % (Miller et al., 1993).

2. Chez les sujets présentant une dépendance à l'alcool, les troubles de la personnalité varient de 11 à 78 % (Movalli et al., 1996). Les personnalités antisociale, limite et hystérique sont les plus fréquentes bien que leur prévalence soit également très variable (ex. : le trouble borderline varie de 7 % à 45 %) (Adès et Lejoyeux, 1997).

Les outils

Le diagnostic de trouble de la personnalité peut être posé à partir d'entretiens structurés ou de questionnaires. Nous présentons de façon synthétique les outils disponibles actuellement (*cf.* tableau IV, pour un exposé détaillé des qualités métrologiques et des validations, consulter : Bouvard (1999) ; Pham-Scottez et Guelfi (1998).

Tableau IV : exemples d'instruments pour le diagnostic de troubles de la personnalité

OUTILS	CONTENU
Structured Interview for DSM-IV Personality Disorders – SIDP-IV Pfohl et al. (1994)	Entretien structuré — critères DSM-IV 86 questions - 10 sections 3 niveaux d'évaluation par critère (0-1-2)
Structured Clinical Interview for DSM-IV – SCID-II – First et Spitzer (1997)	Entretien structuré — critères DSM-IV Questionnaire de dépistage préalable en 119 items Entretien sur les items positifs 3 niveaux d'évaluation par critère (1-2-3) Scores catégoriels et dimensionnels
Internationnal Personality Disorders Examination – IPDE (Loranger et al., 1994)	Entretien structuré - critères DSM-IV (99 items) et CIM-10 (67 items) - 6 sections Scores dimensionnels et catégoriels Questionnaire préalable de dépistage (*Screen*)
Diagnostic Interview for Personality Disorders – DIPD (Zanarini et al., 1987)	Entretien structuré — Critères DSM 101 items
Personality Interview Questions – PIS (Widiger et al., 1994)	Entretien structuré — critères DSM 106 items Scores dimensionnels et catégoriels Passation par un non-spécialiste possible
Standard Assessment of Personality – SAP (Pilgrim et al., 1993).	Entretien structuré avec les proches du patient Critères DSM et CIM.
Personality Diagnostic Questionnaire – PDQ-4 (Hyler, 1994).	Auto-questionnaire — critères DSM-IV 162 items dichotomiques

Il est possible d'établir des diagnostics de troubles de la personnalité à partir de questionnaires pour l'évaluation des traits de la personnalité. C'est le cas par exemple du *Million Clinical Multiaxial Inventory* (MCMI) (Million, 1994) et du *Wisconsin Personality Inventory* (Klein et al., 1993). Le problème est de pouvoir établir une validité concourante,[15] car le DSM-IV (a-théorique) et ces deux questionnaires ne partagent pas les mêmes construits pour évaluer la personnalité.

---

[15] Par exemple, chez des cocaïnomane, le MCMI-II surestime les troubles du groupe C (64%) comparé au SCID-II (24%) (Marlowe et al., 1997).

De nombreux problèmes apparaissent donc liés à une approche catégorielle des troubles de la personnalité (Zimmerman, 1994 ; Pham-Scottez, Guelfi, 1998 ; Bouvard, 1999 ; Debray, Nollet, 2001) :

— Les qualités métrologiques des instruments : il est classiquement admis que les instruments pour un diagnostic standardisé présentent une meilleure fidélité que le jugement clinique,[16] mais posent des problèmes de validité des critères de classification, de classement et d'évaluation (Pull et Guelfi, 1995) ;

— *Les troubles de la personnalité* sont parmi les troubles psychopathologiques, ceux dont la fidélité test-retest (problème de stabilité à long terme) et la validité concourante sont souvent médiocres (<.50). L'absence de consensus est fréquente. « Il est probable qu'un individu positif avec un entretien[17] risque d'être négatif avec un autre » (Bouvard, 1999). Par exemple, chez des patients alcooliques, la prévalence des troubles de la personnalité varie de 31 % avec l'IPDE à 52 % avec le PDQ-R (Verheul et al., 1998). La validité convergente entre l'IPDE et le SAP varie (.66 à .009) selon les troubles de la personnalité (Mann et al., 1999) ;

— *Le recouvrement des catégories diagnostics* aboutissant à multiplier la détection de comorbidité ;

— *L'influence des troubles de l'axe I* (dépression, anxiété) et du moment de l'évaluation (problème de fidélité test-retest sur de longues périodes) ;

— *Le DSM-IV fait état de 10 troubles, la CIM-10 de 8*, avec l'utilisation de critères différents pour un même trouble et selon les instruments des questions différentes pour l'évaluation d'un même critère ;

— Le DSM 5 fait état de troubles liés à la consommation d'une substance psychoactive avec l'utilisation de 11 critères et de degré de sévérité du trouble.

— *Dans les entretiens de diagnostic*, le niveau de pathologie des conduites est laissé à l'appréciation de l'expert (inclusion ou exclusion des critères).

La validité de l'approche de la psychopathologie par la nosographie psychiatrique est donc remise en question, d'autant plus que certaines dimensions de la personnalité (impulsivité, estime de soi, etc.) sont impliquées dans différents troubles. Une psychiatrie dimensionnelle tend aujourd'hui à se développer, rejoignant les préoccupations des travaux en psychologie sur les dimensions fondamentales de la personnalité. Ainsi, certains entretiens de diagnostic proposent des scores catégoriels et dimensionnels (les critères diagnostics sont agencés en une série de dimensions), tandis que des questionnaires de personnalité MMPI, MCMI, PDQ-R proposent des scores seuils et un système de

---

[16] Bien que cette fidélité soit variable selon les troubles, les instruments, les échantillons, etc.

[17] L'auteur fait ici référence aux entretiens de diagnostics.

correspondance vers les diagnostics DSM ou CIM. Comme il n'y a pas actuellement d'instrument qui prévaut et fasse consensus, l'évaluation multi-méthodes et multi-approches (dimensionnelle et catégorielle) reste recommandée.

2.2. Approche par les traits et les dimensions de personnalité

« La psychologie de la personnalité poursuit un double objectif : décrire et expliquer les noyaux de cohérence entre les conduites, noyaux de cohérence qui sont relativement stables et qui témoignent d'une différenciation interindividuelle » (Huteau, 1985).

Évaluation multidimensionnelle

L'approche de la personnalité par les traits s'inscrit dans une visée atomiste (réduire à des composantes fondamentales) et statique ; un trait ou une dimension est un construit suffisamment stable pour pouvoir être évalué de façon permanente. Il est également observable à partir de signes « objectifs » (comportements) pouvant être identifiés par le sujet lui-même ou observés en situation. La mise en évidence d'un trait est empirique, selon généralement la méthode factorielle : les sujets présentant un même trait covarient pour un ensemble de comportements relatifs à ce trait. Quant aux dimensions de personnalité, elles correspondent à la description de la personnalité à un niveau hiérarchique supérieur (pour le modèle des big-five, cinq dimensions de la personnalité).

Les instruments d'évaluation des traits et des dimensions de personnalité[18] se présentent pour la plupart sous la forme de questionnaires (hétero- ou auto-évaluation) et pour certains sous la forme d'entretiens semi-structurés. Nous présentons ceux dont nous avons connaissance pour leur utilisation chez des sujets addictés et/ou qui présentent un intérêt pour l'évaluation de la personnalité de ces sujets (*cf.* tableau V). Les travaux empiriques français utilisent souvent le MMPI ou une version abrégée le Mini-Mult, tandis que de nombreux travaux anglo-saxons utilisent également le MCMI, NEO-p-IR, 16 PF.

---

[18] Les instruments, traduits en français et validés, sont disponibles auprès de l'ECPA ou des auteurs.

Tableau V : exemples d'instruments pour l'évaluation multi-dimensionnelle de la personnalité

Nom De l'instrument	Construits
Inventaire Multiphasique de Personnalité du Minnesota — MMPI-II (Hathaway et McKinley, 1996).	Questionnaire — 565 items 19 échelles cliniques 4 échelles de validité 15 échelles de contenu.
Million Clinical Multiaxial Inventory – MCMI-III (Million, 1994)	Questionnaire — 175 items 14 échelles de personnalité 10 échelles de syndrome clinique dont : – dépendance alcool (15 items) – dépendance drogues (14 items) Scores dimensionnels et catégoriels (critères du DSM-IV)
Personality Assessment Schedule – (Tyrer et Alexander, 1979)	Questionnaire — 24 traits de personnalité Sévérité des traits (0-8) Scores dimensionnels et catégoriels (diagnostics CIM-10)
Personality Assessment Inventory – PAI (Morey, 1991)	Questionnaire — 11 échelles cliniques — 2 échelles interpersonnelles — 4 échelles de validité 5 échelles pour le suivi
Inventaire Neo PI-R – Costa et McCrae (1992)	Questionnaire — modèle des big five – 5 dimensions : névrosisme, extraversion, ouverture, agréabilité, conscience.
TPQ – (Cloninger, 1987)	Questionnaire — 11 dimensions : 3 de caractère[19] et 7 de tempérament[20]
16 PF 5 – (Cattell, 1995)	Questionnaire — 16 facteurs primaires — 5 facteurs secondaires : extraversion, anxiété, dureté, indépendance, contrôle de soi
Inventaire de personnalité d'Eysenck — EPI (Eysenck, 1971)	Questionnaire — 2 dimensions : extraversion-introversion et névrosisme-stabilité

Certains instruments d'évaluation des traits de personnalité ont intégré des items pour l'évaluation des conduites addictives. C'est le cas du MMPI-II, MCMI-III, PAI, EPI. Il existerait donc des traits caractéristiques de la personnalité pouvant prédire

---

[19] Le caractère correspond aux aspects de la personnalité acquis par apprentissage socio-cognitif.

[20] Le tempérament correspond aux aspects génétiques de la personnalité.

les comportements addictifs, ce qui empiriquement n'est pas toujours possible d'établir de façon valide.

Exemples : les échelles MAC
(Mac Andrew, 1965), APS et AAS (Weed et al., 1992, 1994) du MMPI-2

Mac Andrew Alcoholism (MAC) : 49 items vrai/faux conçus pour différencier des personnes dépendantes à l'alcool de patients non alcooliques suivis en psychiatrie. Validité prédictive positive : 82 %. Cette échelle serait sensible au dépistage d'autres substances que l'alcool (Craig, 1984). Cependant, Preng et Clopton (1986) n'ont pu différencier des patients psychiatriques des patients alcooliques. Greene (1994) a mis en évidence que les scores moyens au MAC varient en fonction des populations.

Échelle de tendance à l'addiction (APS) : 39 items vrai/faux permettant de détecter des traits de personnalité associés aux problèmes d'abus de substance et de différencier les sujets « abus », « normaux » et « psychiatriques ».

Échelle d'addiction admise (AAS) : 13 items vrai/faux évaluant le consentement à évoquer directement des problèmes liés à la consommation de substances. Fidélité (cohérence interne : .74, test-retest: .84 à .89).

Il existe des différences en fonction du sexe (homme/femme) pour les échelles *MAC* et *AAS* (Dawson, Grant, 1993 ; Greene, 1994). Pour Wong et Besett (1999), le diagnostic d'abus de substance n'est pas assez fiable avec l'échelle *MAC* chez des patients en psychiatrie (faux négatifs : 38,5 % chez les femmes et 37 % chez les hommes) et les scores seuils chez les femmes doivent être abaissés. Des études de validation doivent être menées dans la population générale pour confirmer ou non l'intérêt de ces échelles pour le dépistage des problèmes liés à la consommation de substances psychoactives (Mc Pherson, Hersch, 2000).

Évaluation unidimensionnelle

Alors que l'approche multidimensionnelle semble aujourd'hui privilégiée, certains outils ont été développés récemment pour évaluer des dimensions spécifiques de la personnalité (Bouvard et Cottraux, 2002). Nous exposons ici les outils dont les construits renvoient à des aspects considérés comme étant importants et expliquant une part de la variabilité inter-individuelle chez les sujets présentant des conduites addictives (*cf.* tableau VI). Les versions traduites en français et les éléments de validation sont disponibles (Bouvard et al., 1999).

Tableau VI : exemples de questionnaires pour l'évaluation uni-dimensionnelle de la personnalité

DIMENSION	INSTRUMENT	CONTENU
ALEXITHYMIE	Échelle d'alexithymie de Toronto-TAS-20 (Bagby et al., 1994 a et b)	20 items Échelle en 5 points
	Questionnaire d'alexithymie de Bermond et Vorst — BVAQ (Vorst, Bermond, 2001)	40 items — échelle en 5 points — validation française (Berthoz et al., 2000)
IMPULSIVITÉ	Barratt Impulsivity Scale (Barratt, 1965)	34 items — validation française (Bayle et al., 2000)
RECHERCHE DE SENSATION	Échelle de recherche de sensations — SSS (Zuckermann, 1972).	72 items dichotomiques Validation française (Carton et al., 1990)
SOCIOTOROPY -AUTONOMY	Inventaire de style personnel – PSI-II (Robins et al., 1994),	24 items sociotropie - 24 items autonomie — échelle en 5 points - validation française (Loas et al., 1998)

Le problème de l'approche par les traits ou les dimensions de personnalité est sa faible capacité prédictive des conduites (.30), car ils renvoient parfois à des conduites hétérogènes (les construits ne seraient donc pas tous unidimensionnels). De plus, cette approche ne tient pas compte de la situation dans laquelle ces dimensions, ces traits sont censés s'exprimer (Huteau, 1995).

Exemples

1. Le MMPI présente des problèmes de consistance interne, de validité critériée (Hataway et McKinley, 1996) ainsi que de validité de construit (Husser et al., 2001) pour certaines échelles.

2. La validité prédictive positive, pour les 2 échelles dependance alcool et drogue du MCMI-III est faible (<50%) (Bryer et al., 1990). L'instrument est considéré comme impropre au dépistage en population générale (Mc Pherson et Hersch, 2000).

Les modèles fonctionnels privilégiant l'interaction entre différents aspects de la personnalité et de l'environnement pour expliquer les conduites sont donc aujourd'hui privilégiés (Huteau, 1995). L'approche par les troubles ou les traits de personnalité chez les sujets consommant des substances psychoactives est également confrontée à une grande variabilité des prévalences, à l'absence de typologies stables et à de nombreux problèmes méthodologiques : caractéristiques de la population, du moment de l'évaluation, des méthodes d'évaluation (entretiens structurés *versus* questionnaires) et des méthodes de construction des typologies (Catteeuw, Sztulman, 1999). Par ailleurs, le développement empirique des typologies aboutit à saisir la personnalité en une multitude de traits qui, si l'on souhaite sortir d'une approche strictement descriptive, est ensuite difficile d'interpréter en référence à un modèle théorique explicatif.

2.3. Approche par les modèles du fonctionnement de la personnalité

Évaluation (socio-) cognitive

L'évaluation des dysfonctionnements cognitifs s'est développée à partir des travaux cliniques de Beck sur les troubles dépressifs et les états anxieux (Mirrabel-Sarron, 1995). Bien que ces outils d'évaluation aient été élaborés pour une utilisation dans le cadre des thérapies cognitives, certains sont également utilisés dans les travaux de recherches. Les modèles cognitifs postulent que les troubles émotionnels et comportementaux dépendent de dysfonctionnements cognitifs. Ces dysfonctionnements sont repérables selon trois niveaux :

— *les schémas cognitifs* : propositions cognitives (par exemple, postulats, croyances de base) acquises durant l'enfance en fonction des expériences affectives, relationnelles ;

— *les processus cognitifs* : mécanismes de pensée (par exemple, raisonnement) ;

— *les cognitions* : résultat de l'activité cognitive (par exemple, pensées automatiques, images mentales).

Exemple (Cungi, 2000)

Situation (réunion de travail) →Schéma : « L'alcool est indispensable pour communiquer et être bien avec les autres » →Processus : « inférence arbitraire » →Pensées automatiques : « Si je bois, je vais me sentir mieux, je n'ai qu'à prendre un verre » →Comportement : Boire un verre →Conséquences émotionnelles et comportementales : plus à l'aise, contact plus facile →renforcement du schéma et du comportement.

Il existe des modèles cognitifs et comportementaux de l'addiction aux substances psychoactives (Beck et al., 1993 ; Tiffany, 1990), de l'alcoolisme (Bradizza et al., 1994), des troubles des conduites alimentaires (Fairburn, 1981 ; Garner, Bemis, 1982), etc.

Il n'existe pas de modèle unifié des addictions, expliquant les aspects cognitifs, comportementaux et situationnels communs, voire spécifiques à l'ensemble des pratiques addictives. Poudat (1997) propose un cycle addictif commun, dans lequel les données cognitives et comportementales (facteurs déclenchants, conséquences), émotionnelles permettent d'expliquer la fonction de la conduite addictive et sa répétition. Cependant, il existe des cycles addictifs décrits spécifiquement pour chacune des conduites addictives. L'identification et l'analyse fonctionnelle de ces cycles participent à l'élaboration de prises en charge spécifiques aux différentes conduites addictives.

L'évaluation cognitive est essentiellement basée sur des questionnaires et des grilles, en hétéro- ou auto-évaluation ; l'hypothèse étant que les cognitions, à partir desquelles la qualité des processus et des schémas cognitifs est inférée, sont accessibles au niveau conscient. Deux types d'outils sont disponibles :

— *des outils généraux d'évaluation des schémas* (par exemple, questionnaire des schémas cognitifs, YSQ, Young, Brown, 1994) et des processus (par exemple, CEQ, Lefebvre, 1981) non spécifiques à l'addiction, déjà exposés par ailleurs (Mirrabel-Sarron, 1995 ; Bouvard, 1999). Bouvard inclut également dans cette section des outils que nous avons classés dans l'évaluation unidimensionnelle de la personnalité comme les questionnaires d'alexithymie, d'autonomie et de sociotropie, d'impulsivité. Ces dimensions de personnalité relèveraient du niveau des schémas cognitifs. Il s'agirait de traits de vulnérabilité idiosyncrasique (Mirabel-Sarron, 1995) ;

— *des outils spécifiques à l'évaluation des aspects (socio-) cognitifs, affectifs, comportementaux impliqués dans les conduites addictives.* Ces outils sont nombreux, nous exposons ceux utilisés dans les travaux actuels (*cf.* tableau VII). La plupart de ces outils ont été développés en relation avec les théories socio-cognitives de la santé. Ce sont les déterminants socio-cognitifs — croyances relatives à la santé, attitudes et normes subjectives liées au comportement, intentions et perception du degré de contrôle, lieux de contrôle du comportement, sentiment d'efficacité personnelle, contrôle de soi, etc., qui permettent de prédire les conduites addictives (initiation, abstinence, rechutes, maintenance, évolution et changement).

Exemple

Le concept d'efficacité personnelle (*self-efficacy*) a fait l'objet de nombreuses études dans le domaine des conduites addictives. Ce concept s'inscrit dans une approche cognitivo-comportementale marquée par les théories de Bandura (1977) sur la personnalité impliquant un déterminisme réciproque entre la personne (émotions/cognitions), son comportement et l'environnement (théorie de l'apprentissage sociale). L'intérêt du concept a été démontré dans le domaine des addictions pour l'évaluation et la compréhension des phénomènes de maintenance et de prévention des rechutes. L'hypothèse est que la croyance en « sa propre efficacité à faire face » (*coping self-efficacy*) à la consommation de substances dépend de la situation.

Tableau VII : exemples de questionnaires d'évaluation (socio-) cognitive pour les addictions aux substances psychoactives

CONDUITES ADDICTIVES	OUTILS
ALCOOL	The Drinking Context Scale (O'Hare, 2001)
	Obsessive Compulsive Drinking Scale – OCDS (Moak, Anton, Latham, 1998) – Version française (Ansseau et al., 2000)
	Comprehensive Effects of Alcohol (Fromme et al., 1993)
	Alcool Abstinence Self-efficacy Scale (DiClemente et al., 1994)
	Temptation and Restraint Inventory – TRI (Connor et al., 2000)
DROGUES	Drug Taking Confidence Questionnaire – DTCQ (Sklar et al., 1997)
	Inventory of the Drug Taking Situations – IDTS (Turner et al., 1997)
	Reasons for Quitting Questionnaire (McBride et al., 1994)
	Self Efficacy List For Drug users – SELD (De Weert et al., 2000)
TABAC	Processes of Change Questionnaire (Prochaska et al., 1988)
	Smoking Self-efficacy Questionnaire (Colletti et al., 1985)
	Smoking Abstinence Self-efficacy Scale (DiClemente et al., 1985)

Il faut noter également l'importance de l'évaluation qualitative, notamment dans la pratique des thérapies cognitives et comportementales : observation, entretien semi-structuré. Les qualités de ce type d'évaluation ne sont pas toujours bien connues ou bien établies. Elle joue essentiellement un rôle thérapeutique : s'analyser soi-même *« comme objet »* pour accroître sa motivation, son sentiment de contrôle et de compétence face aux problèmes d'addiction (Cungi, 2000).

Évaluation psychodynamique

Les approches psychodynamiques s'intéressent à l'étude des processus psychiques en jeu dans les conduites addictives en référence aux théories psychanalytiques. On retiendra qu'il est aujourd'hui reconnu que les conduites addictives apparaissent dans n'importe quelle structure, associant des traits, des défenses, des aménagements appartenant à des registres nosographiques et psychopathologiques différents (Venisse, 1989). L'addiction n'est donc pas le symptôme attestant d'un conflit inconscient, mais bien *« un acte-symptôme »* (Mac Dougall, 1989), un aménagement économique partiel (Bergeret, 1981). Une première approche tend à mettre en évidence les fonctions de l'addiction (supplément/suppléance narcissique) de façon inductive à partir de la structure de la personnalité (Le Poulichet, 1987). Une seconde approche, transversale, vise à déterminer les éléments psychodynamiques communs des addictions pour rendre compte d'invariants retrouvés dans ces conduites : dépendance, production de sensations corporelles au détriment des émotions, recours prévalent à l'agir, rapport à la mort, solution a-spécifique, mais unique à tous les problèmes (Pedinielli, 1997). Diverses hypothèses sont proposées : l'ordalie (Charles-Nicolas, 1981), la lutte anti-dépressive (Blatt, 1984), l'auto-médication (Khantzian, 1985), les dysrégulations du self (Wilson et al., 1989), les dysrégulations narcissiques et objectales (Jeammet, 1991), les dispositions narcissiques (Fernandez, 1997), etc. Ces hypothèses psychodynamiques relatives aux conduites addictives sont des élaborations *a posteriori* de la pratique clinique auprès de sujets addictés. Pointant les convergences entre ces diverses hypothèses, Pedinielli (1997) souligne l'existence « d'un mode particulier d'équilibre entre investissements objectaux et narcissiques ainsi qu'une défaillance des processus d'introjection (...). »

Quant aux études empiriques publiées dans ce domaine, ce sont des études sur des groupes restreints, procédant par évaluation clinique, qualitative et s'inscrivant dans un souci d'objectivation des processus psychiques (mise à l'épreuve des hypothèses cliniques). L'entretien clinique et les méthodes projectives (Rorschach et TAT) constituent des outils congruents avec les principes psychodynamiques : reconnaissance des aspects manifestes et latents, intra- et intersubjectifs, analyse de la relation clinique. Dans le cadre de recherches cliniques[21], le souci d'objectivation, mais également de validité de l'évaluation a conduit à l'élaboration de profils, de grilles, d'échelles, cotés à partir des éléments recueillis aux entretiens et aux tests projectifs.

Entretiens cliniques

Il existe de nombreux entretiens[22], développés par les Anglo-saxons pour évaluer de façon valide et fiable certains aspects de la personnalité en référence aux approches psychanalytiques et à la psychologie du self. Il n'y a pas à notre connaissance d'entretien d'orientation psychodynamique validé en français, à l'exception du *Profil Psychodynamique de Karolinska* (KAPP). Cet outil a été élaboré par une équipe suédoise en référence aux théories psychanalytiques des relations d'objet. L'évaluation du fonctionnement psychique est basée sur l'image qu'a le sujet de lui-même et de ses relations avec autrui. Cet entretien (1 h 30-2 h), dont la technique est proche de l'entretien structural développé par Kernberg, a pour objectif d'évaluer 18 dimensions de personnalité (*cf.* tableau VIII) cotées sur un profil dimensionnel en 5 points.

---

[21] Pour un exposé synthétique et des références bibliographiques (Fernandez, Catteeuw, 2001).

[22] *cf.* Charitat (1996) pour un résumé.

Tableau VIII : les 18 dimensions de la KAPP

Intimité et réciprocité (1), dépendance et séparation (2), maîtrise (2), tolérance à la frustration (3), contrôle pulsionnel (4), régression au service du moi (5), gestion des affects agressifs (7), traits alexithymiques (8), traits normopathiques (9), conception de l'apparence corporelle et importance pour l'estime de soi (10), conception de la fonction physique et importance pour l'estime de soi (11), image du corps actuelle (12), fonctionnement sexuel (13), satisfaction sexuelle (14), sens d'appartenance (15), sentiment que l'on a besoin de lui (16), accès au conseil et à l'aide (17), organisation de la personnalité (18).

La validité de construit, la fidélité test-retest et inter-juges ont été établies par les auteurs chez des sujets souffrant des colites ulcérées (Weinryb et al., 1991 a et b ; Weinryb et al., 1992). L'instrument a un intérêt pour le diagnostic, mais également pour déterminer l'indication d'une psychothérapie psychodynamique (Svanborg et al., 1999). La version française (Charitat, 1996) présente une bonne fidélité inter-cotateurs et des résultats encourageants quant à la validité de contenu. La KAPP différencie des sujets polytoxicomanes, d'anorexiques et de sujets contrôles (Sarramon et al., 1999). Elle différencie également des sujets polytoxicomanes entre eux selon leurs modes de fonctionnements psychiques (Catteeuw, Sztulman, 2003). Une utilisation valide de la KAPP implique une expérience clinique, la connaissance des théories psychanalytiques ainsi qu'une formation à la cotation du profil. L'intérêt de la KAPP est de formaliser l'évaluation clinique, tout en restant proche de l'expérience des phénomènes cliniques. Le travail de validation autorise une utilisation dans les travaux de recherche.

Méthodes projectives

Le Rorschach et le TAT sont les deux grands projectifs aussi bien utilisés dans la pratique clinique que dans la recherche. Ils ont également montré leur intérêt dans l'évaluation clinique des conduites addictives. Quelques travaux en guise d'exemples d'utilisation des techniques projectives dans ce domaine : les substances psychoactives (n° 38 du Bulletin de la Société Française du Rorschach, 1981 ; Morales, 1986 ; Blatt et Berman, 1990, Catteeuw, 2000 ; Carreau, 2000) ; l'alcoolisme (Barthelemy, 1992), le tabagisme (Fernandez, Sztulman, 1998) ; la boulimie et l'anorexie (Brechon, Fabri, 1993, Brun-Eberentz, Dardennes, 1994), etc.

Les projectifs sont d'un grand intérêt dans l'évaluation des sujets présentant des conduites addictives, car ils permettent d'établir les modalités variables de fonctionnement psychique, la structure de la personnalité et de corroborer ou non les éléments d'évaluation obtenus à partir des techniques d'entretien. Ils constituent des techniques de choix congruentes aux construits psychanalytiques. De plus, l'étude différentielle Rorschach/TAT constitue une situation inédite permettant d'évaluer *in situ* l'importance accordée à l'environnement et le perceptif pour soutenir l'adaptation du sujet ainsi que la dynamique des investissements narcissiques et objectaux (Chabert, 1995).

En dépit des critiques quant à leur validité et fidélité, les méthodes projectives font toujours l'objet de nombreux travaux. Ces vingt dernières années pour répondre à ces critiques, différentes méthodes de cotations et d'analyses se sont développées (pour des exemples, Fernandez, Catteeuw, 2001, pp. 87-89). Ce renouveau d'études empiriques portant sur les tests projectifs chez les Anglo-saxons ne doit pas faire perdre de vue que deux orientations fondamentales opposées traversent l'évaluation projective de la personnalité (Husain, 1999) :

— le « *testing* » : les techniques projectives sont conçues comme des tests qui doivent répondre aux exigences de la psychométrie (qualités métrologiques et standardisation). L'évaluation de la personnalité se fait en rapport aux normes, le paradigme sous-jacent est empirico-positiviste. Dans cette perspective, Lilienfeld et al. (2000) après une revue exhaustive, des travaux concluent qu'un petit nombre d'indices et de méthodes semblent empiriquement fondés. Pour le Rorschach, quelques indices issus du système intégré d'Exner (1994) et l'échelle de dépendance orale (Masling et al., 1967) ; pour le TAT, le système de cotation pour l'évaluation des motivations (McClelland et al., 1989), l'échelle pour l'évaluation des relations d'objet — SCORS (Westen, 1991a).

— l'*assessment* » : les techniques projectives s'inscrivent dans un projet d'évaluation clinique. La personnalité est appréhendée comme un tout, complexe, en relation avec le clinicien. Le paradigme sous-jacent est qualitatif, clinique. Les données recueillies sont mises en rapport avec d'autres éléments d'analyse (données d'entretien, analyse de la relation clinique) pour la formulation d'une interprétation en rapport avec la métapsychologie freudienne (notamment dans les travaux français) ; l'interprétation retenue devant être cohérente, cohésive et heuristique.

III. Évaluations des cliniques addictives

3.1. Les niveaux d'objectivation

Parcourir les techniques d'évaluation disponibles des addictions nous conduit à une vision éclatée de ce domaine. L'évaluation des addictions est donc à l'image du champ très hétérogène des conduites addictives. Il faut remarquer l'abondance des techniques d'une part quantitatives et d'autre part de l'évaluation des aspects descriptifs ou directement accessibles.

Si l'intérêt de l'addiction est d'opérer un décloisonnement et une lecture transversale, transnosographique, on aura saisi que la pertinence diagnostic est faible et que l'évaluation reste dépendante du niveau d'objectivation choisi, conduites et/ou personnalité, le choix de la technique y étant subordonné. Si un questionnaire ou un entretien structuré permet de dépister un usage problématique de substances ou dépendance à certaines pratiques ; le sens, la fonction et les processus psychiques en jeu dans cette expérience nécessitent des méthodes qualitatives (entretiens, projectifs) associées ou non à des modalités quantitatives d'analyse (profils, indices, etc.).

Les résultats des travaux d'évaluation sont variables selon ces deux niveaux. L'évaluation phénoménologique, descriptive des différentes addictions peut être réalisée avec des outils de façon relativement valide et fiable et qui pour certains font consensus (*cf.* l'ASI). Par contre, c'est toute l'évaluation selon une approche diagnostique catégorielle qui pose problème, tant dans le domaine de l'évaluation de la personnalité des sujets addictés et de ses dysfonctionnements, que dans le domaine des conduites pour le diagnostic « *d'addiction* ». Ces difficultés illustrent bien combien ce que l'on connaît de l'objet de l'évaluation est intrinsèquement lié à sa façon de le saisir. L'addiction est façonnée par les techniques qui tentent de l'évaluer, celles-ci légitimant même, en retour leur existence, alors même que la validité conceptuelle est encore pour certaines pratiques fortement discutée.

Exemple : la sexualité addictive

La sexualité addictive, après avoir suscité de nombreux débats chez les Anglo-saxons, s'est installée comme nouvelle entité clinique (Goodman, 1992) avec son questionnaire de dépistage (Adès et Lejoyeux, 2001) et son traitement en douze étapes. L'ancienne dénomination d'hypersexualité a laissé la place à la sexualité addictive, compulsive ou impulsive aboutissant à deux dérives : rendre pathologique des conduites réprouvées socialement ou bien considérées comme hors normes (Levine, Troiden, 1988) et à développer des techniques systématisées d'évaluation clinique et de traitement de l'addiction sexuelle alors même que sa définition et sa modélisation n'ont pas été validées. Rinahart et McCabe (1997) mettent ainsi en évidence les inconsistances dans ce domaine, par exemple, la sexualité d'un jeune couple pourrait répondre aux critères d'addiction sexuelle de Goodman (1992). Alors même que Carnes défend l'addiction sexuelle comme étant une dénomination non stigmatisante, car définit comme une conduite essentiellement marquée par la perte de contrôle et les conséquences négatives pour le sujet, les items retenus dans son questionnaire font référence à la norme, mais également, pour certains, semblent non spécifiques.

Pour exemple, les 5 premiers items du questionnaire de dépistage (traduit par, Adès, Lejoyeux, 2001) :

1. Avez-vous été victimes d'abus sexuels dans l'enfance ou l'adolescence ?
2. Vous êtes-vous abonné ou avez-vous régulièrement acheté des revues pornographiques ?
3. Vos parents avaient-ils des troubles sexuels ?
4. Êtes-vous souvent préoccupé par des pensées de nature sexuelle ?
5. Pensez-vous que votre sexualité n'est pas normale ?

Ces limites ne remettent pas en question l'existence clinique de sexualités, autres que perverses, induisant une souffrance et peut-être une demande. Mais quel est l'intérêt à partir d'un questionnaire de poser un diagnostic de sexualité addictive, dans un contexte où la validité conceptuelle est discutée et en l'absence de toute mise en rapport avec le sens que lui donne le sujet et sa fonction ? C'est le projet même de l'évaluation qui est ici interrogé.

3.2. Objectifs de l'évaluation

L'évaluation est en jeu aussi bien dans la recherche, que dans la pratique clinique pour atteindre des objectifs variés : décrire, expliquer, prévoir, comprendre, prescrire. Les modalités de l'évaluation sont donc variables compte tenu des pratiques, des objectifs, mais également des modèles théoriques sous-jacents. Dans un domaine aussi hétérogène que celui de l'évaluation des addictions, il apparaît à la lecture des productions scientifiques actuelles, certaines convergences entre modèles, techniques, pratiques qui témoignent aujourd'hui de nouveaux intérêts en matière d'évaluation des addictions :

– *Convergences chez les Anglo-saxons, entre modèles psychodynamiques et cognitivo-comportementaux* (Barlow et al., 2016) : les approches psychodynamiques ont déplacé leurs intérêts de la métapsychologie freudienne vers une psychologie du self et des relations d'objet [23]. Des méthodes d'objectivation empirique basées sur l'analyse des représentations de soi et d'autrui sous-tendues par des conceptions intégratives de la personnalité ont été développées (Blatt et al., 2001), Westen (1991). Quant aux approches cognitives et comportementales, les difficultés auxquelles les conduites addictives confrontent les thérapeutes conduisent forcément à élargir leur niveau d'objectivation et donc de compréhension :

« La prise en compte des données comportementales, cognitives et émotionnelles, permet de mieux comprendre non seulement le pourquoi de la présence et de l'utilisation du symptôme chez ces patients, amis surtout comment fonctionne le symptôme dans le présent, et comment il a fonctionné dans le passé, ce qui conduit ainsi à mieux percevoir les systèmes de dépendance actuelle en rapport avec celle du passé, pour aider le patient à sortir de cette dépendance dans le cadre d'un processus à long terme d'individuation » (Poudat, 1997).

Un tel projet implique de fait une évaluation fondamentalement clinique, qualitative, fondée sur le discours du sujet.

– *Complémentarité entre techniques qualitatives et quantitatives* (Huberman et Miles, 1991 ; Pires, 1997, Fernandez, Catteeuw, 2001 ; Santiago Delefosse, Rouan, 2001 ; Corbiere, Larivière, 2014 ; Fortin, Gagnon, 2016) : pour certains le domaine des addictions doit pouvoir bénéficier d'autres types d'évaluation

---

[23] Les travaux de Kernberg sur les états-limites ne sont pas en rupture avec les approches cognitivo-comportementales des troubles de la personnalité.

que celles quantitatives extensives à partir de questionnaires (Dennis et al., 2000 ; Fountain et al., 2000 ; Ames et Grube, 1999).

— *L'évaluation des addictions doit également répondre à d'autres enjeux* : comment évaluer les pratiques de soins ? Comment produire des évaluations dans le cadre de recherche dont les résultats aient un intérêt pour la pratique clinique ?

Si l'instauration d'un dialogue semble souhaitable à tous les niveaux pour lutter contre les positions dogmatiques en matière d'évaluation des addictions, il semble opportun de repérer néanmoins le paradigme sous-jacent qui oriente l'ensemble de l'évaluation, que celle-ci soit à visée clinique ou de recherche :

— *un paradigme objectiviste* où le sujet (comportements, symptômes) évalué est conçu comme une réalité objective externe à l'observateur. La grande majorité des techniques quantitatives (questionnaire, entretien structuré) pour les addictions reposent sur ce fondement. Poussé à l'extrême, le projet d'évaluation idéale est l'absence de l'évaluateur, remplacé par un ordinateur enregistrant les réponses dans un environnement contrôlé (*cf.* ASI-MV),

— *un paradigme qualitatif, clinique* où l'objectif est d'évaluer pour comprendre le sens, la fonction des conduites addictives à partir d'une relation subjective à un autre (un clinicien, un chercheur). Dans ce domaine, l'addiction est à entendre comme ayant une valeur de paradigme ayant pour objectif de comprendre des problématiques humaines fondamentales, par exemple l'expérience de la dépendance qui dépasse largement le fait de présenter des conduites addictives ou non, et de s'orienter dans la pratique clinique auprès de ces sujets[24]. Ainsi, Green (2000) note combien l'abord des addictions par la focalisation sur « la perte de contrôle » ou « la gestion hédonique » pourrait bien plutôt correspondre aux problématiques objectivables par l'observateur qu'à celle des sujets addictés.

On ne peut que constater qu'un projet d'évaluation marqué par des techniques de maîtrise et de contrôle du sujet s'articule avec des modèles psychologiques des addictions où l'adaptation, le contrôle de soi sont des facteurs devenus explicatifs et où les thérapies tendent à agir à ce niveau. Or, le paradoxe est que l'expérience clinique auprès des sujets addictés révèle la nécessité de l'emprise d'un objet externe utilisé pour contre-investir leur fonctionnement psychique interne (Jeammet, 1991). On peut s'interroger à quel point proposer une évaluation quantitativiste, objectiviste marquée par la maîtrise du sujet dans un environnement contrôlé n'entretient pas tant du côté de la personne évaluée que de l'observateur, l'illusion que tout est affaire de contrôle ou de perte de contrôle. Peut-être que l'intérêt de l'évaluation, qu'elle soit à visée de recherche ou clinique,

---

[24] La référence à un usage paradigmatique et heuristique de l'addiction regroupe des auteurs dont les orientations cliniques et théoriques sont variables, par exemple, Corcos et al. (2000), mais également Le Poulichet (2000).

serait d'abord, d'offrir au sujet addicté l'expérience inattendue, d'ouverture à sa propre vie psychique en relation à autrui.

Bibliographie

ADES, J., LEJOYEUX, M. (1997). *Alcoolisme et Psychiatrie*. Paris : Masson.

ADES, J., LEJOYEUX, M. (2001). *Encore plus ! Jeu, sexe, travail, argent*, Paris, Odile Jacob.

ALLEN, J. P., REINERT, D. F., VOLK, R.J. (2001). The alcohol use disorders identification test: An aid to recognition of alcohol problems in primary care patients. *Preventive Medecine. 33*, 5, 428-433.

AMES, G.M., GRUBE, J.W. (1999). Alcohol availability and workplace drinking: mixed method analyses. *Journal of studies on alcohol*, 60-3, 383-393.

ANSSEAU, M., BESSON, J., LEJOYEUX, M., et al. (2000). A french translation of the obsessive-compulsive drinking scale for craving in alcohol-dependent patients: a validation study in Belgium, France and Switzerland. *European Addiction Research*, 6, 2, 51-56.

AQUILINO, W.S. (1994). Interview mode effects in surveys of drug and alcohol use: a field experiment. *Public Opinion Quarterly*, 58, 2, 210-240.

ALTERMAN, A.I., BOVASSO, G.B., CACCIOLA, J.S., MAC DERMOTT, P.A. (2001). A comparison of the predictive validity of four sets of baseline ASI summary indices. *Psychology of Addictive Behaviors,* 15, 2, 159-162.

ALTERMAN, A.I., BROWN, L.S., ZABALLERO, A., MC KAY, J.R. (1994). The interviewer severity ratings and composite scores of the ASI: a further look. *Drud and Alcohol Dependence,* 34, 201-209.

ALTERMAN, A.I., M.C. DERMOTT, P.A., COOK, T.G., et al. (1998). New scales to assess change in the Addiction Severity Index for the opioid, cocaine and alcohol dependent. *Psychology of Addictive Behaviors,* 12, 4, 233-246.

ARNAIZ, A.G., MARTEL, A.C. BAUTISTA, J.A.A. Et al. (2001). Diagnostic usefulness ef Alcohol Use Disorders Identification Test (AUDIT) for detecting hazardous alcohol consumption in primary care settings. *Medicina Clinica, 116*, 4, 121-124.

AUBIN, H.J., MARRA, D., BARRUCAND, D. (1997). Modes d'évaluation standardisée de l'alcoolisme. In. J. ADES, M. LEJOYEUX, *Alcoolisme et psychiatrie*. Paris : Masson. 57-65.

BAGBY, R.M., TAYLOR, G. J., PARKER, J. D. A. (1994a). The twenty-item Toronto Alexithymia Scale. I: item selection and cross-validation of the factor structure. *Journal of Psychosomatic Research,* 38, 1, 23-32.

BAGBY, R.M., TAYLOR, G. J., PARKER, J. D. A. (1994b). The twenty-item Toronto Alexithymia Scale. II: convergent, discriminant and concurrent validity. *Journal of Psychosomatic Research,* 38, 1, 33-40.

BANDURA, A. (1977). Self-efficacy: toward a unifying theory of behavioral change. *Psychological Review*, 84, 191-215.

BANDURA, A. (1977). *Social learning theory*, Englewood Cliffs, NJ, Prentice-Hall.

BARLOW, D.L., DURAND, V.M., GRANGER, B., GOTTSCHALK, M. (2016). *Psychopathologie : une approche intégrative*. Bruxelles : De Boeck Université, 3e édition.

BARTHÉLEMY, J.M. (1992). Analyse évolutive par le Rorschach des facteurs dépressifs et de leur transformation durant la cure dans l'intoxication alcoolique chronique. *Bull. Soc. Franç. du Rorschach et des Méth. Proj*, 36, 55-66.

BLATT, S.J., BERMAN, W. (1990). Differentiation of Personality Types Among Opiate Addicts. *Journal of Personality Assessment*, 54, 1 et 2, 87-104.

BLATT, S.J., AUERBACH, J.S. (2001). Mental Representation, Severe Psychopathology and the Therapeutic Process. *Journal of the Americain Psychoanalytic Association*, 49, 1, 113-159.

BLATT, S.J., MC DONALD, C., et al. (1984). Psychodynamics Theories of Opiate Addiction: New Directions for Research. *Clinical Psychology Review*, 4, 159-189.

BECK, A.T, WRIGHT, F.D., NEWMAN, C., LIESE, B.L. (1993). *Cognitive Therapy of Substance Abuse*, Guilford Press, New-York.

BERGERET, J., REID, W. (1981). *Narcissisme et états-limites*. Paris: Dunod.

BERNEY, A., PREISIG, M., MATTHEY, M.L., et al. (2002). Diagnostic interview for genetics studies (DIGS): inter-rater and test-retest reliability of alcohol and drug diagnosis. *Drug and Alcohol Dependence, 65*, 2, 149-158.

BOHN, M. J., BABOR, T.F., KRANZLER, H.R. (1995). The Alcohol Use Disorders Identification Test (AUDIT): validation of a screening instrument for use in medical settings. *Journal of Studies on Alcohol, 56*, 423-532.

BOLOGNINI, M., LAGET, J., PLANCHEREL, B., CHINET, L. et al. (2000). Drug abuse during adolescent: presentation of a french Version of the ADAD. *Annales Médico-Psychologiques*, 158, 8, 632-642.

BOLOGNINI, M., PLANCHEREL, B., LAGET, J., CHINET, L. et al. (2001). Evaluation of the Adolescent Drug Abuse Diagnosis instrument in a Swiss sample of drug abusers. *Addiction*, 96, 1477-1484.

BOSS, J. (2001). Analyzing Moral Issue, Brown university, Mc Graw Hill.

BOUVARD, M. (1999). *Questionnaires et échelles d'évaluation de la personnalité*, Paris, Masson.

BOUVARD, M., COTTRAUX, J. (2002). *Protocoles et échelles d'évaluation en psychiatrie et psychologie*, Paris, Masson.

BRADIZZA, C.M., STASIEWICZ, P.R., MAISTO, S.A. (1994). A conditioning reinterpretation of cognitive events in alcohol and drug cue exposure. *Journal of Behavior and Therapy and Experimental Psychiatry*, 25, 1, 15-22.

BRECHON, G., FABRI, M. (1993). Boulimie, anorexie : approche comparative des modalités narcissiques. *Bull. Soci. Fran. Rosch. et Méth. Proj.*, 37, 93-102.

BRYER, J.B., MARTINES, K. A., DIGNAN, M.A. (1990). Million Clinical Multiaxial Inventory alcohol and drug abuse scale and the identification of substance-abuse patients. *Psychological Assessment*, 2, 438-441.

FACY, F. (2000). Outils de mesure spécifiques pour l'approche des toxicomanies. In: P. ANGEL et al. *Toxicomanies*, Paris : Masson, 28-40.

BRISSEAU, S., AURIACOMBE, M., FRANQUES, P., DAULOUEDE, J. P., TIGNOL, J. (1999). L'addiction severity index. *Le courrier des addictions, 1,* 5, 200-203.

BROWN, R.I.F. (2001). Addiction. In M.J. APTER (Ed). *Motivational Styles in Everyday Life: Guide to Reversal Theory,* Washington DC: American Psychological Association.

BRUN-EBEREBTZ, A., DARDENES, R. (1994). Études psychométriques des troubles alimentaires. In: B. SAMUEL-LAJEUNESSE, CH., FOULON. *Les conduites alimentaires*, Paris, Masson, 192-210.

BUTLER, S.F., BUDMAN, S.H., GOLDMAN, R.J., et al. (2001). Initial validation of a computer-administered Addiction Severity Index: ASI-MV. *Psychology of Addictive Behaviors,* 15, 1, 4-12.

BUTLER, S.F., NEWMAN, F.L., CACCIOLA, JS., et al. (1998). Predicting Addiction Severity Index (ASI) Severity Ratings for a computer-administered ASI. *Psychological Assessment,* 10, 4, 399-407.

CACCIOLA, J.S., KOPPENHAVER, J.M., MC KAY, J.R., ALTERMAN, A.I. (1999). Test-retest reliability of the lifetime items on the Addiction Severity Index. *Psychological Assessment,* 11, 1, 86-93.

CAREY, K.B., COCCO, K.M., CORREIA, C.J. (1997). Reliability and validity of the Addiction Severity Index among outpatients with severe mental illness. *Psychological Assessment,* 9, 4, 422-428.

CARISE, D., MC LELLAN, A.T, CACCIOLA, J. et al. (2001). Suggested specifications for a standardized Addiction Severity Index database. *Journal of Substance Abuse Treatment,* 20, 239-244.

CARNES, J.P. (1992). *Out of the shadows. Understanding sexual addiction,* Center City Minnesota, Hazelden.

CARREAU, M.C. (2000). *De la notion de comorbidité (personnalité limite/dépendance à une substance) au concept de personnalité limite addictive.* Thèse de Doctorat Nouveau Régime, Université Toulouse Le Mirail.

CATTEEUW, M. (2000). *Phobie du penser et fonctionnalités addictives : étude psychodynamique de l'addiction aux substances psychoactvies,* Thèse de doctorat en psychologie : Université Toulouse Le Mirail.

CATTEEUW, M., SZTULMAN, H. (1999). Propositions méthodologiques pour l'évaluation de la psychopathologie associée aux toxicomanies. *Psychotropes,* 5, 3, 43-58.

CATTEEUW, M., SZTULMAN, H. (2003). Analyse typologique en visibilité faible pour la mise en évidence des processus communs de l'addiction aux substances psychoactives. *Annales médico-psychologiques,* 161, 2, 109-117.

CHABERT, C. (1995). Contribution des méthodes projectives dans la recherche en psychologie clinique et psychopathologie. In: O. BOURGUGNON, M. BYDLOWSKY, *La recherche clinique en psychopathologie,* Paris, PUF, 93-110.

CHAPMAN, C.L., DE CASTRO, J.M. (1990). Running addiction: measurement and associated psychological characteristics. *Journal Sports Medical Physical Fitness,* 30, 3, 283-290.

CHAPMAN, K. W. (1962). The general problem. In *Problems in Addiction, Alcoholism and narcotics,* New York, Fordham University Press.

CHARITAT, H. (1996). *Version française du Profil Psychodynamique de Karolinska* (KAPP), Thèse de doctorat d'État en médecine : Université Paul Sabatier-Toulouse III.

CHARLES-NICOLAS, A. (1981). Addiction, passion et ordalie. In: J. BERGERET, *Le psychanalyste à l'écoute du toxicomane,* Paris : Dunod, 63-74.

CHERMACK, S.T., ROLL, J., REILLY, M., et al. (2000). Comparison of patients self-reports and urinalysis results obtained under naturalistic methadone treatment conditions. *Drug and Alcohol Dependence,* 59, 1, 43-49.

CHRISTO, G., SPURELL, S., ALCORN, R. (2000). Validation of the Christo Inventory for Substance-misuse Services (CISS): a simple outcome evaluation tool. *Drug and Alcohol Dependence, 59,* 2, 189–197.

COLLETTI, G., SUPNICK, J.A., PAYNE, T. J. (1985). The Smoking Self-efficacy Questionnaire (SSEQ): preliminary scale development and validation. *Behavioral Assessment*, 7, 249-260.

CONNOR, J.P., YOUNG, R.M., WILLIAMS, R. J., RICIARDELLI, H. (2000). Drinking restraint versus alcohol expectancies: which is better indicator of alcohol problems? *Journal of Studies on Alcohol,* 90, 1349-1356.

CORBIERE M, LARIVIERE, N. (2014). *Méthodes qualitatives, quantitatives et mixtes. Dans la recherche en sciences humaines, sociales et de la santé.* Presses de l'Université du Québec.

CORCOS, M., GIRARDON, N., NEZELOF, S. et al. (2000). Pertinence du concept d'addiction dans les troubles des conduites alimentaires. *Ann. Med. Interne*, 151, Supp.B, B53-B60.

COTTLER, L. B., ROBINS, L. N., HEZLER, J.E. (1989). The reliability of the CIDI-SAM: a comprehensive substance abuse interview. *British Journal of Addiction, 84,* 7, 801–814.

COTTRAUX, J. (1995). Qu'est-ce que la personnalité ? Une vue perspective. In: J. COTTRAUX, I.M. BLACKBURN, *Thérapies cognitives des troubles de la personnalité*, Paris : Masson, 3-18.

CRAIG, R. J. (1984). MMPI substance abuse scales on drug addicts with and without concurrent alcoholism. *Journal of Personality Assessment*, 48, 495-499.

CRIQUILION-DOUBLET, S., DIVAC, S., DARDENNES, R., GUELFI, J.D. (1995). Le Eating Disorder Inventory (EDI). In: J. D., GUELFI, V., GAILLAC, R., DARDENNES, *Psychopathologie Quantitative*, Paris, Masson, 248-260.

CUNGI, C. (2000). *Faire face aux dépendances*, Paris, Retz.

DAWSON, D. A., GRANT, B.F. (1993). Gender effects in diagnosing alcohol abuse and dependence. *Journal of Clinical Psychology*, 49, 298-307.

DEBRAY, Q., NOLLET, D. (2001). *Les personnalités pathologiques : approche cognitive et thérapeutique*, Paris, Masson.

DENIS, C. (2009). *Version française modifiée de l'Addiction Severity Index : rationnel, description et validation des sections Tabac et Jeu/Jeu d'argent et de Hasard.* Doctorat nouveau régime, Université Bordeaux 2, mention psychologie.

DENNIS, M. L., PERL, H. I., HUEBNER, R. B., Mc LELLAN, A.T. (2000). Twenty-five strategies for improving the design, implementation and analysis of health sevices research related to alcohol and other drug abuse treatment. *Addiction*, 95, 3, S281-S308.

DE WEERT-VAN OENE, G. H. et al. (2000). The validity of the Self-Efficacy List for Drug Users (SELD). *Addict Behav*, 2,4, 599-605.

DI CLEMENTE, C.C., CARBONARI, J. P., MONTGOMERY, R.P.G., HUGHES, S.O. (1994). The alcohol abstinence self-efficacy scale. *Journal of Studies on Alcohol*, 55, 141-148.

DI CLEMENTE, C.C., PROCHASKA, J.O, GIBERTINI, M. (1985). Self-efficacy and the steps of self-change of smoking. *Cognitive Therapy Research,* 9, 2, 181-200.

DOIRON, J.P., NICKI, R.M. (2001). Epidemiology of problem gambling in Prince Edward Island: a canadian microcosm. *Canadian Journal of Psychiatry*, 46, 5, 413-417.

ETTER, J. F., LE HOUEZEC, J., PERNEGER, T.V. (2003). A self-administered questionnaire to measure dependence on cigarettes: The cigarette dependence scale. *Neuropsychopharmacology, 3*, 28, 359-370.

EWING, J. A. (1984). Detecting Alcoholism: the CAGE questionnaire. *Journal of the American Medical Association, 252*, 1905-1907.

FAGERSTROM, K.O., SCHNEIDER, N.G. (1989). Measuring nicotine dependence: a review of the Fagerstrom Tolerance Questionnaire. *Journal of Addictions, 84*, 791-800.

FAIRBURN, C.G. (1981). A cognitive-behavioural approach to the treatment of bulimia. *Psychological Medecine*, 11, 707-711.

FARGES, L. (1996). Toxicomanie et troubles mentaux. *Psychotropes*, 3, 7-17.

FERNANDEZ, L. (1997). *Addiction tabagique et disposition narcissique chez des fumeurs consultant pour sevrage tabagique.* Thèse de Doctorat Nouveau Régime, Université Toulouse Le Mirail.

FERNANDEZ, L. (1998). Les modèles psychologiques de l'addiction. *Psychotropes*, 4, 1, 47-67.

FERNANDEZ, L., CATTEEUW, M. (2001). *La recherche en psychologie clinique*. Paris, Nathan.

FERNANDEZ, L., CATTEEUW, M. (2002). *Cliniques des addictions*. Paris : Nathan Université.

FERNANDEZ, L., AULAGNIER M., BONNET, A., GUINARD, A., PEDINIELLI, J. L., PRÉAU, M. (2005). Modules VI. Outils psychométriques. In P. VERGER, M. AULAGNIER, V. SCHWOEBEL, T. Lang (Eds.) *Démarches épidémiologiques après une catastrophe* (pp. 201-204). Paris : La Documentation Française.

FIELDMAN, N.P., WOOLFOLK R.L., ALLEN L.A. (1995). Dimensions of self-concept: a comparison of heroin and cocaine addicts. *American Journal of Drug and Alcohol Abuse*, 21, 3, 315-326.

FINK, A., TSAI, M.C., HAYS, R.D. et al. (2002). Comparing the alcohol-related problems survey (ARPS) to traditional alcohol screening measures in elderly outpatients. *Archives of Gerontology and Geriatrics*, 34, 1, 55-78.

FIRST, M.B., SPITZER, R.L., GIBBON, M., WILLIAMS, J. B. (1997). *Structured Clinical Interview for the DSM-IV Axis I Disorders-Clinician Version (SCID-II)*, Washington, DC: American Psychiatric Press.

FLYNN, P., HUBBARD, R.L., LUCKEY, J.W. et al. (1995). Individual Assessment Profil (IAP). Standardizing the Assessment of Substance Abusers. *Journal of Substance Abuse Treatment, 12*, 3, 213–221.

FORTIN, M.F., GAGNON, J. (2016). *Fondements et étapes du processus de recherche : méthodes quantitatives et qualitatives*. Paris : Chenelière Éducation, 3ᵉ édition.

FOUNTAIN, J., STRANG, J., GRIFFITHS, P., POWIS, B., GOSSOP, M. (2000). Measuring met and unmet need of drug misusers: integration of quantitative and qualitative data. *European Addiction Research*, 6, 2, 97-103.

FRANQUES, P., AURIACOMBE, M., TIGNOL, J. (2001). *Sport, dopage et addictions. Ann. Med. Interne*, 152, 7, 2 S37-2S34.

FRIEDMAN, A.S., UTADA, A. (1989). A method for diagnosing and planning the treatment of adolescent drug abusers: the Adolescent Drug Abuse Diagnosis (ADAD) instrument. *Journal of Drug Education*, 19, 285-312.

FROMME, K., STROOT, E., KAPLAN, D. (1993). Comprehensive effects of alcohol: developmental and psychometric assessment of a new expectancy questionnaire. *Psychological Assessment*, 5, 19-26.

GANTHERET, F. (1986). La haine en son principe : l'amour de la haine. *Revue Française de Psychanalyse*, Printemps 1986, 63-73.

GARNER, D. M., BEMIS, K. (1982). A cognitive-behavioural approach to anorexia nervosa. *Cognitive Therapy Research*, 6, 123-150.

GIMENEZ, G., BALDO,E.,HORASSIUS, N., PEDINIELLI, JL. (2003). La dépendance à Internet, une nouvelle addiction ? *L'information psychiatrique*, 79, 243-249.

GERMOND-BURQUIER,E., HALLER, V., NARRING, F. (2010). Repérage de la consommation de substances auprès d'adolescents et jeunes adultes. *Revue Médicale Suisse, 6*, 1242-245.

GODLEY, S.H., GODLEY, M.D., PRATT, A., WALLACE, J. L. (1994). Case management services for adolescent substance abusers: a program description. *Journal of Substance Abuse Treatment*, 11, 309-317.

GOODMAN, A. (1992). Sexual addiction: designation and treatment. *Journal of Sex and Martial Therapy*, 19, 225-242.

GOODMAN, A. (1990). Addiction, definition and Implications. *British Journal of Addiction*, 85, 1403-1408.

GRABOT, D., AURIACOMBE, M., MARTIN, C. (1992). L'Addiction Severity Index : un outil d'évaluation fiable et valide des comportements de dépendance. In: *Congrès de psychiatrie et de neurologie,* Masson, 213-219.

GRAY, B.T. (2001). A factor analytic study of the Substance Abuse Subtle Screening Inventory (SASSI). *Educational and Psychological Measurement, 61*, 1, 102–118.

GREEN, A. (2000). Approche psychique de l'addiction. In: J.P. TASSIN et al. *Variabilités individuelles des sensibilités à la dépendance*. Paris : INSERM, 35-43.

GREENE, R.L. (1994). Relationships among MMPI code-type, gender, and setting and the Mac Andrew Alcoholism scale. *Assessment*, 1, 1, 39-46.

HATHAWAY, S.R., MCKINLEY, J. C. (1996). *Manuel de l'inventaire multiphasique de personnalité du Minnesota 2*, Paris, ECPA.

HEITHOFF, K. A., WISEMAN, E. J. (1996). Reliability of paper-pencil assessment of drug use severity. *American Journal of Drug and Alcohol Abuse,* 22, 109-122.

HODGINS, D.C., EL-GUEBALY, N. (1992). More data on The Addiction Severity Index: reliability and validity with the mentally ill substance abuser. *The Journal of Nervous and Mental Disease,* 180, 197-201.

HUBERMAN, M.A., MILLES, M.B. (1991). *Analyse des données qualitatives. Recueil de nouvelles méthodes*, Paris-Bruxelles : De Boeck Université.

HUMENIUK, R., ALI, R., BABOR, T.F. et al. (2008). Validation of the alcohol, smoking and substance involvement screening test (ASSIST). *Addiction, 103*, 1039–1047.

HUSAIN, O. (1999). Approche analytique et système intégré : tous les chemins mènent-ils à Rome ? *Psychologie clinique et projective,* 5, 313-323.

HUSSER, J. C., FERNANDEZ, L., SZTULMAN, H. (2001). Analyses multidimensionnelles à partir de quelques échelles cliniques du MMPI-2 : hystérie, dépression, masculinité-féminité. *Revue Européenne de psychologie Appliquée*, 51, 1-2, 13-38.

HUTEAU, M. (1985). *Les conceptions cognitives de la personnalité.* Paris : PUF.

HUTEAU, M. (1994). L'évaluation psychologique des personnes : enjeux actuels. In: M. HUTEAU et al. *Les techniques psychologiques d'évaluation des personnes.* Paris : EAP, 17-25.

HUTEAU, M. (1995). L'approche de la personnalité par les traits. In. J.D., GUELFI et al. *Psychopathologie Quantitative*, Paris : Masson, 162-169.

JANCA, A., USTUN, T. B., SARTORIUS, N. (1994). New versions of World-health-organization instruments for the assessment of mental disorders. *Acta. Psychiatr. Scand*, 90, 2, 73-83.

JEAMMET, P. (1991). Dysrégulations narcissiques et objectales dans la boulimie. In: *La Boulimie. Monographie de la Revue Française de Psychanalyse*, Paris, PUF.

JEAMMET, P., CORCOS, M. (2001). *Évolution des problématiques à l'adolescence. L'émergence de la dépendance et ses aménagements.* Paris, Doin, 69-87.

KAN, C., BRETELER, M.H.M, TIMMERMANS, E.A.Y. et al. (1999). Scalability, reliability and validity of the benzodiazepine dependence self-report questionnaire in outpatient benzodiazepine users. *Comprehensive Psychiatry*, 40, 4, 283-291.

KAN, C., BRETELER, M, VANDERVEN., A, ZITMAN, F. (2001). Cross validation of the benzodiazepine dependence self-report questionnaire in outpatient benzodiazepine users. *Comprehensive Psychiatry*, 42, 5, 433-439.

KHANTAZIAN, E.J. (1985). The self-medication hypothesis of addictive disorders. *Am. J. Psychiatry*, 142, 1259-1264.

KAWAKAMI, M., TAKATSUKA, N., INABA, S., SHIMIZU, H. (1999). Development of a screening questionnaire for tobacco/nicotine dependence according to ICM-10, DSM III-R, DSM-IV. *Addictive Behaviors*, 24, 2, 155-166.

KLEIN, M.H., SMITH-BENJAMIN, L., ROSENFELD, R. et al. (1993). The Wisconsin Personality Disorders Inventory: development, reliability and validity. *Journal of Personality Disorders*, 7, 4, 285-303.

LECRUBIER, Y., SHEEHAN, DV., WEILLER, E. et al. (1997). The Mini International Neuropsychiatric Interview (MINI). A short diagnostic structured interview: reliability and validity according to the CIDI. *European Psychiatry*, 12, 224-231.

LAJEUNESSE, S., FOULON, CH. (1994). *Les conduites alimentaires.* Paris : Masson.

LEFEBVRE, M.F. (1981). Cognition distortion and cognitive errors in depressed psychiatric and lowback pain patients. *Journal of Consulting and Clinical Psychology*, 49, 517-525.

LEONHARD, C. MULVEY, K., GASTFRIEND, D.R., SHWARTZ, M. (2000). The Addiction Severity Index – A field study of internal consistency and validity. *Journal of Substance Abuse Treatment*, 18, 2, 129-135.

LE POULICHET, S. (1987). *Toxicomanies et psychanalyse. Les narcoses du désir.* Paris : P.U.F.

LE POULICHET, S. (2000). *Les addictions.* Paris : PUF.

LEVINE, M.P., TROIDEN, R.R. (1988). The myth of sexual compulsivity. *The Journal of Sex Research*, 25, 347-363.

LILIENFELD, S.O., WOOD, J.M., GARB, H.N. (2000). The scientific status of projective techniques. *Psychological Science in the Public Interest,* 1, 2, 27-66.

LU, N.T., TAYLOR, B. G., RILEY, K. J. (2001). The validity of adult arrestee self-reports of crack cocaine use. *American-Journal-Of-Drug-And-Alcohol-Abuse*, 27, 3, 399-419.

MAGURA, S., GOLDSMITH, D., CASIREL, C., et al. (1987). The validity of methadone clients' self-reported drug use. *International Journal of the Addictions*, 22, 8, 727-749.

MANN, AH., RAVEN, P., PILGRIM, J. et al. (1999). An assessment of the Standardized Assessment Personality as a screening instrument for the International Personality Disorder Examination: a comparison of informant and patient assessment for personality disorder. *Psychological Medecine*, 29, 4, 985-989.

MARLOWE, D. B., HUSBAND, S.D., BONIESKIEN L.M. et al. (1997). Structured interview self-report test vantages for the assessment of personality pathology in cocaine dependence. *Journal of Personality Disorders*, 11,2, 177-190.

MARSDEN, J., GOSSOP, M., STEWART, D. et al. (1998). The Maudsley Addiction Profile (MAP): a brief instrument for assessing treatment outcome. *Addiction, 93*, 12, 1857-1867.

MARSDEN, J., NIZZOLI, U., CORBELLI, C. et al. (2000). New European instruments for treatment outcome research. Reliability of the Maudsley Addiction Profile and Treatment Perceptions QuestioNNAIRE IN ITALY, SPAIN AND PORTUGAL. *EUROPEAN ADDICTION RESEARCH, 6*, 3, 115–122.

MASLING, J.M., RABIE, L., BLONDHEIM, S.H. (1967). Obesity, level of aspiration and Rorschach and TAT measures of oral dependence. *Journal of Consulting Psychology,* 31, 233-239.

MAC ANDREW, C. (1965). The differentiation of male alcoholic outpatients from non-alcoholic psychiatric outpatients by means of the MMPI. *Quarterly Journal of Studies on Alcohol,* 26, 238-246.

MC BRIDE, C.M., CURRY, S.J., STEPHENS, R.S. et al. (1994). Intrinsic and extrinsic motivation for change in cigarette smokers, marijuana smokers and cocaine users. *Psychology of Addictive Behaviors,* 8, 243-250.

MC CLELLAND, D.C., KOESTNER, R., WEINBERGER, J. (1989). How do self-attributed and implicit motives differ? *Psychological Review,* 96, 690-702.

MC CUSKER, J., BIGELOW, C., SERVIGON, C., ZORN, M. (1994). Test-retest reliability of The Addiction Severity Index composite scores among clients in residential treatment. *The American Journal on Addictions,* 183, 254-262.

MC DERMOTT, P.A., ALTERMAN, A.I., BROWN, L. et al. (1996). Construct refinement and confirmation for the Addiction Severity Index. *Psychological Assessment,* 8, 182-189.

MC DOUGALL, J. (1989). *Théâtre du corps.* Paris: Gallimard.

MC ILWRAITH, R.D. (1998). I'm addicted to television': the personality, imagination and TV watching patterns of self-identified TV addicts. *Journal of Broadcasting and Electronica Media,* 42, 3, 371-386.

MC LELLAN., A.T., KUSHNER, H., METZGER, D. et al. (1992). The fifth edition of the Addiction Severity Index. *Journal of Substance Abuse Treatment, 9,* 199-213.

MC LELLAN, A.T., LUBORSKY, L., CACCIOLA, J., GRIFFITH, J.E. (1985). New data from the Addiction Severity Index: reliability and validity in three centers. *The Journal of Nervous and Mental Disease,* 173, 412-423.

MC PHERSON, T.L., HERSCH, R.K. (2000). Brief susbtance use screening instruments for primary care settings. A review. *Journal of Substance Abuse Treatment,* 18, 193-202.

MIELE, G.M., CARPENTER, K. M., COCKERHAM, M.S., et al. (2000a). Substance Dependence Severity Scale (SDSS). Reliability and Validity of a clinician-administered interview for DSM-IV substance use disorders. *Drug and Alcohol Dependence, 59,* 63-75.

MIELE, G.M., CARPENTER, K.M., COCKERHAM, M.S. et al. (2000b). Concurrent and predictive validity of the Substance Dependence Severity Scale (SDSS). *Drug and Alcohol Dependence, 59,* 77-88.

MIELE, GM., CARPENTER, KM., COCKERHAM, MS. et al. (2001). Substance Dependence Severity Scale. Reliability and validity for ICD-10 substance use disorders. *Drug and Alcohol Dependence, 26,* 603-612.

MEYERS, K., HAGAN, T.A., ZANIS, D., et al. (1999). Critical issues in adolescent substance use assessment. *Drug and Alcohol Dependence,* 55, 235-246.

MILLER, G. A. (1985). The Substance Abuse Subtle Screening Inventory (SASSI) Manual, Bloomington, IN: SASSI Institute.

MILLER, F.T., ABRAMS, T., DULIT, R., FYER, M. (1993). Substance abuse in borderline personality disorder. *Am. J. Drug and Alcohol Abuse*, 19, 4, 491-497.

MILLION, T. (1994). *Million Clinical Multiaxial Inventory-III*, Minneapolis, MN, National Computer Systems, Inc.

MIRABEL-SARRON, C. (1995). Thérapies cognitives : évaluation quantitative des dysfonctionnements. In: J. D., GUELFI et al. *Psychopathologie quantitative*, Paris : Masson, 114-125.

MOAK, D. H., ANTON, R.F., LATHAM, P.K. (1998). Further validation of the obsessive-compulsive drinking scale (OCDS) – Relationship to alcoholism severity. *American Journal on Addictions*, 7, 1, 14-23.

MOORE, A. A., MORTON, S.C., BECK, J. C., et al. (1999). A new paradigm for alcohol use in older persons. *Med. Care.*, 165-179.

MORALÈS, M. (1986). Tests projectifs, structure et toxicomanie. In: C. FERBOS, A. MAGOUDI, *Approche psychanalytique des toxicomanes.* Paris: P.U.F, 169-212.

MOVALLI, M.G., MADEDDU, F., FOSSATI, A., MAFFEI, C. (1996). Personality disorders (DSM-IIIR, DSM-IV): prevalence in alcoholics and influence on drop out from treatment. *Alcoologia*, 8, 1, 47-52.

MUSSELMAN, D.L., KELL, M.J. (1995). Prevalence and improvement in psychopathology in opioid dependent patients participating in methadone maintenance, *Journal of Addictive Diseases,* 14, 3, 67-82.

NELSON, C.B., REHM, J., USTUN, T.B., et al. (1999). Factor structures for DSM-IV substance disorder criteria endorsed by alcohol, cannabis, cocaine and opiate users: results from the WHO reliability and validity study. *Addiction, 94*, 6, 843-855.

NURNBERGER, J.I., BLEHAR, M.C., KAUFMANN, C.A. et al. (1994). Diagnostic interview for genetic studies – rationale, unique features, and training. *Arch. Gen. Psych.*, 51, 11, 849-859.

O'BRIEN, C.P., CHILDRESS, A.R., MCLELLAN, A.T., EHRMAN, R. (1992). A learning model of addiction, *Results of the Public Association of Research into Nervous and Mental Disorders, 70*, 157-177.

O'HARE, T. (2001). The Drinking Context Scale. A confirmatory data analysis. *Journal of Substance Abuse Treatment*, 20, 2, 129-136.

PEDINIELLI, J.L. (1995). Le toxicomane et la mort. *Cliniques Méditéranéennes*, 47/48, 37-57.

PEDINIELLI, J. L., ROUAN, G., BERTAGNE, P. (1997). *Psychopathologie des addictions*. Paris : P.U.F. Nodules.

PETERS, R.H., GREENBAUM, P.E., STEINBERG, M.L. et al. (2000). Effectiveness of screening instruments in detecting substance use disorders among prisoners. *Journal of Abuse Treatment, 18*, 349-358.

PETRY, N.M. (2000a). Gambling problems in substance abusers are associated with increased risk behaviors. *Addiction*, 95, 7, 1089-1100.

PETRY, N.M. (2000b). Psychiatric symptoms in problem gambling and non-problem gambling substance abusers. *The American Journal on Addictions*, 9, 163-171.

PIRES, A.P. (1997). De quelques enjeux épistémologiques d'une méthodologie générale pour les sciences sociales. In: J. POUPART et al., *La recherche qualitative. Enjeux épistémologiques et méthodologiques*, Paris, Gaëtan Morin, 3-84.

POUDAT, F.X. (1997). Approche cognitivo-comportementale des addictions. In: J. L. VENISSE, D. BAILLY, *Addictions : Quels soins ?* Paris : Masson, 151-172.

PRENG, K. W., CLOPTON, J.R. (1986). Application of the Mac Andrew Alcoholism Scale to alcoholics with psychiatrics diagnosis. *Journal of Personality Assessment*, 50, 113-122.

PROCHASKA, J.O., VELICER, W.F., DICLEMENTE, C.C., FAVE, J.S. (1988). Measuring the processes of change. Application to the cessation of smoking. *Journal of Consulting and Clinical Psychology*, 56, 520-528.

PHAM-SCOTTEZ, A., GUELFI, J.D. (1998). Classification et évaluation des troubles de la personnalité. *Pratiques psychologiques*, 2, 5-17.

PULL, C.B., GUELFI, J. D. (1995). L'opérationnalisation du diagnostic psychiatrique. Intérêts et limites. In. J.D. GUELFI et al. *Psychopathologie Quantitative*. Paris : Masson, 1-8.

RIGHETTI, V., FAVROD-COUNE, T. (2010). Questionnaires de dépistage et d'évaluation des consommations de substances psychoactives. *Revue Médicale Suisse, 264,*

RINEHART, N.J., MCCABE, M.P. (1997). Hypersexuality: psychopathology or normal variant of sexuality. *Sexual and Marital Therapy*, 12, 1, 1997.

ROBINS, C.J., LADD, J., WELKOWITZ, J. et al. (1994). The Personal Style Inventory. Preliminary validation studies of new measures of sociotropy and autonomy. *Journal of Psychopathology and Behavioural Assessment*, 16, 4, 277-300.

ROBINSON, B. E., PHILLIPS, B. (1995). Measuring workaholism: content validity of the Work Addiction Risk Test. *Psychological Report*, 77, 2, 657-658.

ROSEN, C.S., HENSON, B.R., FINNEY, J.W., MOOS, R.H. (2000). Consistency of Self-Administered and Interview-based Addiction Severity Index Composite Scores. *Addiction, 95,* 419-425.

RUEFF, B. (1989). *Alcoologie clinique*. Paris : Flammarion.

SANTIAGO DELEFOSSE, M., ROUAN, G. (2001). *Les méthodes qualitatives en psychologie.* Paris, Dunod.

SARRAMON, C., BAHEUX, C., H. CHARITAT et al. (1999). Profil psychodynamique de personnalité (KAPP) chez des anorexiques et des consommateurs d'opiacés. *Annales Médico-Psychologiques,* 157, 6, 422-428.

SELLMAN, J. D., ADAMSON, S, ROBERTSON, P. et al. (2002). Gambling in mild-moderate alcohol-dependent outpatients. *Substance Use and Misuse*, 37, 2, 199-213.

SELZER, M.L. (1971). The Michigan Alcoholism Screening Test: the quest for a new diagnostic instrument. *American Journal of Psychiatry, 127,* 1653-1658.

SELZER, M.L., VINOKUR, A., ROOIJEN, L. (1975). A self-administered Short Michigan Alcoholism Screening Test (SMAST). *Journal of Studies on Alcohol, 36,* 117-126.

SHEEHAN, D., LECRUBIER Y., SHEEHAN, K.H., et al. (1997). The validity of the Mini International Neuropsychiatric Interview (MINI) according to the SCID-P and its reliability. *Eur Psychiat, 12,* 5, 232-241.

SIMPSON, D. D. (1995). *TCU Forms Manual: Improving Drug Abuse treatment, Assessment and Research (DATAR),* Fort Worth, TX: Texas Christian University, Institue of Behavioral Research. www.ibr.tcu.edu

SIMPSON, D.D., KNIGHT, K., BROOME, K.M. (1997). *TCU/CJ Forms manual: Drug Dependence Screen and Initial Assessment,* Fort Worth, TX: Texas Christian University, Institue of Behavioral Research. www.ibr.tcu.edu

SIMPSON, J.A., WEINER, . S. (1933). *Oxford English Dictionary*, London, University Press.

SKINNER, H. A. (1982). The Drug Abuse Screening Test. *Addictive Behaviors*, 7, 363-371.

SKLAR, S.M., ANNIS, H.M., TURNER, N.E. (1997). Development and validation of the drug-taking confidence questionnaire: a measure of coping self-efficacy. *Addictive Behaviors,* 22, 5, 655-670.

STINCHFIELD, R. (2002). Reliability, validity, classification accuracy or the South Oaks Gambling Screen (SOGS). *Addictive Behaviors*, 27, 1, 1-19.

STALEY, D., EL GUEBALY, N. (1990). Psychometric properties of the Drug Abuse screening Test in a psychiatric patient population. *Addictive Behaviors*, *15*, 257-264.

SVANBORG, P., GUSTAVSSON, J.P., WEINRYB, R.M. (1999). What patient characteristics make therapists recommend psychodynamic psychotherapy or other treatment forms. *Acta Psychiatr. Scand.*, 99, 2, 87-94.

TIFFANY, S.T. (1990). A cognitive model of drug urges and drug-use behavior: the role of automatic processes. *Psychological Review*, 97, 147-168.

TREMBLAY, J. (2009). *Manuel d'utilisation du DEBA-Alcool/Drogues/Jeu*. Canada. Service de recherche CRUV/ALTO.

TURNER, N.E., ANNIS, H.M., SKLAR, S.M. (1997). Measurement of antecedents to drug and alcohol use: psychometric properties of the Inventory of Drug Taking Situations (IDTS). *Behaviour Research and Therapy,* 35, 5, 465-483.

VENISSE, J.L., RAULT. A, SANCHEZ, M. (1989). Conduites addictives. Objet de l'addiction. *Psychologie médicale*, 21, 12, 1767-1770.

VERHEUL, R., HARTGERS, C., VANDENBRINK, W., KOETER, M.W.J. (1998). The effect of sampling, diagnostic criteria and assessment procedures on the observed prevalence of DSM-IIIR personality disorders among treated alcoholics. *Journal of Studies on Alcoholism*, 59, 2, 227-236.

VERHEUL, R., VAN DEN BRINK, W., KOK, G. (1998). Association between work stress, alcohol consumption and craving for alcohol. *Alcohol and alcoholism,* 34, 197-222.

VORST, H.C.M., BERMOND, B. (2001). Validity and reliability of the Bermond-Vorst Alexithymia Questionnaire. *Personality and Individual Difference,* 30, 3, 413-434.

WARBURTON, D.M. (1985). Addiction, dependence and habitual substance use. *Bulletin of the British Psychological Society,* 38, 285-288.

WASHTON, A.M. (1995). *Psychotherapy and substance abuse: a practitioner's hand-book*. New-York: Guilford Press.

WEED, N.C., BUTCHER, J.N., MC KENNA, T., BEN-PORATH, Y.S. (1992). New measures for assessing alcohol and drug abuse with the MMPI-2: the APS ans AAS. *Journal of Personality Assessment*, 58, 389-404.

WEED, N.C., BUTCHER, J.N., WILLIAMS, C. L. (1994). Development of MMPI-alcohol/drug problem scales. *Journal of Studies on Alcohol*, 55, 296-302.

WEINRYB R.M., RÖSSEL R.J., ASBERG M. (1991a). The Karolinska Psychodynamic Profile. I. Validity and dimensionality. *Acta. Psychiatr. Scand.*, 83, 64-72.

WEINRYB R.M., RÖSSEL R.J., ASBERG M. (1991b). The Karolinska Psychodynamic Profile. II. Interdisciplinary and cross-cultural reliability, *Acta. Psychiatr. Scand.*, 83, 73-76.

WEINRYB, R.M., GUSTAVSSON, J.P., ASBERG M., RÖSSEL R.J. (1992). Stability over time of character assessment using a psychodynamic instrument and personality inventories. *Acta Psychiatr. Scand.*, 86, 2, 179-184.

WELTE, J., BARNES, G., WIECZOREK, W., et al. (2001). Alcohol and gambling pathology among US adults: prevalence, demographic patterns and comorbidity. *Journal of Studies on Alcohol*, 62, 5, 706-712.

WEST, R. (2001). Theories of addiction. *Addiction*, 96,3, 3-13.

WESTEN, D. (1991). Social Cognition and Object Relations. *Psychological Bulletin*, 109, 3, 429-455.

WETTERLING, T. KANITZ, R.D., RUMPF, H.J. et al. (1998). Comparison of CAGE and MAST withe the alcohol markers CDT, gamma-GT, ALAT, ASAT and MCV. *American Alcohol and Alcoholism*, 33, 4, 423-430.

WILLENBRING, M.L., BIELINSKI, J.B. (1994). A comparison of the alcohol dependence scale and clinical diagnosis of alcohol dependence in male medical outpatients. *Alc. Clin. Exp. Res.*, 18, 3, 715-719.

WILSON A., PASSIK S.D., FAUDE J., ABRAMS J., et al. (1989). A hierachical model of opiate addiction: failures of self-regulation as a central aspect of substance abuse. *Journal of Nervous and Mental Disease*, 177, 7, 390-399.

WONG, J.L., BESETT, T.M. (1999). Sex differences on the MMPI-2 substance abuse scales in psychiatric in patients. *Psychological Reports*, 84, 582-584.

YERSIN, B., TRISCONI, Y., PACCAUDE, F. et al. (1989). Accuracy of the Michigan alcoholism screening test for screening of alcoholism in patients of medical department. *Archives of Internal Medicine*, 149, 9, 2071-2074.

YOUNG, K.E., BROWN, G.(1994). Young Schema Questionnaire. In J. E. YOUNG, *Cognitive Therapy for Personality Disorders; A Schema Focus Approach*. Sarasota: Professional Ressources Exchange, 63-76.

ZANIS, D.A., MC LELLAN, A.T., CNAAN, R.A., RANDALL, M. (1994). Reliability and validity of the Addiction Severity Index with homeless sample. *Journal of Substance Abuse Treatment*, 11, 6, 541-548.

ZANIS, D. A., MC LELLAN, A.T., CORSE, S. (1997). Is the Addiction Severity Index a reliable and valide assessment instrument among clients with severe and persistent mental illness and substance abuse disorders? *Community Mental Health Journal*, 33, 3, 213-227.

ZIMMERMAN, M. (1994). Diagnosing personality disorders: a review of issues and research methods. *Archives of General Psychiatry*, 51, 225-242.

ZUCKERMAN, M., BONE, R.N., NEARY, R., MANGELSDORFF, D., BRUSTMAN, B. (1972). What is the sensation seeker? Personality trait and experience correlates of the Sensation-Seeking Scales. *Journal of Consulting and Clinical Psychology*, 39,2, 308-321.

L'INDIVIDU ADDICTÉ, SA FAMILLE ET SES PARENTS

1. **Les facteurs familiaux et rôle de la famille dans l'apparition des conduites addictives**
2. **Les femmes et/ou les mères addictées et leur famille**
3. **Les hommes et/ou pères addictés et leur famille**
4. **Illustration avec l'alcoolisme**
4.1. **Vivre avec un alcoolique ou le choix d'un conjoint alcoolique**
4.2. **Le système familial alcoolique**
4.3. **Cas clinique**
Bibliographie

La compréhension que nous avons aujourd'hui des conduites addictives, quel que soit le produit utilisé, est multifactorielle et intègre des données de divers champs – neurobiologique, sociologique, familial. Je traiterai ici plus particulièrement de la dimension familiale, même s'il apparaît aujourd'hui que les trois sont en interaction et parfois difficilement dissociables.

1. Les facteurs familiaux et rôle de la famille dans l'apparition des conduites addictives

Au niveau familial, sont considérés comme des facteurs de risque :

- le degré d'isolement social de la famille,
- le niveau de dysfonctionnement causé par le manque de repères et par l'inconsistance de règles,
- l'intensité des conflits familiaux,
- une perte de valeurs identitaires consécutive à un phénomène d'acculturation et à l'immigration,
- des deuils impossibles,
- la perception par l'individu d'un manque de proximité avec ses parents,
- la gravité des traumatismes[25] et des carences éducatives,
- le rôle de l'enfant dans la famille,
- L'attitude des parents à l'égard des substances psychoactives peut également jouer un rôle incitateur et favoriser la survenue d'un abus ou d'une dépendance (par exemple, l'image de socialisation, l'admiration des membres de la famille devant cette consommation et la tendance à l'imitation de ce comportement. Le risque est alors corrélé avec le degré de disponibilité des substances psychoactives

---

[25] Les capacités des enfants qui ont subi des traumatismes à s'adapter, à résister (résilience) ne doivent pas faire illusion. Beaucoup d'enfants ayant subi des évènements de vie négatifs trouveront une solution adaptative à travers l'addiction.

au sein du milieu familial, à l'importance des conduites d'usage chez les parents et dans la fratrie (le rôle de la fratrie s'avère déterminant.

Dans le cas du tabagisme, par exemple, l'influence du frère ou de la sœur est surtout déterminante pour le jeune du même sexe).

— et la précocité de l'exposition de l'enfant (l'âge de l'enfant lors de la consommation de la substance psychoactive par un membre de la famille) à ces conduites d'usage de substances.

— la fréquence des troubles mentaux retrouvés chez les parents présentant un abus ou une dépendance a été soulignée par plusieurs études (Varescon, 2010).

2. Les femmes et/ou les mères addictées et leur famille

Les recherches ont mis en évidence que les femmes toxicomanes vivent souvent dans des contextes problématiques et ont un passé fait de violences subies (physiques, psychologiques ou abus sexuels) durant leur enfance et leur adolescence.

Si nous examinons les antécédents familiaux ayant trait à la consommation d'alcool et de stupéfiants, nous observons que, dans la plupart des cas, le père de la femme faisait usage d'alcool ou d'autres substances psychoactives (par exemple, une consommation problématique d'alcool dans la grande majorité des cas et une consommation de drogues). Des abus de drogues ont également été constatés chez les frères et sœurs de la femme toxicomane. Au niveau des mères, on constate des cas – de traumatismes psychopathologiques a ainsi qu'une dépendance à l'alcool et aux drogues.

Le milieu familial des usagères de drogues apparaît donc fortement problématique dans la plupart des cas. Ce contexte familial a une forte influence sur la vie de ces femmes :

• D'une part, le père — souvent responsable des mauvais traitements et des abus — aura une incidence néfaste sur le rapport de sa fille avec son partenaire, laquelle aura tendance à se lier avec des hommes à problèmes qui engendreront chez elle une sorte de dépendance affective, une dynamique relationnelle que la littérature définit sous le terme de dépendance bipolaire. Dans le cadre de la prévention, il est indispensable de fournir davantage d'informations sur ce type de dépendance.

Dans le cadre d'une intervention thérapeutique, il est utile de viser l'indépendance émotive de ces femmes en leur assurant un *« espace libre »* qui favorise leur individuation, leur détermination, leur autonomie et qui stimule leur estime de soi.

• D'autre part, la relation conflictuelle et carentielle que ces femmes entretiennent avec leur mère a des retombées négatives sur le rapport qu'elles instaurent avec leur enfant et s'avère préjudiciable à l'établissement d'une relation suffisamment bonne entre la mère et l'enfant. Chez les femmes provenant de familles multiproblématiques (comme c'est le cas de la plupart des femmes toxicomanes et alcooliques) la fonction maternelle est mal remplie du fait qu'elles n'ont pas, elles-mêmes, vécu un modèle de maternité suffisamment bon et protecteur. Lorsque, dans son enfance, une femme a subi des mauvais traitements, a souffert de négligences physiques et psychologiques et/ou a été victime d'abus sexuels, la possibilité qu'elle a de s'identifier de façon positive avec sa propre mère se trouve fort compromise. Dans ces cas, l'inadéquation et l'incapacité de prendre soin de son enfant, dues à l'absence d'un modèle d'identification positive durant l'enfance et l'adolescence, auraient tendance à étouffer toute émotion positive relative à son propre rôle maternel.

Lorsque la famille des femmes toxicomanes est multiproblématique et que la dépendance n'est que l'un de ces problèmes parmi d'autres (pathologies affectant les relations et les comportements, troubles psychiques de l'un ou des deux parents, pauvreté économique et culturelle, etc.), le modèle familial et comportemental qui est transmis aux enfants est en général fortement problématique et ces derniers sont exposés à des situations de risque et de préjudice d'une telle gravité que leur *« destin semble inéluctablement tracé d'une manière quasi déterministe »* : ils deviendront des adolescents multiproblématiques et des adultes qui, s'ils créent leur propre famille, ne feront que déplacer d'une génération leur situation de vie.
Les femmes dotées d'un tel passé familial et souffrant d'une addiction aux drogues ont tendance à prendre pour un sentiment d'attention et de protection les émotions anxieuses qu'elles éprouvent à l'égard de leur enfant, émotions qui les empêchent de moduler des réponses appropriées aux besoins et aux requêtes de ce dernier : l'enfant a alors tendance à manifester des symptômes d'hyperactivité et à tomber malade facilement, ce qui rend bien évidemment encore plus pénible et plus fatigante la tâche de la mère.

Dans ce cas, il devient nécessaire de guider la maman ou la néo-maman vers un changement des représentations mentales relatives à la fonction maternelle, d'accroître son sentiment d'estime de soi et de lui faire expérimenter de nouvelles modalités d'interaction avec son enfant, différentes de celles apprises dans son enfance. Tout cela est possible dans un contexte de traitement approprié et rassurant, au sein duquel elle pourra apprendre à être une mère suffisamment bonne. D'un point de vue psychologique, la grossesse peut, pour la femme toxicomane, être source de souffrances et de craintes, dues à la précarité de ses conditions de vie et à l'instabilité de ses rapports affectifs et de sa situation professionnelle. La dépression, le sentiment de découragement et la désillusion à l'égard de l'avenir peuvent la conduire à être une mère insuffisamment attentive et/ou absente (encore que physiquement présente), et l'amener à déléguer à d'autres personnes la tâche de prendre soin de son enfant. Et c'est précisément lors de cette phase que la femme toxicomane peut décider de faire appel aux services de traitement des addictions.

Les traitements spécifiques destinés aux mères toxicomanes, ainsi que le travail clinico-psychologique sur la relation mère-enfant, permettent d'interrompre la chaîne de transmission intergénérationnelle du malaise familial où les parents, et parfois même les grands-parents, ont joué un rôle décisif dans l'instauration de l'usage de substances psychoactives.

Malgré cet état de fait, il arrive encore souvent que les grands-parents se voient attribuer la garde de leurs petits-enfants, en compétition avec leurs enfants vis-à-vis desquels ils éprouvent un sentiment de revanche et de compensation symbolique des déceptions passées. Les opportunités de traitement offertes aux femmes enceintes ou ayant des enfants permettent de surmonter ces dynamiques familiales dysfonctionnelles en créant un cadre tranquille et rassurant favorable au développement psychologique harmonieux des enfants impliqués dans ces situations problématiques.

3. Les hommes et/ou pères addictés et leur famille

Dans la plupart des lieux de soins qui accueillent des toxicomanes, la répartition classique de la population rencontrée est deux tiers d'hommes pour un tiers de femmes. La problématique apparaît davantage masculine que féminine.

L'addiction semble avoir quelques liens avec la question paternelle. Bergeret (1980) après examen de 186 dossiers de patients toxico-dépendants, constate que plus de 50 % des patients déclarent avoir de mauvaises relations avec leur père. Notre propre expérience clinique corrobore ce constat : les toxicomanes que nous avons rencontrés déclarent pour la plupart avoir, ou avoir eu, une mauvaise relation avec leur père, voire pas de relation du tout.

La plupart des études relatives à l'influence familiale sur l'incidence des addictions concernant les pères mettent en évidence que :
– *la proximité de la relation mère-fils* transforme les pères en simples satellites, qui de surcroît sont fréquemment disqualifiés par les mères.
l'incidence majeure chez les pères de carences parentales au cours de l'adolescence (séparations par exemple).
– *une plus grande fréquence chez le père que chez la mère des problèmes psychiatriques ou d'intoxication* éthylique.
– *l'absence d'image paternelle identificatoire* (marginalisation des pères dans l'éducation mis dans l'incapacité d'exercer leurs prérogatives paternelles, voire disqualification ouverte, relations très pauvres avec leurs propres pères décrits comme absents ou violents, disqualifiés et malades.

1. La naissance d'un enfant s'accompagne souvent d'une accentuation des conduites addictives.

Deux cas de figure :

a) **La mère de l'enfant est également toxico-dépendante**. La conjugalité est alors construite autour d'une complicité fondée sur les pratiques addictives communes, avec fréquemment une sexualité très pauvre, souvent dans un contexte d'aménorrhée, favorisant l'indifférenciation sexuelle et évacuant de la pensée l'hypothèse de la fécondité. Dans cet aménagement, il n'y a généralement pas de place pour l'arrivée d'un tiers. L'annonce de la grossesse, la naissance du bébé, est alors un évènement très désorganisateur en ce qu'il réintroduit bruyamment de la différenciation dans le couple. Les ruptures sont très fréquentes et l'augmentation des conduites addictives du père presque la règle.

b) **La mère de l'enfant n'est pas toxico-dépendante**. Le couple est alors très souvent organisé sur une dynamique *« sauveur-sauvé »*. La non-consommatrice donne bons soins et attention sans compter à son partenaire consommateur, qui lui exprime à quel point il a besoin de cette relation. Chacun reçoit ainsi sa dose de *« re-narcissisation »*. L'arrivée d'un enfant dans ce contexte détourne du père l'attention de la mère, qui la tourne vers son bébé. Le père éprouve alors le sentiment aigu de n'être plus qu'un satellite et intensifie sa pratique addictive pour tenter de regagner l'attention de sa partenaire. Mais cette méthode, qui avait fait ses preuves avant l'arrivée de l'enfant, provoque désormais plutôt l'effet inverse et accentue la mise à l'écart du père toxicomane.

2. Lorsque le toxicomane devient père, l'intense conflictualité de sa relation à son propre père est généralement mise en tension, ce qui vient compliquer l'accès à son propre sentiment paternel. Il y a tantôt idéalisation positive de son père, lui ne pouvant alors qu'être mauvais, tantôt idéalisation négative, le père toxicomane ne pouvant qu'être aspiré par le *« côté obscur de la force »* et donc être mauvais. Dans les deux cas, le commerce avec le toxicomane donne le sentiment au père toxicomane qu'il ne peut être qu'un homme toxique pour son enfant.

3. *L'investissement de la paternité* s'accompagne également souvent d'une amélioration des conduites addictives. Les pères toxico-dépendants suivis en consultations qui se sont engagés dans une psychothérapie arrivent à diminuer, voire totalement abandonner, les conduites addictives au fur et à mesure qu'ils investissent leur rôle de père. Ceux qui obtiennent la garde de leur enfant arrivent à abandonner la drogue.

Mais il paraît essentiel de ne pas sous-estimer l'influence de l'axe maternel dans la constitution de ce sentiment chez un homme, parce que la rigidification des frontières entre père et fils est souvent soutenue d'un enchevêtrement du fils avec sa mère. La ligature avec la mère est parfois si serrée qu'elle ne lui permet pas d'être un homme pour une autre femme.

Cet axe nous conduit à nous interroger sur la relation de l'homme à sa propre mère, et sur sa relation à la mère de l'enfant.

La reconnaissance par la mère de l'enfant de compétences au père contribue à créer ces compétences et semble être un facteur de stabilisation. La constitution d'un bon partenariat parental peut parfois être soutenue par les thérapeutes. Cela ouvre toujours la voie à une meilleure identité paternelle et maternelle.

La naissance d'un enfant dans la vie d'un toxicomane constitue une crise dont l'issue est aléatoire. Elle va de la suractivité toxique à l'abandon de la vie de toxicomane. C'est donc une occasion de changement, qu'un accompagnement psychologique pertinent peut orienter dans le sens de la vie.

4. Illustration avec l'alcoolisme

4.1. Vivre avec un alcoolique ou le choix d'un conjoint alcoolique

Au moment du mariage, le couple a différentes possibilités de choisir entre des personnalités variables. Selon la combinaison choisie, les interactions au sein du couple peuvent influencer ou même décider de l'évolution de l'alcoolisme de celui qui boit. Mais que se passe-t-il du côté de la conjointe ? Quelles sont les qualités qu'elle possède ?

Israël et Subra-Charpentier (1972) ont voulu rendre compte de la conjugalité alcoolique, en travaillant avec des couples, dont l'époux était alcoolique. Ils insistent sur le fait qu'il s'agit d'un type de femme pour laquelle, la place qu'occupe l'époux a été déjà prédéterminée au sein de la famille, et que la dépendance à l'alcool ne faisait que la confirmer.

Roussaux, et al. (1996) ont dégagé cinq points qui la caractérisent :

- *L'épouse de l'alcoolique posséderait des qualités de direction même avant le mariage*, se montrant très responsable et capable d'organiser le ménage, incluant le calcul des finances et l'éducation des enfants, s'il y en a.

- *Dans son enfance, la mère de la femme de l'alcoolique serait perçue, par elle, en tant que figure dominatrice dans la relation parentale*, il y aurait ainsi une idéalisation de la fonction maternelle. L'introduction d'un nouvel homme au moment du mariage de la jeune fille n'aurait aucun impact sur la relation mère-fille.

- *L'époux dès le début de la rencontre de son épouse s'est montré plusieurs fois alcoolisé*. Ce fait, ainsi que les qualités personnelles du mari ne sont pas prises en compte par la femme, puis qu'il occupe une place qui lui est déjà attribuée.

- *L'homme alcoolique, dans ce couple, n'a la fonction que de remplacement d'un autre homme*, par qui la femme a était abandonné ou déçue. À cet homme alcoolique, devenu l'époux, il lui a été enlevé le droit d'imposer son désire au sein du couple.

- *Le plus souvent, l'épouse a tendance de montrer une supériorité par rapport à son mari.* C'est-à-dire qu'elle essaiera, de toujours le dépasser, que ce soit dans la sphère professionnelle, culturelle, au niveau des études, etc.

Pour Roussaux et al. (1996), l'épouse de l'alcoolique tient la place du co-alcoolique dans le sens qu'elle a tendance de permettre et même de favoriser les alcoolisations de son époux. S'appropriant la place de la victime du comportement de l'alcoolique, elle laisse entendre, dans son discours, les sacrifices qu'elle a faits pour le bien de la famille. Cependant, ce point de vue, de ce que serait la figure du co-alcoolique, ne peut être pris comme étant l'unique présentation à cause de la diversité de situations rencontrées.

Il présente en cinq points la conjugalité du co-alcoolique :

- *Le co-alcoolique connaît déjà les effets de l'alcool, avant le mariage, par les expériences qu'il a vécues au sein de sa famille comportant une ou plusieurs personnes alcooliques.* C'est justement ce vécu qui lui permettra lors du mariage l'adoption d'une façon de réagir prédéterminée. En effet, il est possible d'observer que la place que tient la fille d'un père alcoolique soit la même qu'elle occupera plus tard dans sa vie conjugale, cette fois auprès de son époux.

- *« Le conjoint dominateur »* est présenté comme une figure féminine dominatrice et autoritaire (forte valorisation du rôle maternel).

- *« Le mariage dans la sollicitude »*, dans lequel, l'alcoolisme de l'époux était déjà présent avant le mariage. Ce fait a joué le rôle d'un élément important lors du choix qu'a fait la conjointe d'épouser un tel mari dans le sens qu'elle l'a choisi dans le but de le « soigner » ou encore de le « guérir » par sa simple présence. Ces femmes ont plus tendance à materner leurs époux ou lieu de prendre la place de l'épouse en tant que femme. Ainsi, l'homme alcoolique est plutôt vu comme un enfant et non comme un homme désirant.

- *« Le surinvestissement des activités extra-conjugales »*, lors duquel l'épouse débute une consommation d'alcool. Comme le conjoint passe beaucoup de temps à s'alcooliser, il investit fortement son travail et dans certains cas, il a une relation extra-conjugale. L'épouse délaissée s'alcoolise pour lutter contre la solitude. Ce mode de vie peut durer plusieurs années et passer inaperçu pour l'entourage.

- *« Le mariage de la dernière chance »* qui représente la tentative d'investissement, d'une personne, qui a connu plusieurs fois au cours de son existence des ruptures (deuil, séparations, etc.) vécues comme traumatiques. Ainsi, ce mariage est vu entant qu'élément de restauration d'un équilibre recherché.

Ces cinq points sont susceptibles de montrer ce qui peut motiver une personne non alcoolique à choisir un alcoolique comme époux. Ainsi le co-alcoolique se trouve dans une relation de forte dépendance à son conjoint. La séparation n'est pas envisageable dans ces types de couples, au contraire le co-alcoolique aurait plutôt tendance de vouloir préserver l'équilibre familial et donc de supporter le comportement de l'alcoolique.

V. Anastassiou (2005), considère que la restauration narcissique est une des premières fonctions que remplit le couple lorsqu'il est créé. En effet, selon l'auteur, le couple a cette caractéristique de pouvoir rétablir les blessures narcissiques du quotidien. Mais lorsqu'il s'agit d'un couple alcoolique, les choses se jouent différemment, non par le sentiment amoureux, le désir réciproque, etc., mais par la peine que chacun des partenaires inflige et subit par et à cause de l'autre.

À propos des couples qui rassemblent deux alcooliques très souvent, nous remarquons que les deux époux, devenus parents, sont pris dans l'inquiétude de résoudre les problèmes qu'entraîne leur comportement. En effet, ils ont tendance à omettre leurs rôles parentaux. Le fait d'être centré plus sur l'alcoolisme, les empêche d'être présent pour leurs enfants, d'où les règles, qu'ils donnent à suivre sont souvent confuses ce qui peut être très perturbant pour les enfants (Wilson 1982, Eells 1986, Creighton 1986, Phillips, Martin et Martin 1987).

Gueibe (2008) constate que les filles des pères alcooliques se choisissent souvent comme époux, un malade alcoolique. Selon cet auteur, elles sont prises dans une culpabilité qu'elles ont ressentie entant qu'enfant face à l'alcoolisme de leurs pères. Ce choix se ferait inconsciemment avec l'espoir qu'en aidant leurs compagnons elles pourront réparer aussi les échecs de leur propre famille. Les travaux d'Henri Gomez (2003) vont dans le même sens sauf qu'il laisse entendre l'idée que le choix d'épouser un homme alcoolique s'opère même avant qu'il le devienne. L'histoire transgénérationnelle joue ici un rôle important.

D'autres chercheurs considèrent que dans la dynamique familiale, l'acceptation que l'alcoolisme d'un conjoint est une maladie permettrait l'installation d'une dyade, dans laquelle, la responsabilité de l'homme serait extraite à l'extérieur de la relation. À cause du jugement social à l'égard de l'alcoolique (qui est généralement négatif), le co-alcoolique ou l'épouse remplirait un rôle dans lequel elle devra couvrir et cacher les problèmes de son conjoint. Dans ce type de famille, il n'est plus question de symétrie, mais d'une relation du type complémentaire et inégale, qui pourrait être à l'origine de la durabilité des familles alcooliques. De cette manière, tout ce que fait l'épouse, tous les comportements qu'elle adopte pour aider son mari *« malade »* ne visent pas forcément l'époux lui-même et son rétablissement, mais la protection et le maintien du système familial.

4.2. Le système familial alcoolique

Des auteurs comme Anastassiou (1996) considèrent que le système alcoolique a une organisation familiale particulière qui s'étend sur au moins trois générations : les enfants, les parents et les grands-parents. Ils postulent que la conduite alcoolique aura une fonction homéostasique au sein de ce système de sorte que les relations familiales s'organiseront autour des conduites alcooliques et non autour des rituels familiaux et d'autres fonctions familiales (protection, autonomisation, transmission transgénérationnelle).

Lors des périodes d'alcoolisation, l'entourage est impliqué et les relations transgénérationnelles dans la famille s'inversent : l'enfant aîné devient le parent, l'épouse devient la mère, alors que le malade alcoolique s'approprie le rôle infantile. Lorsqu'une personne consomme alcool et abuse de celui-ci, son comportement induit une modification de la relation entre lui et son environnement (Menecier, 2010), d'où la perception que les autres membres ont de celui qui boit dépendra de la façon dont il se présentera devant eux. En effet, le malade alcoolique ne se montre pas en général reconnaissant envers son entourage pour les signes d'attention que ses proches font à son égard. Lors de ses alcoolisations, il peut ne pas se souvenir de ses actions, qu'il se soit endormi sur la table et que ses enfants l'aient installé dans son lit. Cet aspect affecte alors beaucoup l'environnement familial.

Les familles qui ont un ou plusieurs membres alcooliques, atteignent et tentent de maintenir un équilibre familial, en utilisant des mécanismes propres à la famille et en détruisant les effets (provenant de l'intérieur ou de l'extérieur) qui peuvent modifier l'équilibre ainsi instauré. De cette façon, le mariage pourrait, selon les auteurs, résister aux changements, et ce pour de longues périodes. Les deux époux contrôlent leur comportement mutuellement.

4.3. Cas clinique

Anamnèse
Madame. Br. 54 ans, vit en couple avec monsieur Z. Ils doivent se marier dans six mois. Il s'agit du troisième mariage pour madame Br. Elle a eu six enfants de ses deux précédents mariages. Ses deux ex-époux sont décédés. Elle explique la cause de leur décès par la consommation abusive de boissons alcoolisées. Elle est actuellement au chômage. Elle s'est mariée très jeune (à 18 ans). Peu de temps après son mariage, elle s'aperçoit que monsieur X. est dépendant de l'alcool. Elle subit des violences physiques et décide de le quitter et ils divorcent. Le couple n'entretenait pas de bonnes relations à cause de la garde des enfants (deux garçons). Une fois séparé, chacun a refait sa vie et formé une nouvelle famille. Monsieur X. est allé vivre dans le Sud et il a eu d'autres enfants. Il est décédé d'une maladie liée à sa consommation d'alcool abusive.
Peu de temps après le divorce, madame Br. rencontre son deuxième mari, monsieur Y. Ils resteront mariés pendant vingt-cinq ans. Ils ont quatre enfants ensemble (trois garçons et une fille). La famille entretient de bonnes relations sauf au cours des moments où il s'alcoolise. Il devient alors violent envers sa femme et ses enfants. À cause de son alcoolisme, monsieur Y. tombe gravement malade et il décède. Quelques années plus tard, par l'intermédiaire d'un de ses fils, madame Br.

rencontre monsieur Z. son troisième mari. Elle le décrit comme un homme qui la faisait rire et qui avait un très bon caractère. Il boit occasionnellement et en compagnie de leurs amis. Ce fils décède dans un accident de la route peu de temps après leur rencontre et leur mise en ménage. Sous le même toit, vit le dernier fils de madame Br âgé de vingt et un ans.

Les quatre enfants de madame Br. sont indépendants et vivent dans leurs propres domiciles.

Madame Br. a un grand frère et une petite sœur. Très jeunes, ils ont été confrontés à la maladie alcoolique de leur père, mais malgré ces évènements, elle dit avoir eu une enfance joyeuse et avoir été très proche de son père. La mère de madame Br. est une femme calme, ne cherchant jamais la confrontation. Elle a toujours soutenu son mari alcoolique, même dans les moments les plus difficiles de leur vie.

Analyse de contenu des entretiens

Des entretiens réalisés avec madame Br., nous avons pu dégager six thèmes principaux pour l'analyse de contenu des entretiens :

L'alcoolisme des conjoints (Mr X, Y, Z) et le ressenti de l'épouse face à l'alcoolisme

Monsieur X (premier mari) : dès le début de l'entretien, madame Br. reconnaît avoir eu des difficultés à comprendre que son époux, monsieur X. avait des problèmes d'alcool avant le mariage *« je me suis pas rendue compte à ce moment-là »*. En effet, madame Br. dit s'être aperçue des problèmes d'alcool de son conjoint après le mariage *« c'est quelque chose que je me suis aperçue quand même assez rapidement »*. Elle décrit son mari comme *« une personne qui était renfermée, qui montrait pas déjà ses sentiments »*. Elle explique qu'il *« buvait tous les jours »*, et qu'il devenait violent lorsqu'il consommait de l'alcool, *« il voulait me jeter du deuxième étage par la fenêtre »*. Madame Br. évoque les sentiments de mal-être et de culpabilisation *« c'est vrai qu'au départ j'avais un peu tendance euh… à, à me culpabiliser indirectement »* au début du mariage. Elle s'attribuait la cause de l'alcoolisme de monsieur X., *« s'il boit peut-être que ça vient du moi, peut-être que je suis pas comme il faudrait, peut-être que… »*. Elle rapporte une différence entre l'alcoolisme de monsieur X. et celui de son père par le type d'alcool *« il ne buvait pas des alcools forts mon père ah. Alors que mon premier mari, lui buvait du Ricard, du pic en bière, c'est des alcools plus forts »*.

Monsieur Y (deuxième mari) : madame Br. explique qu'il buvait par périodes, avec des moments sans consommation d'alcool *« il pouvait rester six mois sans boire, mais il pouvait rester quinze jours aussi à boire tous les jours »*, mais lorsque cela arrivait, il s'alcoolisait très fortement. Elle fait le parallèle entre les moments d'alcoolisation de son mari et de son père, *« c'était un peu la même chose que mon père quand il a bu »*. Les moments d'alcoolisation du mari sont associés à des comportements violents « *il m'a même poursuivie dans la rue avec un couteau* », alors que son père n'était pas violent sous l'emprise de l'alcool « *il n'a jamais été violent* ». En dehors des moments d'alcoolisation, madame Br. et ses enfants ont eu de très bonnes relations avec lui. Elle le décrit comme quelqu'un qui l'aimait beaucoup ainsi que ses enfants, « *il nous aurait décroché la lune pour moi comme pour les enfants* ». Elle explique les raisons de la consommation abusive d'alcool de son époux par un accident plusieurs années auparavant « *étant jeune, il avait eu un accident, il avait été dans le coma trois semaines et il lui était resté des séquelles au niveau du cerveau* ».

Monsieur Z (troisième mari) : l'entretien a eu lieu au domicile de madame. Br., son compagnon était présent dans la maison. Nous n'avons pas pu discuter précisément des relations qu'ils entretiennent et d'une éventuelle consommation d'alcool du conjoint actuel. Ce que madame Br. explique c'est « *Il peut y arriver n'importe quoi, je te soutiendrais toujours, mais si tu bois je te quitterais* ». Nous avons pu observer qu'avant notre arrivée monsieur Z. avait visiblement consommé de l'alcool lors d'un déjeuner entre amis à leur domicile. Après notre arrivée, il a aussi consommé de la bière.

Les relations conjugales (rencontres, séparations, deuils)

Monsieur X : la rencontre de madame. Br. avec monsieur X. a eu lieu dans un bar « *on jouait beaucoup dans les bars de l'époque* », elle avait seize ans. Ils sont tombés amoureux et ont vécu ensemble. Elle s'est rendue compte du problème d'alcool de son mari très tôt. Ils ont eu deux enfants « *Deux garçons* » et ont divorcé deux ans après leur mariage, lorsqu'elle était enceinte de son deuxième fils. Les raisons du divorce sont notamment l'alcoolisation et la violence de son mari, « *Parce que je ne supportais plus de vivre avec quelqu'un qui, qui me frappait, qui me parlait mal,* ». Nous pouvons discerner le mécanisme de l'anticipation à l'œuvre. « *Moi en tant qu'adulte j'arrivais encore à gérer, mais je pouvais pas accepter que ça se répercute sur un enfant quoi* ». Il apparaît aussi que monsieur X. avait tendance de délaisser ses devoirs paternels et d'époux « *j'avais pas le permis à l'époque… il oubliait même de venir me chercher au travail, et… j'appelais son père et… c'était son père qui venait me chercher à mon travail* » ou « *il oubliait même d'aller chercher mon fils de… c'était sa maman qui le gardait* ». Après leur séparation, chacun a essayé de reconstruire sa vie et a fondé une nouvelle famille, « *il a refait sa vie avec ma meilleure amie* ». Ils ne sont pas restés en bonnes relations « *non, on n'a pas eu de très bons rapports, à cause des enfants justement, pour la garde des enfants* ». Quelques années plus tard, monsieur X. décède à la suite d'une maladie liée à l'alcool.

Monsieur Y : madame. Br. dit avoir eu de bonnes relations avec son deuxième conjoint dans les périodes où il n'était pas sous l'emprise de l'alcool. Lorsqu'il était alcoolisé, il devenait violent, « *mon mari même avec les enfants, parfois il a été assez violent.* ». Ils possédaient un bar dans lequel ils travaillaient. Le décès de monsieur Y., il y a huit ans, à la suite de maladie liée à son alcoolisme a marqué la séparation par le veuvage. Dans son discours, madame. Br. reconnaît les comportements inadaptés de son mari, elle dit qu'il avait un comportement assez violent « *mais lui aussi quand il buvait, il était violent* » ou « *ils ont vécu certaines choses mes enfants* », mais en même temps, elle essaie de préserver son image de bon époux et de bon père, « *c'était un homme qui adorait ses enfants plus que tout* ».

Monsieur Z : la rencontre de madame. Br. avec monsieur Z. remonte à quatre ans. Il s'agissait d'un ami de son fils. Au début, leurs rendez-vous avaient lieu dans un bar, puis, ils ont commencé à se voir régulièrement. Leur relation a maintenant évolué et ils vont se marier dans peu de temps. Ils n'ont pas d'enfants ensemble.

Incidences de l'alcoolisme du conjoint sur la vie sexuelle et affective du couple, ainsi que sur la vie des enfants :

Monsieur X. : L'alcoolisme de monsieur X. a eu beaucoup d'effets négatifs sur leur relation de couple, « *je supportais plus de vivre avec quelqu'un qui, qui me frappait, qui me parlait mal,* ». Elle s'est sentie délaissée de nombreuses fois « *je passais vraiment en second plan* », son mari préférant sortir avec ses amis « *il préférait partir faire un tour en moto avec ses copains* ». Les alcoolisations avaient lieu « *souvent après le travail* » (en début d'après-midi). Son mari rentrait ivre et madame Br. refusait dans ces conditions d'avoir des rapports sexuels « *au fur et à mesure qu'il avait un problème avec l'alcool, que c'est vrai on avait de moins en moins de rapports* », ce qui le rendait violent verbalement et physiquement « *j'avais pas envie d'avoir des contacts physiques ni sexuels,* ». Madame Br. ne considère pas que la conduite alcoolique de monsieur X. ait eu des répercussions sur la vie des enfants puisque leur séparation a été très rapide, « *je peux pas dire qu'il y en eut parce que quand j'ai eu mon premier enfant on s'est séparé déjà j'étais enceinte de mon deuxième* » (divorce).

Monsieur Y. : les relations conjugales et familiales étaient bonnes lorsqu'il était sobre, mais elles se dégradaient chaque fois qu'il consommait de l'alcool et qu'il devenait violent. Elle qualifie les situations de violence vécues avec lui de « graves » « *je crois qu'il faisait pas la différence si c'était moi ou un des enfants qui étaient devant lui à ce moment-là* ». Madame Br. a toujours protégé ses enfants. Elle est heureuse qu'ils entretiennent tous de bonnes relations et constate qu'aucun de ses enfants ne présente des signes de dépendance liés à l'alcool « *je n'ai aucun qui a des problèmes avec l'alcool* ».

Monsieur Z. : Nous savons qu'il entretient de très bonnes relations avec les enfants de madame. Br., lesquels le respectent. Le dernier fils de madame. Br. âgé de vingt-deux ans passe un soir sur deux dans leur foyer en compagnie de sa copine.

L'alcoolisme du père et les relations fille-père

Le père de madame Br. a eu des problèmes d'alcool, qu'elle explique par son métier de peintre en bâtiment « *il était peintre en bâtiment, et automatiquement dans le bâtiment, ils ont tendance à boire* ». Madame Br. reconnaît avoir eu un comportement particulier vis-à-vis de son père dans les périodes d'alcoolisation. Elle dit, « *J'allais même… jusqu'à… aller le chercher dans les bars avant que ma maman rentre du travail* ». Elle témoigne d'une relation très fusionnelle avec son père, son « *papa* » : « *j'arrivais à le calmer* », « *moi j'étais là vraiment, moi j'étais la plus proche euh, de mon père dans ces moments-là* ». « *On était tellement fusionnel avec mon père…, tellement proche l'un de l'autre que…,* ». Elle semble conserver une bonne image paternelle « *j'avais un bon père, un bon, un bon papa* ». « *Je ne lui en ai jamais tenu rigueur* ». Elle décrit une complicité entre elle et son père, par exemple « *c'était à moi qu'il demandait d'aller chercher sa bière au magasin* ». Elle explique que la dépendance d'alcool n'a pas eu de répercussions sur sa vie d'enfant contrairement à l'adolescence, « *il y avait un réel problème, mais je veux dire ça n'a pas…, ça n'a pas, ça a percuté sur rien, ah… sur mon adolescence… sur ma scolarité, euh… * ». Pourtant, elle verbalise des moments difficiles à vivre, « *Il y a des choses qui malheureusement ne pourront jamais partir de ma mémoire parce que c'est des choses que j'ai vécues, mais…. * ». Elle rapporte des sentiments d'angoisse, d'inquiétude quand son père rentrait alcooliser et que sa mère était toujours au travail, « *quand je le voyais, qu'il rentrait et qu'il marchait de travers, tout de suite j'avais un nœud à l'estomac, j'angoissais, je me demandais comment allait se passer le reste de la soirée* ». Il est intéressant de noter que les ressentis d'angoisse, de « *nœud à l'estomac* » qu'elle a connus avec son père, elle les a ressentis également avec son premier mari. Son père était peu présent, « *c'est vrai que quand on rentrait de l'école, on était un petit peu livré à soi-même parce qu'il restait dans les bars jusqu'à vingt heures, mais euh…. Oui quelque part, on s'est un petit peu élevé tout seul aussi ah… à certains moments de la journée* ». Madame Br. relie l'arrêt de la consommation d'alcool de son père à la menace faite par sa mère de la quitter « *mon papa… buvait aussi tellement que ma mère elle…. Elle était même venue à penser au divorce. Et le jour où elle a prononcé ça, je crois qu'il a eu un déclic… * ». Cet évènement a permis au père de prendre conscience qu'il pouvait perdre sa famille et qu'il fallait qu'il s'oriente vers des groupes d'entraide pour arrêter l'alcool.

L'alcoolisme familial

On apprend que la mère de madame Br. a un frère jumeau « *C'était la femme de mon oncle, du côté de ma mère, donc le frère jumeau à ma mère* » qui a été marié à une femme ayant des difficultés avec l'alcool. Cette femme, la tante de madame

Br., travaillait dans un bar, « *je pense que c'est lié aussi avec le travail* ». Le père de la belle-sœur de madame Br. les a orientés vers une association, car « *son papa a eu des problèmes avec l'alcool* », « *il faisait partie de l'association "Vie libre"* ». C'est grâce à cette belle-sœur que la famille de madame Br. a pu connaître *l'association « Vie libre »*. Ainsi, toute la famille de madame Br. a pu participer aux réunions de « Vie libre » et soutenir le père.

Réactions de l'entourage familial et amical

Par rapport à l'entourage familial, madame Br. rapporte que monsieur X se contrôlait lors des réunions de famille, « *Je pense plus que, il se tenait bien justement dans les réunions de famille pour cacher ce problème* ». En parler avec sa famille ou celle de son mari était difficile. Seule la mère de madame Br s'en est aperçue « *t'es sûr que, qu'il a pas un problème avec l'alcool, à mon avis il boit un peu trop…* ». Madame Br. n'a demandé aucune aide et n'a reçu aucun soutien de la part de sa famille proche.

Elle n'a jamais osé parler de ce problème avec les amis dont certains avaient des problèmes d'alcool « *je me rappelle pas en avoir discuté avec eux,* ». Madame Br. n'a jamais parlé de ses problèmes avec ses collègues de travail « *je sais pas si quelqu'un s'en est aperçu, mais on m'a jamais questionné…* ».

Commentaires cliniques

Les choix des (trois) conjoints alcooliques font écho à un vécu familial d'alcoolisme : le père de madame Br était alcoolique (elle était très attachée à son père, elle parle de relation fusionnelle et de complicité avec son père, de son angoisse, de ses inquiétudes et de ses peurs quand son père rentrait à la maison alcoolisé et que sa mère était absente…). Elle a aussi un frère et un oncle qui sont mariés à des conjoints présentant des problèmes d'alcoolisation. Ces choix permettent de remarquer le phénomène de répétition de la problématique alcoolique à travers les générations (mère, fille, frère, oncle).

Dessin de la famille de madame Br.

Nous avons proposé à madame Br. de réaliser le dessin de la famille sur une feuille A4 mise à sa disposition. Avant de dessiner, elle prend un peu de temps pour choisir les couleurs des crayons mis à sa disposition. Madame Br. dessine en silence après avoir dit qu'elle ne savait pas bien dessiner (« *qu'elle était nulle* »). Elle dit qu'elle a toujours tendance à se dévaloriser. Le dessin a duré dix-sept minutes. Pendant la réalisation du dessin, madame Br prend du plaisir (elle sourit). Elle était impatiente de choisir les couleurs avec lesquelles elle a dessiné.

Réalisation du dessin de la famille

Madame Br. dessine d'abord le chemin qui mène à la maison. Puis, elle s'applique à dessiner les fenêtres, les arbres, une petite fille, une plus grande fille (identifiée plus tard comme étant *« une maman »*) et un homme (identifié comme *« un papa »*). Une fois les contours des personnages terminés, madame Br. prête attention aux détails en dessinant les yeux, les nez, les bouches des personnes. Elle dessine ensuite le soleil en haut et à gauche de la feuille, un vélo, en bas de la feuille, loin des personnes. Madame Br. revient sur le haut de la feuille et dessine des nuages (14), les tuiles du toit de la maison, la poignée de la porte d'entrée et les branches des arbres. Elle hésite à dessiner les branches, car elle ne sait pas exactement comment les dessiner. Elle dessine enfin le jardin en bas et à droite de la feuille, le contour du jardin en faisant les tiges des fleurs et les bulbes en forme de cœur (18 fleurs). Et pour terminer, elle dessine en hésitant une voiture en bas, presque au centre de la feuille. Elle fait le contour de la voiture, les deux pneus et le volant de la voiture.

Pour réaliser le dessin, madame Br. a utilisé dix crayons de couleurs différentes, cinq couleurs ont été employées pour dessiner les personnes. Il s'agit de la couleur rose proche de la couleur de la peau humaine, pour les dessins *des corps entiers* (tête, tronc et jambes) pour la mère et la fille, mais aussi pour leurs vêtements. *Les cheveux* sont représentés par la couleur jaune (cheveux blonds). Le père est représenté de trois couleurs comme pour le valoriser. *L'utilisation du gris, du rouge et du noir* renvoie à l'expression de toutes sortes de ressentis : colère, agressivité, tristesse, angoisse… *L'utilisation du crayon noir* pour le contour des *visages* indique la rationalité qui prend le pas sur l'émotion. Les visages des trois personnes sont représentés par la couleur rouge indiquent l'expression de vives émotions, mais aussi la recherche de contacts et d'échanges. *Les couleurs froides* sont utilisées pour le père, ce qui indique une sorte de réserve en direction du père. Le fait que la petite fille et la mère soient dessinées de la même manière et avec les mêmes couleurs indiquerait une identification chaleureuse de la petite fille à sa mère. *La couleur marron prédominante dans le reste du dessin* indique une recherche de sécurité dans une maison qui réunit une famille.
Les dessins de la voiture et du vélo, objets représentés dans les tons *gris*, plus en rapport avec la masculinité. Ce choix pourrait peut-être s'expliquer par le fait que la voiture a servi de lien entre madame Br. et son père *« … s'il fallait qu'il nous amène, il nous amenait ah… non, il a toujours était présent et ça a toujours était un bon père quoi… »*, mais aussi entre elle et son premier mari *« … j'avais pas le permis à l'époque et euh… il m'oubliait même au travail, il oubliait même d'aller chercher mon fils… »* et le vélo était un objet appartenant aux garçons dans la famille.

Composition de la famille dessinée par rapport à la famille réelle :
La famille dessinée est constituée de trois personnes. D'abord *« une petite fille »*, âgée de quatre ou cinq ans, *« une maman »*, et *« un papa »*, tous les deux âgés de trente ans. Par rapport à la famille réelle, il manque cinq enfants. Madame Br. a six enfants, tous âgés de plus de vingt ans. Quant aux parents de madame Br., nous savons que sa mère est vivante, mais son père est décédé, ainsi que les deux époux, pères de ses enfants (deux enfants du monsieur X. et quatre du monsieur. Y.). Il semble que madame Br. ait dessiné ses deux parents avec elle, petite fille.

L'ensemble du dessin est simple, très infantile, très régressif, en deçà de l'âge réel de son dessinateur. Les formes restent reconnaissables malgré l'existence de *certaines omissions* (*mains* des deux personnes féminines). Ce fait peut indiquer un manque d'affection ou de démonstration affective entre les deux personnes. Les *mains rouges* du père signalent l'agressivité de celui-ci, celles qui punissent. Leur absence peut refléter la présence d'une angoisse de castration et un besoin de punition à cause d'une culpabilité ressentie. Il est possible aussi de noter quelques bizarreries, par exemple *la forme en cœur des fleurs*, ce qui peut faire penser à un manque d'amour ou au besoin d'amour. Madame Br. a vécu plusieurs deuils et les fleurs en forme de cœur sont celles déposées sur les tombes des personnes disparues.

La position paysage a été conservée pendant la réalisation du dessin. Les personnes sont distribuées de façon régulière sur une petite partie de la feuille, ce qui peut indiquer une personne timide et craintive qui dessine. Madame Br. dessine l'enfant, la mère et le père. Sur le plan spatial, les personnes sont orientées sur la droite et positionnées vers le bas de la feuille (au-dessous de la ligne horizontale), emplacement qui est généralement assimilé à l'apprentissage, mais aussi à l'anxiété, à la timidité et à la dépression. La fillette est à la gauche de la mère, la mère à la gauche du père. La maison et les trois personnes sont sur le même niveau au centre du dessin.

La taille des personnes varie en fonction du statut donné à chacune. Ainsi le père (2,2 cm.) et la mère (2,3 cm.) sont à peu près de la même taille avec une légère différence d'un millimètre pour le père. La fille (1,5 cm.) est plus petite que les parents. *Les membres supérieurs et inférieurs* sont proportionnés chez le père, alors que chez la mère et l'enfant, on peut remarquer une différence pour les dimensions et les formes des bras et des jambes. Les proportions calculées suggèrent un fonctionnement psychique infantile ne correspondant pas avec l'âge réel de madame. Br. Cela indique une certaine immaturité. Madame Br. s'identifie à la petite fille, timide, immature, triste.

Les vêtements permettent de différencier le sexe des personnes. En effet, les figures féminines sont dessinées avec des robes en formes de triangles pointus, représentant aussi leur tronc. Le père porte un pantalon. *Les bras et les jambes* de la mère et de la fille sont fins et ceux du père, sont plus massifs. D'un côté, la féminité et de l'autre la virilité. Les femmes ont des *cheveux* longs et blonds et l'homme à des cheveux noirs et courts. D'un côté des attributs physiques féminins et de l'autre, des attributs physiques masculins.

Les tracés sont semblables pour les dessins. Le trait est direct, mais on remarque des hésitations marquées par des *coupures de lignes* lorsqu'il s'agit de dessiner les vêtements des deux adultes. La plupart des traits sont courts et arrondis, ce qui peut indiquer une certaine impulsivité, mais aussi de l'anxiété ou de l'incertitude. D'autres *traits sont légers* (notamment ceux constituant les personnes), ce qui peut signifier un manque d'assurance et une forme de timidité. Les tracés composant la *maison* sont plutôt du type angulaire renvoyant à l'agressivité ou à la masculinité et les tracés brisés, ce qui renvoie à l'instabilité. La maison ayant été source des conflits familiaux à cause de l'alcoolisme du père, les tracés indiquent des conflits non résolus en lien avec l'image masculine. *Les arbres penchés vers la gauche* caractérisent une personne conformiste capable de se soumettre aux normes. *L'espace vide sur la feuille* peut être interprété comme une zone représentant les interdits, mais aussi les affects clivés. *Les formes pointues* (toit de la maison, forme des robes) renvoient à l'expression d'affects agressifs.

Les personnes sont représentées sur une ligne relativement droite, avec un léger retournement (petite fille) donnant l'impression qu'elle est tournée vers les deux autres personnes, tous les trois en train de se regarder (ce qui signifie une possible communication entre les trois personnes). Ils sont présentés dans un ordre suivant l'âge : l'enfant (4 ou 5 ans), la mère (30 ans) et le père (30 ans). *La distance* entre les parents est réduite (on pourrait même voir qu'ils se touchent les mains) formant un couple proche. La petite fille est dessinée à une petite distance de la mère et du père. La fille et la mère sont représentées de la même manière (mêmes robes, mêmes cheveux), ce qui indique une éventuelle identification mère-fille. *La mise à distance* des personnes adultes et de la petite fille indique une tentative de mise à distance de l'angoisse. La présence d'ordre dans le dessin peut suggérer une construction du Moi réussi.

Les trois personnes sont représentées de face dans la position verticale, la petite fille donne l'impression de se tourner légèrement vers la gauche. Les deux figures féminines présentent des particularités au niveau de l'équilibre de sorte qu'il est possible d'observer que *la tête et le cou* de la petite fille ne se trouvent pas dans l'axe vertical du corps, donnant l'impression de faire une rotation et ainsi diriger son regard vers les deux parents. Ce fait est aussi valable pour la figure maternelle, mais est moins fortement exprimé. *Le regard de la mère et du père* est aussi dirigé vers la petite fille. *La position de la petite fille* (tournée vers les parents) pourrait s'expliquer par la recherche d'attention de ses parents, par la curiosité infantile de la fillette cherchant à savoir ce qui se passe entre les parents. *La position des bras* des trois personnes est différente. Ceux de la petite fille sont tendus, donnant l'impression qu'elle veut prendre la main de la mère, mais en même temps est mise à une distance importante, ce qui pourrait signifier une tension entre celui-ci et les figures parentales. Ceux de la mère sont plus orientés vers le haut en formant la lettre « V », qui pourrait se traduire une émotion joyeuse ou un appel à l'aide étant donné la problématique familiale. Quant aux bras du père, leur épaisseur est double et irrégulière. On distingue peu *les mains et les doigts*. Ils sont tendus renvoyant à une possible problématique avec l'entourage. *Les jambes* des trois personnes flottent dans l'espace sans toucher le sol, ce qui pourrait traduire un sentiment d'insécurité ainsi qu'une conduite de dépendance (ici alcool). Quant à la symétrie des personnes, il est possible d'observer certaines difficultés visibles notamment aux tracés des membres inférieurs et supérieurs, quant à celle de tout le dessin, nous pouvons voir que madame Br. a aussi des difficultés à représenter les proportions des objets, ce dont elle se rend compte « *Il y a rien qui est proportionné dans mon dessin* ».

Les visages des personnes sont dessinés d'une façon très simple (des points pour les yeux et le nez et un trait pour la bouche), il est difficile de juger de l'expression des visages. Il est possible tout de même de penser qu'ils sont en train de sourire du fait de la longueur du trait formant la bouche de chacune des personnes. Le regard de la mère et du père sur la petite fille pourrait être perçu comme étant un regard qui punit ou qui contrôle, alors que celui de l'enfant pourrait être interprété comme un regard de quelqu'un qui a fait quelque chose ou a vu quelque chose qu'il n'aurait pas dû voir.

Les éléments dessinés appartiennent à la *nature* (ciel, arbres, jardin avec des fleurs, nuages, chemin de terre) (« *La famille à la campagne* ») ou sont des éléments de la *vie de famille* (maison, voiture, vélo). *La présence d'éléments masculins* (père, soleil) reflète l'importance donnée à l'image masculine et paternelle. Il semble que madame Br. a dessiné tous ces éléments « *en ne tenant pas compte de la stricte consigne donnée* » poussée par un besoin d'être entourée et de se sentir en sécurité dans un environnement familial adéquate et de nature agréable. *L'utilisation de symboles maternels ou paternels* pourrait signifier l'expression d'une grande importance des deux parents pour la personne qui dessine. Occuper l'espace par le dessin, c'est aussi combler des sentiments de peur du vide et d'isolement.

Détails corporels :
La tête est lieu de l'intellect et siège du Moi, *la présence ou l'absence des éléments du visage* donne des informations sur la conscience de l'image de soi. La tête de la petite fille est plus grande et la plus ronde que les deux autres personnages, ce qui peut indiquer une valorisation de la petite fille par rapport aux parents dont les têtes sont moins bien représentées.
L'expression du visage ne varie pas beaucoup en fonction des personnes. Le *nez* de l'enfant n'est pas dessiné, ce qui pourrait se traduire par une difficulté de communication avec l'environnement ou des difficultés relatives à la sexualité. *Les yeux* sont dessinés de manière sommaire (petits traits) indiquant peut-être un de refus de voir ce qui se passe réellement dans la famille ou une forme d'introversion. La présence de *bouche* peut indiquer un lien avec des expériences primitives d'oralité. La forme ne varie pas dans le dessin.
Le cou, lien entre le rationnel et le pulsionnel, est représenté dans des dimensions différentes. En effet, il est dessiné comme étant le plus « *normal* » pour la petite fille, alors les cous des parents occupent une partie importante du corps, ce qui indique un manque de contrôle.
Le tronc représenté de la même manière pour les dessins féminins (formes anguleuses) est l'expression de tendances masculines.

Les bras signent la sociabilité avec l'entourage. Ici, les trois membres de la famille ont plutôt les mains tendues les uns vers les autres, ce qui peut supposer une recherche de proximité. *L'absence des mains* des figures féminines pourrait signifier un sentiment d'inadéquation ou encore des craintes de castration ou d'abandon.

Les jambes sont souvent vues comme étant le lien entre la personne et l'environnement. Lorsqu'elles sont *jointes,* comme dans le cas du père, cela peut suggérer des angoisses hypocondriaques.

Les pieds sont présents sur les trois personnes. Leur longueur peut être associée à un besoin de sécurité (pieds féminins). Le père étant le seul personnage dessiné avec des chaussures.

Aspects cliniques

Valorisation ou dévalorisation

La personne la plus valorisée dans le dessin semble être la petite fille. Elle est dessinée en premier. Elle ressemble par sa présentation corporelle et vestimentaire à la mère. Cela peut suggérer une identification à la mère. La deuxième personne dessinée est la mère qui a été désignée comme la personne la moins heureuse. Le père est la troisième personne dessinée avec une *couleur grise*, signe de dévalorisation. *Les mains rouges* du père indiquent l'agressivité. Cette signification contraste avec le discours de madame Br. « ... *physiquement envers moi il n'a jamais été violent... »*. Le père a été désigné comme étant la personne la plus gentille de toute la famille, ce qui montre une valorisation de son image par madame Br. qui veut garder une bonne image de son père malgré son alcoolisme passé.

Identifications

Lors des entretiens, madame. Br. a fait référence à plusieurs reprises à des identifications mère-fille (elle et sa fille ; elle et sa mère), par exemple *« si moi je m'identifiais à la petite fille, euh... j'ai toujours été proche de mon papa, que de ma maman »*, mais aussi *« Je serais ma maman »*. Cette identification à la petite fille pourrait traduire une certaine nostalgie du temps où elle était enfant et vivait avec ses parents. Mais elle est aussi capable de prendre de recul et d'envisager les choses sous un angle d'adulte et non celui d'un enfant.

Analyse des relations entre les personnages

Il a été montré que les distances entre les personnages ont une importance significative dans les relations qu'ils entretiennent. Dans le dessin de madame Br., il est possible de voir que la distance la plus importante se trouve entre la petite fille (personnage auquel madame Br. s'identifie), la mère (à laquelle elle s'identifie à différents moments) et le père. On sait que madame Br. était très proche de son père. La mère est placée entre l'enfant et le père servant de tiers protecteur et séparateur par rapport au père. Le père et la mère sont proches. Ce qui va dans le sens, de ce que nous a déjà appris de madame Br., des relations entre ses parents à savoir que sa mère est toujours restée proche de son père malgré son alcoolisme et l'a toujours soutenu malgré les difficultés que cela occasionnait au sein de la famille.

Bibliographie

ANASTASSIOU, V. (1996). La mise en crise du fonctionnement de système alcoolique par l'organisation d'une approche thérapeutique à effets imprévisibles. *Thérapie Familiale*, 17, 127-149.

ANGEL, S., ANGEL, P. (1989). *Familles et toxicomanie : une approche systémique.* Paris : Éditions universitaires.

ANGEL, S., ANGEL, P. (2003). *Les toxicomanes et leurs familles.* Paris : Armand Colin.

ANGEL, P., DURIEZ, N. ET ANGEL, S. (2004). Addictions. In: P. Angel et P. Mazet, *Guérir les souffrances familiales,* Paris : PUF, 427-464.

BERGERET, J. *et al.* (1980). *Le toxicomane et ses environnements.* Paris : PUF.

BERGERET, J. (1990). *Les toxicomanes parmi les autres.* Paris : Odile Jacob.

BOIVIN, M.D., VIOLETTE, F. (1994). L'alcoolisme : un problème qui concerne la famille entière. Comment s'en protéger ? Quelles sont les avenues d'intervention à privilégier ? *Revue québécoise de psychologie,* 15, 3,109-134.

BOUVET DE LA MAISONNEUVE, F. (2010). *Les femmes face à l'alcool, résister et s'en sortir.* Paris : Odile Jacob.

CIRILLO, S. et al. (2006). *La famille du toxicomane.* Paris : ESF, 2ᵉ édition, collection, l'art de la psychothérapie.

COLLE, F. X. (1996). *Toxicomanies, systèmes et familles.* Toulouse : Eres, collection relations.

DESCOMBEY, A.J. (2005). *L'économie addictive : L'alcoolisme et autres dépendances.* Paris : Dunod.

DOR, J. (2005). *Le père et sa fonction en psychanalyse.* Paris : Erès.

GOMEZ, H. (2003). *L'alcoolique, les proches, le soignant. Pour une autre pratique de l'alcoologie.* Paris : Dunod

GOODWIN, D. W. (1981). L'alcoolisme est-il une maladie familiale ? *Concours médical,* 1037, 5863-5881.

GUEIBE, R. (2008). *L'alcoolisme au quotidien, De la consommation agréable à la dépendance.* Paris : Séli Arslan SA.

HERVE, F. (2005). *Comment vivre avec un toxicomane.* Paris : Josette Lyon, collection COMMENT VIVRE A.

IZRAEL, L., Subra-Charpentier N. (1972). La femme de l'alcoolique. *Confrontations psychiatriques,* 8, 125-141.

JAMOULLE, P. (2002). *La débrouille des familles. Récits de vies traversées par les drogues et les conduites à risque.* Paris : De Boeck, collection Oxalis.

JANNE, P., ZDANOWICZ, N., TORDEURS, D., REYNAERT CH. (1998). L'alcoolique et sa famille, *Louvain Med.,* 117, S147-S158.

MAISONDIEU, J. (2004). *Les femmes, les hommes, l'alcool.* Paris : Payot-Rivage.

MARCIANO, P. (2003). *Le père, l'homme et le masculin en périnatalité.* Toulouse : Édition Erès.

MENECIER, P., (2010). *Boire et vieillir, Comprendre et aider les aînés en difficulté avec l'alcool.* Toulouse : Édition Eres.

METZ, C. (2009). *Absence du père et séparation*, Paris : L'Harmattan.

MONJAUZE, M. (2008). *La problématique alcoolique*. Paris : Éditions In Press.

ROUSSAUX, J.P., FAORO-KREIT, B., HERS, D. (1996). *L'alcoolique en famille-Dimensions familiales des alcoolismes et implications thérapeutiques.* Paris : De Boeck et Larcier.

SOULIGNAC, R., CROQUETTE-KROKAR, M. (2003). Paternité et toxico-dépendance. *Dialogue*, 4, 162, 93-100.

STOCCO, P. (2007). Les femmes toxicomanes et la dimension familiale : traitement et questions éthiques. *Psychotropes*, 3, 13, 251-265.

VARESCON, I. (2010). Mieux comprendre la toxicomanie : que sait-on des facteurs de vulnérabilité et de protection ? *Bulletin de psychologie*, 63, 6, 510, 441-444.

Dessin de la famille de madame Br, 54 ans

LYDIA FERNANDEZ

LE TABAGISME DES SUJETS ÂGÉS

1. Généralités

Le tabagisme des sujets âgés reste un sujet peu abordé, mal connu et sans doute sous-estimé. Peu d'études se sont intéressées au tabagisme des sujets âgés en France (Fernandez, 2009 ; Fernandez, Finkelstein-Rossi, 2010 ; Fernandez et al, 2010 ; Fernandez, Letourmy, 2007 ; Roche, 2008, Menecier, Fernandez, 2012). Et pourtant, les fumeurs âgés existent. Ils constituent plusieurs groupes de fumeurs : des fumeurs décédés des suites d'une maladie attribuable au tabagisme et qui ont souffert de maladies chroniques attribuables au tabagisme avant de mourir à un âge plus avancé ; des fumeurs âgés survivants, c'est-à-dire qui ont survécu à des décennies de tabagisme ou des fumeurs âgés tardifs qui ont commencé à fumer en raison de la survenue d'évènements négatifs et stressants (deuil, isolement social, rupture conjugale, retraite, par exemple). Le profil de sujets âgés en France n'est pas facile à établir en raison de la rareté de données épidémiologiques. En 2001, 18,4 % des seniors hommes (12,7 % en 2004) et 9,2 % des seniors femmes (7%en 2004), entre 60 et 75 ans, continuent à fumer régulièrement (Beck et al., 2001, Guilbert et al, 2005). Parmi les 5,5 % de la population dépendante au tabac des seniors, la majorité est des hommes (six fois sur 10). Dans une certaine mesure, ces individus tendent donc à cumuler les usages de tabac et d'alcool. En revanche, leurs consommations d'antidépresseurs et de tranquillisants se situent dans la moyenne de leur classe d'âge (Beck et al., 2001).

2. Impact du tabagisme chez les des sujets âgés

Le tabagisme est une des principales causes de décès chez les des sujets âgés. Les complications du tabagisme sont bien connues (Vetter, 1999 ; Fernandez, Letourmy, 2007). Comme pour les sujets adultes, il provoque des maladies invalidantes et mortelles, en particulier des cancers (dont le cancer du poumon), des maladies du cœur (hypertension, infarctus du myocarde), du système circulatoire, ainsi que des maladies respiratoires comme l'emphysème, ou les bronchites chroniques. Parmi les autres pathologies, on trouve le diabète et le cholestérol, les ulcères duodénaux, l'ostéoporose, les cataractes, les troubles du sommeil, la diminution du goût et de l'odorat. À 70 ans, les fumeurs ont une densité osseuse moindre et un facteur de risque plus élevé que les non-fumeurs. Par ailleurs, les femmes qui fument risquent davantage de souffrir d'ostéoporose post-ménopausique. Des études réalisées sur des personnes âgées, fumeuses depuis quinze ou vingt ans, ont montré que celles-ci avaient deux fois plus de chances de présenter des niveaux réduits de capacité et de fonctionnement physiques que les personnes âgées qui n'avaient jamais fumé.

Le tabac représente un facteur de risque de pathologies cardio-vasculaires (qui augmentent elles-mêmes l'incidence de pathologies démentielles (Tyas et al., 2005). Il semble que : 1) fumer plus d'un paquet par jour expose à une baisse des capacités cognitives chez les plus de 65 ans ; 2) le déclin cognitif est plus rapide chez les fumeurs de plus de 75 ans comparés aux anciens fumeurs du même âge qui ont arrêté de fumer. Enfin, le tabac n'a pas d'effet protecteur vis-à-vis de la maladie d'Alzheimer (Reitz et al., 2005 ; Leibovi et al, 1999).

Les fumeurs de longue date, soit sont décédés des suites d'une maladie attribuable au tabagisme, soit ont souffert de maladies chroniques attribuables au tabagisme avant de mourir à un âge plus avancé (Burns, 2000 ; Cataldo, 2003 ; Fernandez, Letourmy, 2007).

Le tabagisme des sujets âgés, en tant que facteur de risque de complications cardio-vasculaires et cancéreuses, nécessite une campagne d'information pour sensibiliser les fumeurs des sujets âgés au besoin de prise en charge et de soins. Mais la réduction spontanée, voire l'arrêt du tabagisme avec l'avancée en âge, représente une forme de « *guérison spontanée* » et ne représente pas une préoccupation majeure de santé publique comparée à l'alcoolisme (Maheut-Bosser, 2007).

3. Profil des fumeurs des sujets âgés

En 1953, 69 % des hommes et 6 % des femmes âgées de plus de 65 ans étaient fumeurs (Mauffret et al., 1999). Le phénomène du tabagisme concerne peu les femmes jusque dans les années soixante, mais frappe fortement les hommes. Mises en évidence, depuis la première moitié du XXe siècle, les conséquences sanitaires du tabagisme et notamment le lien entre la consommation de tabac et le cancer du poumon - (Broders, 1920 ; Pearl, 1938 ; Doll, Hill, 1950 ; Wynder, Graham, 1950) ont mis cependant du temps à intégrer la conscience collective.

En 2001, 18,4 % des sujets âgés hommes et 9,2 % des sujets âgés femmes, entre 60 et 75 ans, continuent à fumer régulièrement. Parmi les 5,5 % de la population dépendante au tabac des sujets âgés, la majorité est des hommes (6 fois sur 10). La consommation quotidienne est en moyenne de 20 cigarettes par jour, et la plupart (84 %) présentent des signes de dépendance au tabac. Ces individus se distinguent aussi par une consommation d'alcool relativement élevée : buvant en moyenne plus de 3 verres par jour, 59 % déclarent un usage quotidien et 16 % sont potentiellement dépendants. Dans une certaine mesure, ces individus tendent donc à cumuler les usages de tabac et d'alcool. En revanche, leurs consommations d'antidépresseurs et de tranquillisants se situent dans la moyenne de leur classe d'âge (Beck et al., 2001).

Si l'on s'intéresse aux fumeurs des sujets âgés (60-75 ans) en fonction de leur état de santé physique, mentale et sociale, on remarque que ceux qui présentent des signes de dépendance au tabac (Beck et al., 2001) :
– estiment souvent qu'ils auraient du mal à monter un étage ou à courir cent mètres. Ils rapportent également qu'ils ont sauté un repas au cours des derniers 7 jours (effet anorexigène du tabac).
– sont soit des individus anxieux ou dépressifs qui trouvent parfois un exutoire dans l'usage du tabac, soit des fumeurs dont le tabagisme peut favoriser ou entretenir l'anxiété et/ou la dépression souvent présentes chez les des sujets âgés.
– se caractérisent surtout par leur faible sociabilité : au cours des 8 derniers jours, 26 % n'ont rencontré ni famille ni ami, 56 % n'ont eu aucune activité de groupe ou de loisir (contre respectivement 18 et 44 % parmi le reste des sujets âgés). À une époque où le tabagisme se fait plus rare, où les individus sont davantage sensibles à ses conséquences sur la santé, la tolérance à l'égard des fumeurs est sans doute moindre, ce qui a un impact sur leur sociabilité : ainsi le tabac, dont l'usage à l'adolescence a souvent été décrit comme un élément important de socialisation, pourrait bien devenir au contraire un facteur d'exclusion à partir d'un certain âge « avant, nous les vieux, on se retrouvait au café pour fumer, pour boire, jouer aux cartes et discuter. Aujourd'hui, on ne fume plus au café, on rester chez soi, à fumer et à boire, en regardant la télévision pour faire passer les moments de solitude… ». « Aujourd'hui, ce n'est pas le tabac qui isole, mais la société qui choisit d'isoler ceux qui fument… ».

Plus des trois quarts des sujets âgés ont commencé à fumer régulièrement dans les années 1960 avant l'âge de 25 ans, « époque où fumer était non seulement licite, mais encouragé… on distribuait gratuitement des cartouches de cigarettes à ceux qui partaient au service militaire, c'étaient des "gauloises", mais les "françaises" et les "Gitanes" étaient aussi très appréciées, des cigarettes fortes… c'était une époque où il était permis de fumer dans les transports, mais aussi dans les cinémas et l'après-68 a vu l'autorisation s'étendre aux établissements scolaires. Dans les facs, on fumait pendant les cours, sur chaque table on trouvait des cendriers (coquille Saint-Jacques)… Fumer était la norme. L'image du fumeur bénéficiait d'une perception positive ». Fumer en public est l'une des manifestations sociales de la virilité masculine (représentation sociale positive). *Les hommes se retrouvent entre eux dans des espaces sociaux et des forums d'expression publique [...], où ils discutent autour d'un verre d'alcool tout en fumant. Le même comportement, de la part d'une femme, trahit fréquemment une liberté inhabituelle, une certaine licence des mœurs, voire un rapport quelque peu trouble aux choses de la bouche »* (Wyckoff, 1997). Jean-Pierre Corbeau (1997) remarque que dans plusieurs sociétés, *« la levée des interdits buccaux (boissons, tabac) s'accompagne du droit de dire que l'on pense et ressent ».* Pour les femmes (*« femmes rebelles, femmes affranchies des normes sociales ou aux trajectoires sociales hors normes »*), la cigarette devient l'un des symboles de l'émancipation féminine dans les grandes villes occidentales (Rudy, 2005). Le tabagisme est un signe distinctif de revendication (Ferland, 2007).

Les vies humaines, la souffrance et le prix que paye la société à cause du tabagisme, mais aussi une évolution des normes et des valeurs sociales vers l'hygiénisme et la qualité de vie, ont fait de la consommation du tabac la cible d'une croisade amenant à l'adoption d'une série de mesures pour diminuer les coûts liés au tabagisme. Ainsi de nos jours, nos fumeurs des sujets âgés se retrouvent dans un contexte social qui leur est défavorable *(« les valeurs que j'ai connues avec le tabac et que je partageais avec mes vieux copains fumeurs ne sont plus à la mode ; mon identité de fumeur en a pris un sacré coup »)*, mais qui dans le même temps tolère cette consommation (« à mon âge, on me laisse tranquille avec mon tabagisme ») et en tire bénéfice. Difficile situation que celle du fumeur des sujets âgés, menacé dans son identité, ébranlé dans ses croyances et valeurs de toujours et pris en tenaille entre deux tendances : celle qui, sur la base du coût pour la collectivité, vise à éradiquer la consommation de tabac et celle qui, sur la base du respect de la société de consommation et du libre choix, tolère le tabagisme tout en stigmatisant et discriminant le fumeur (perception et représentation sociale négative du fumeur). Les fumeurs des sujets âgés sont devenus des malades, des nerveux… et des oubliés des analyses et des interventions médicalisantes et psychologisantes (Falomir-Pistachor, Mugny, 2004).

Fumer pour les des sujets âgés ne se limite pas à une simple dépendance au tabac ayant des conséquences sur la santé. Fumer remplit une série de fonctions symboliques et contribue à définir une identité sociale et personnelle. Le fumeur est un fumeur au sein d'une catégorie sociale bien définie. Le fait de fumer est associé à des valeurs (plaisir, relaxation, stimulation…) ou à des façons de concevoir la réalité quotidienne (visibilité sociale – appartenance à un groupe social saillant et bien défini) remplissant des fonctions (pas nécessairement ni principalement en rapport avec la santé) auxquelles le des sujets âgés est particulièrement attaché, consciemment ou non, depuis de nombreuses années. Le fumeur des sujets âgés est concerné par les méfaits de la consommation et de la dépendance tabagique, mais aussi par le traitement que la société accorde à ce comportement si important et à son identité (sentiment d'être fumeur).

Le fait que le comportement tabagique chez les des sujets âgés remplisse diverses fonctions pour l'identité des sujets âgés explicitées plus haut, suggère que l'échec des campagnes antitabac pour contrer les tendances de la population à fumer pourrait être en partie expliqué par le décalage existant entre la vision du comportement que propagent les responsables des campagnes et celles que les futurs fumeurs (enfants et adolescents) et les fumeurs actuels ou anciens (jeunes adultes, adultes et des sujets âgés) partagent. Différents travaux ont déjà montré l'existence d'un lien entre des dynamiques identitaires et le processus d'arrêt de la consommation de tabac en psychologie (Shadel et al., 1996 ; Falomir, Invernizzi, 1999 ; Contrada, Ashmore, 1999).

4. Les motifs de poursuite ou d'arrêt du tabagisme chez les des sujets âgés
Parmi les motifs les plus couramment avancés pour fumer et continuer à fumer sont évoqués (Donzé et al., 2007) : le plaisir, la relaxation et l'habitude (motivations positives à fumer), la réduction de la tension, l'absence de bénéfices du sevrage à un âge avancé, le faible impact sur la santé des cigarettes légères ou le faible nombre de cigarettes quotidiennes (idées fausses solidement ancrées et méconnaissance des méfaits du tabac), les stress psychologiques (Appel, Aldrich, 2003) et les troubles émotionnels et de l'humeur.
Les des sujets âgés qui ont des antécédents de tabagisme de longue date (Burns, 2000) ont davantage besoin d'aide pour cesser de fumer (fumeurs invétérés faisant peu d'efforts pour renoncer au tabac et envisageant de ne jamais arrêter ou moins prêts à essayer de cesser de fumer, rapport collectif, 2002). Les des sujets âgés cessent de fumer lorsqu'ils en ont perçu les effets négatifs sur la santé. Le fait d'avoir au moins une maladie chronique et de souffrir d'une incapacité fonctionnelle augmente d'une façon significative les chances d'arrêt du tabagisme chez les des sujets âgés. Il est donc nécessaire de réfléchir aux interventions les plus adaptées à proposer à ce sous-groupe particulier de sujets âgés. Comme des interventions plus vigoureuses (counselling individuel, collectif ou téléphonique), qui fournissent un soutien social et une formation en résolution de problème (avec l'aide des thérapies cognitives et comportementales) et qui sont très efficaces auprès des sujets âgés. Les patients âgés sont aussi réceptifs aux conseils du médecin à l'égard du renoncement au tabac et ils affirment que ces conseils influencent de façon positive leurs décisions de cesser de fumer et leur confiance à cet égard.
Avec cette population, il est important d'expliquer les impacts négatifs du tabagisme, mais également de démontrer qu'il est avantageux de cesser de fumer, et ce, à n'importe quel âge (« *le tabac n'a pas d'âge et il n'est jamais trop tard pour arrêter de fumer* »).
Il faudra s'attarder sur la représentation sociale et sur l'image qu'a le fumeur des sujets âgés de lui-même. Cela permettra au clinicien de comprendre quels ont été les déterminants de l'initiation tabagique, les éléments ayant contribué à l'acquisition d'une identité personnelle et sociale autour de la consommation de tabac. Le comportement contribue à définir une identité particulière, et une identité particulière influence le comportement. Le comportement contribue à définir comment l'individu se perçoit lui-même et comment les autres le

perçoivent. L'enjeu identitaire chez le fumeur des sujets âgés peut être associé à son histoire de fumeur, à son degré de visibilité sociale, à l'habitude liée à ce comportement… Arrêter de fumer, cela peut représenter pour le fumeur des sujets âgés une menace de son intégrité sociale et personnelle (attaques contre ses croyances, ses valeurs, ses émotions attachées à la consommation de tabac). Un véritable changement n'implique donc pas seulement le comportement spécifique, mais aussi une modification de ces éléments socioaffectifs et sociocognitifs qui lui sont associés (Falomir-Pistachor, Mugny, 2004).

Un petit nombre d'études sur les résultats des traitements, examinant en particulier les indicateurs de réussite liés au renoncement du tabac chez les fumeurs âgés, ont confirmé l'importance des facteurs suivants : dépendance à la nicotine peu élevée, auto-efficacité accrue du renoncement, niveau de scolarité, hospitalisation pour cause de maladie, réussite antérieure en matière de renoncement au tabac, motivation plus forte, perception accrue des avantages pour la santé, perception réduite des obstacles liés au renoncement, utilisation d'un plus grand nombre de stratégies de renoncement, avoir un conjoint non-fumeur et peu ou pas de connaissances qui fument, rencontres fréquentes avec un pharmacien ou un médecin pour les personnes âgées utilisant des timbres à la nicotine. Ces indicateurs de réussite ont été utilisés afin de mettre au point des traitements adaptés à chaque personne âgée (timbre à la nicotine par exemple). Les recherches publiées depuis les années 1990 ont démontré notamment que les fumeurs les plus âgés sont très ouverts aux programmes ciblés de renoncement au tabac. Ils ont autant de chances de réussir que des fumeurs plus jeunes, et ce, par leurs propres moyens, à l'aide d'un programme individuel ou de consultation, qu'il soit pharmacologique ou non. Les recherches indiquent que la disponibilité accrue des thérapies de remplacement de la nicotine (et autres techniques de renoncement) peut aider de nombreux fumeurs âgés à cesser de fumer, tout particulièrement lorsque ces thérapies sont jumelées à d'autres interventions comme la hausse des taxes sur les cigarettes, l'interdiction de fumer dans des endroits publics, l'interdiction globale de faire la promotion et le marketing de produits de tabac et l'apposition plus visible d'avertissement pour la santé sur les produits du tabac, l'action globale contre la contrebande des produits du tabac. Bien que la grande majorité des sujets âgés qui fument aient la perception d'être suffisamment informés sur le tabac et de connaître les risques pour la santé liés à sa consommation, les conséquences sur la santé de la consommation de tabac sont mal connues, imprécises ou incomplètes par cette population. Les risques sont souvent sous-estimés (rapport collectif, 2002 ; Halfen, Grémy, 2003).

5. Quelles démarches de soins et d'accompagnement adopter avec des sujets âgés confrontés à des problèmes de tabagisme ?

Démarche d'évaluation clinique

Il s'agit d'évaluer la position des sujets âgés face au tabagisme (Conférence de Consensus, 1998 ; AFSSAPS, 2003 ; Fernandez, Letourmy, 2007). Cette première étape est indispensable pour fournir une prise en charge adaptée.

– Pour les fumeurs des sujets âgés qui ne souhaitent pas faire une tentative d'arrêt, le professionnel de santé doit fournir le conseil minimal. Ce simple conseil minimal au cours d'une consultation de routine augmente de façon significative le nombre de fumeurs qui s'arrêtent pour une durée d'au moins 6 mois. Ce conseil minimal est constitué de deux questions : Fumez-vous ? et voulez-vous arrêter de fumer ? Une brochure sur le tabac est également remise au fumeur.

– Pour les fumeurs des sujets âgés qui souhaitent s'arrêter, un ou plusieurs entretiens cliniques permettront une évaluation des facteurs de gravité (co-dépendances ou de polyconsommations problématiques) et des dommages aussi bien somatiques (un examen clinique général pour repérer la présence de signes ou de symptômes évocateurs d'une pathologie liée au tabagisme, pour rechercher une pathologie chronique aggravée par le tabagisme ainsi que des antécédents ou des pathologies évolutives qui représentent des contre-indications à certains traitements pharmacologiques de la dépendance nicotinique) que psychiques (comorbidités psychiatriques - troubles anxieux et/ou dépressifs associés) ou sociaux (isolement, pertes des liens familiaux, précarité...).

L'évaluation des facteurs de gravité et des dommages est indispensable à l'élaboration d'un projet de soins et à l'orientation adaptée du fumeur des sujets âgés. Les dommages sociaux représentent parfois une véritable urgence et nécessitent l'intervention d'un professionnel du champ sanitaire et social.

Les *entretiens cliniques* dans le respect de l'autonomie des sujets âgés fumeurs doivent aussi permettre d'apprécier :

– la nature et l'importance de la dépendance tabagique (dépendance physiologique à la nicotine et dépendance psychologique et comportementale au tabac).

– la présence de co-dépendances ou de polyconsommations problématiques.

– la motivation à l'arrêt (un des principaux facteurs prédictifs du succès à l'arrêt du tabac et au changement).

Ils doivent encore permettre :

– de réfléchir avec le sujet âgé aux fonctions que prend la consommation de tabac (et/ou la consommation d'autres produits) dans son histoire (raisons pour lesquelles le sujet âgé a initié sa consommation tabagique (mode d'entrée dans le tabagisme) et les effets bénéfiques qu'il en retire après de nombreuses

années de tabagisme (son importance actuelle), les arrêts ou les tentatives d'arrêt).
- d'évaluer les capacités de sa famille et de son entourage (quand le sujet n'est pas isolé familialement ou socialement) à participer au projet de soins.

Démarche de prise en charge thérapeutique
Après la phase d'évaluation, tout clinicien doit proposer un traitement efficace de la dépendance tabagique chez les des sujets âgés fortement ou moyennement dépendants. Deux phases très différentes se distinguent dans la prise en charge :
- la première phase consiste à instaurer le sevrage avec notamment des traitements pharmacologiques chez les fumeurs des sujets âgés fortement ou moyennement dépendants ou une prise en charge cognitivo-comportementale. Les meilleurs taux de succès étant obtenus en combinant les deux stratégies.
- la deuxième phase a pour but d'aider le des sujets âgés à maintenir son abstinence et utilise les stratégies de prévention de la rechute.

S'il existe d'autres consommations associées au tabagisme, il faudra privilégier chaque fois que cela est possible le sevrage conjoint, simultané ou successif rapproché, des différents produits consommés en association. En aucun cas, il ne faudra refuser au sujet âgé la prise en charge de l'usage problématique d'un seul produit s'il le demande.

6. Spécificités de la prise en charge des sujets âgés
Le conseil minimal, les thérapies comportementales et cognitives et les substituts nicotiniques ont montré leur efficacité chez des sujets âgés de plus de 65 ans. L'utilisation des thérapeutiques évaluées dans cette classe d'âge est recommandée. Chez les des sujets âgés de plus de 65 ans, le bénéfice de l'arrêt du tabac persiste à la fois en termes d'amélioration de l'espérance de vie et de qualité de vie.
Il est essentiel (recommandations de la commission d'audition, mai 2007) :
- d'informer les des sujets âgés sans les culpabiliser sur les risques de la consommation ou des consommations.
- de prendre en compte le contexte de fragilité qui impose de respecter tout particulièrement les recommandations d'utilisation des psychotropes chez des sujets âgés souvent déjà particulièrement polymédicamentés.
- de prendre en charge la souffrance psychique et les troubles anxio-dépressifs (liés à l'isolement, à la perte des liens familiaux par exemple).
- de rechercher un appui dans l'entourage familial ou amical pour construire un projet de soin.

7. Pour conclure
Aujourd'hui, si les effets négatifs du tabac et les avantages de l'abandon au troisième âge sont bien établis, il existe toutefois peu de documentations résumant

les pratiques exemplaires en matière d'abandon du tabac au troisième âge, probablement parce qu'il y a peu de programmes ciblant expressément les sujets âgés ou parce que ces mesures ne sont pas évaluées. Il serait souhaitable d'élaborer diverses interventions ciblées pour aider les sujets âgés à cesser de fumer (counselling individuel, collectif ou téléphonique) et de répertorier les pratiques exemplaires (démarche axée sur la réduction des méfaits - diffusion des messages qui portent sur l'incidence du tabac sur l'autonomie et la qualité de vie à mesure qu'on avance en âge, par exemple ; formation en résolution de problème, avec l'aide des thérapies cognitives et comportementales, qui sont très efficaces auprès des seniors), tout en tenant compte des facteurs économiques et environnementaux

qui empêchent les sujets âgés d'arrêter de fumer (Menecier, Fernandez, 2012).

7. Illustration clinique

Isabelle, 65 ans, ancienne hôtesse d'accueil, se présente : *« je suis dans l'abstinence alcoolique et sexuelle depuis un peu plus de trois ans, abstinente de tabac et de hasch depuis six mois »*. Elle raconte qu'elle a un problème avec ses « dépendances » et un long parcours derrière elle d'addiction à l'alcool, au tabac et au cannabis. Elle a même essayé la cocaïne, les acides et l'ecstasy (*« pour ne pas mourir idiote »* ; *« pour faire des expérimentations »*). Cette consommation n'a pas dépassé le stade de l'expérience parce que *« la cocaïne était trop chère, les acides trop dangereux, l'ecstasy, c'était pour voir »*. Le cannabis (*« le shit plus que l'herbe »*) est devenu une habitude (*« j'ai toujours considéré le pétard comme une drogue innocente »*). Il est utilisé pour dormir, planer : *« mon calmant préféré pour compenser le manque d'alcool quand j'ai décidé de cesser de boire »*. Le tabac faisait partie de son identité, de sa respiration ! La cigarette était une amie fidèle et l'alcool était son meilleur ennemi (*« j'avais peur de sombrer dans l'alcoolisme dégradant et je vivais ce que certains appellent un alcoolisme mondain »*).
Déjà petite fille, adolescente, elle cherchait l'ivresse sans produit (*« sans drogue, je me suis enivrée de liberté, de révolte, ensuite les produits m'ont aidée pour trouver cette ivresse »*). Elle a commencé à boire avec sa mère (*« qui ne crachait pas sur le vin rouge »*). L'alcool familial est devenu convivial et lui apportait un certain bonheur. « Il n'y avait point d'interdit, de sacrilège de mettre de l'eau dans son vin, et même, il arrivait à ma mère de rire lorsqu'elle avait bu un coup, elle qui ne sortait jamais de sa douleur, de son veuvage. Elle n'a jamais accepté la mort de mon père, elle entretenait l'illusion du voyage, d'un retour possible ». Elle avait aussi le droit d'allumer les cigarettes de sa mère et d'en fumer une de temps en temps... « Le tabac, petite récompense que ma mère m'accordait si je faisais bien tout comme elle le souhaitait, à savoir rester auprès d'elle ».

Isabelle explique : *« mes addictions, principalement l'alcool et le tabac, étaient liées à ma mère. Tout est lié à ma vie avec ma mère. Une enfance privée de liberté, une enfance au chevet d'une mère dans la souffrance, rigide et sévère et en même temps très permissive, en particulier dans cette relation alcool-tabac, elle se ménageait et dans le même temps nous autorisait, des recréations, des espaces de liberté, de joie, de pseudo-bonheur à travers la prise de ces produits et maintenait son pouvoir. Ma mère a été le personnage le plus important dans ma vie, autant qu'il m'en souvienne, elle représente ma seule famille en dehors de mes deux sœurs et de mon frère. Je n'ai jamais connu de grands-parents décédés avant la mort de mon père, ma mère n'a jamais entretenu de relation véritable avec la famille de mon père et avec sa propre fratrie. Nous vivions dans une sorte d'isolement, repliées sur nous-mêmes… telle une poule qui protège ses poussins. Ma mère était ma tutrice légale, mon institutrice pendant mes trois dernières années de primaire, j'étais sa petite femme, pas de sexe, mais un rapport très charnel de proximité, avec qui elle couchait jusqu'à ce que je parte pensionnaire ».*

Elle s'addicte pour compenser :
– *un manque affectif* avec son compagnon plus jeune, dépendant matériellement, inhibé, incapable de communiquer en dehors des moments alcoolisés ou « pétardisés ». Il a été contraint de s'arrêter à la suite d'un accident de voiture sous l'emprise de l'alcool.
 – *la souffrance liée à un sentiment de culpabilité vis-à-vis de sa mère* qui lui a toujours reproché d'avoir quitté le giron maternel et vis-à-vis de son fils qu'elle n'a pas su protéger, à cause de son alcoolisme et ses absences, d'un abus sexuel pédophile.
– et pour oublier l'échec de sa vie sentimentale *(« après des expériences multiples décevantes »)* et de sa vie de mère *(« car en me détruisant, j'ai "aidé" mon fils à gâcher   sa vie, il était polytoxico lui aussi et abstinent aujourd'hui depuis neuf mois »).* S'addicter pour se libérer de sa dépendance affective avec sa mère « forte et toxique » et pour oublier l'échec de sa vie (fuir les moments difficiles de sa vie).

Les abstinences d'Isabelle sont à mettre en relation avec la mort de sa mère (vieille femme démente au regard perdu les deux dernières années de sa vie). « *Le deuil de ma mère s'est fait à travers mes abstinences, en me libérant de toutes mes addictions, je me libérais de ma mère, une façon de faire mon deuil, j'ai arrêté de boire un an après la mort de ma mère, j'ai compensé le manque d'alcool par le tabac et le shit, trois ans après je supprime tabac et shit, j'arrête le lexo, il me faut casser ce cycle infernal et maintenant* ». Il lui arrive ponctuellement quand elle est *angoissée de compenser par* « *la bouffe* », surtout le soir, elle se met « *à grignoter comme une malade* », pour combler cette sensation de vide à l'estomac qu'accompagnent ses crises d'angoisse, mais elle ne se sent pas « accro à la bouffe ». Elle insiste pour dire qu'elle n'a jamais été « *accro à la bouffe* » et qu'elle a tendance à réfléchir deux fois avant de trop « *se jeter sur la bouffe* », car « elle ne rentre plus dans ses pantalons ». Elle reconnaît passer beaucoup de temps à pianoter sur son ordinateur et elle l'emporte partout, même en vacances (« *je prends mon petit Mac avec moi puisqu'il ne fait pas partie de mes addictions !* »). Elle se lance dans de multiples activités qui lui plaisent (« *toujours dans l'excès et dans le but inavoué de s'oublier, de fuir* »).

Isabelle explique ses abstinences par la prise de conscience que se libérer des produits lui permettra :
— **d'abandonner cette fausse identité de polytoxicomane** qui l'a accompagnée durant toutes ces années de défonce (« *il y avait les apparences que j'ai toujours sauvegardées par rapport à ma vie professionnelle qui m'a servi de béquille, de garde-fou et il y avait la réalité, quand je laissais au vestiaire l'habit de lumière, apparaissait une femme, mal dans ses baskets, angoissée, déconnectée à qui il ne restait plus comme dans la chanson qu'à se beurrer la gueule ! et dont l'identité n'était plus celle du petit soldat bien structuré, mais celle d'une joyeuse fêtarde, d'une "bonne vivante". C'est l'abandon de cette double identité (fausse) qui fait que je me sens plus en phase avec moi-même grâce à l'abstinence* »),
— **de renouer avec sa vraie nature** (« *je dois faire face aux regards des autres qui ne reconnaissent pas dans cette femme, plus réfléchie, qui s'autorise à exprimer ce qu'elle ressent, sans faux semblants, plus d'écrans de fumée pour amortir la colère. Aujourd'hui, beaucoup me reprochent mon agressivité, j'ai seulement l'impression de dire ce que je pense et de vouloir être écoutée. Plus d'alcool et ses violences, davantage de réflexion, plus d'illusions, quelqu'un qui sait partir quand la fête bat son plein et qui sait qu'il n'y a rien à attendre de ces fins de soirée destroy. Une nouvelle nature ? Ma vraie nature ? Ce que je sais c'est que je me sens de mieux en mieux dans ce nouveau personnage* »).
— **de sortir de cet état dépressif chronique** qu'elle soignait à coup d'alcool, cannabis, tabac et shit (« *l'alcool, le tabac, le shit, et le lexo c'est maintenant derrière moi, et je n'ai pas envie de rétablir une quelconque relation avec ces produits* »),
— « *de se réveiller enfin pour mourir éveillée* ».

Sa psychothérapeute et son « suivi psy » l'aident beaucoup à poursuivre ses efforts et à ne pas craquer (« *je ne suis pas encore superwoman, je suis libérée, mais pas guérie, cependant mettre à plat mon parcours m'aiderait à mieux vivre ce qui me reste à vivre* ») et à essayer de dénouer « le sac de nœuds » de sa vie qu'elle « trimballe » sur son dos.

Bibliographie

AGENCE FRANÇAISE DE SÉCURITÉ SANITAIRE DES PRODUITS DE SANTÉ – AFSSAPS (2003). Les stratégies thérapeutiques médicamenteuses et non médicamenteuses de l'aide à l'arrêt du tabac. Recommandations, 39 p.

APPEL, D. W., ALDRICH, T. K. (2003). Smoking cessation in the elderly. *Clinics in Geriatric*, 19, 77-100.

AUBIN, H.J., LAGRUE, G., LEGERON, P., AZOULAY, G., PELISSOLO, S., HUMBERT, L., RENON, D. (2004). Questionnaire de motivation à l'arrêt du tabac. Construction et validation. *Alcoologie et Addictologie*, 26, 4, 311-316.

BECK, F., LEGLEYE, S., PERETTI-WATEL, P. (2001). Alcool, tabac et médicaments psychotropes chez les des sujets âgés. Les usages de substances psychoactives licites entre 60 et 75 ans. *Tendances*, 16, 1-4.

BECK, F., LEGLEYE, S. (2003). Les adultes et les drogues en France : niveaux d'usage et évolutions récentes. *Tendances*, 30, 1-6.

BURNS, D.M. (2000). Cigarette smoking among the elderly: Disease consequences and the benefits of cessation. *Am J Health Promo*, 14, 357-361.

BRODERS, A.C. (1920). Squamous cell epitelioma on the lip. A study five hundred and thirty-seven cases. *Journal of the American Medical Association*, 74, 656-664.

CATALDO, J.K. (2003). Smoking and Aging. Clinical Implications. Part I: Health and Consequence. *Journal of Gerontological Nursing*, 29, 9, 15-20.

CONFÉRENCE DE CONSENSUS - ANAES (1998). *Arrêt de la consommation du tabac* - Paris, Hôpital Pitié-Salpétrière - 8 et 9 octobre 1998, 26 p.

COHEN, D. ET COLLIN, J. (1997). *Pour une approche pragmatique de la prévention en toxicomanie. Orientation et stratégie : les toxicomanies liées aux médicaments psychotropes chez les personnes âgées, les femmes et les enfants : recension et analyse des écrits.* Université de Montréal.

CONTRADA, R. J., ASHMORE, R.D. (1999). *Self, social identity and health: Interdisciplinary explorations.* New York: Oxford University Press.

CORBEAU, J. P. (1997). Bacchantes mutantes et nouveaux buveurs. *Cultures, nourriture. Internationale de l'imaginaire, nouvelle série* – n° 7. Paris : Babel/Maison des cultures du monde, 253-268.

DOLL, R, HILL, A.B. (1950). Smoking and carcinoma of the lung. British Medical Journal, 2, 739-748.

DONZÉ, J. RUFFIEUX, C., CORNUZ, J. (2007). Determinants of smoking and cessation in older women. *Age and Ageing*, 36, 1, 53-57.

FALOMIR, J.M., INVERNIZZI, F. (1999). The role of social influence and smoker identity in resistance to smoking cessation. *Swiss Journal of Psychology*, 58, 73-84.

FALOMIR-PISTACHOR, J.M., MUGNY, G. (2004). *Société contre fumeur. Une analyse psychosociale de l'influence des experts.* Grenoble : PUG.

FERLAND, C. (2007). Mémoires tabagiques. L'usage du tabac, du XVe siècle à nos jours. *Drogues, Santé et Société*, 6,1, 17-48.

FERNANDEZ-GALAN, L. (1997). *Addiction tabagique et disposition narcissique chez des fumeurs consultant pour sevrage tabagique.* Thèse de Doctorat Nouveau Régime, Université Toulouse Le Mirail, UFR de Psychologie, 3 octobre 1997.

FERNANDEZ, L., CASSAGNE-PINEL, C. (2001). Addiction aux benzodiazépines et symptomatologie anxieuse et dépressive chez les sujets âgés. L'Encéphale, XXVII, 459-474.

FERNANDEZ, L., LETOURMY, F. (2007). Le tabagisme des sujets âgés. In: L. Fernandez, F. Letourmy, *le tabagisme : de l'initiation au sevrage*, 65-67.

FERNANDEZ, L. (2009). *Les addictions du sujet âgé.* Paris : Éditions In Press.

FERNANDEZ, L., FINKELSTEIN-ROSSI, J. (2010). Approche clinique et sociale du tabagisme chez les sujets âgés : genèse, contexte, développement et prise en charge. Psychol Fr, 55, 309-323.

FERNANDEZ, L., FINKELSTEIN-ROSSI, J., FANTINI, C., COMBALUZIER, S., HAMRAOUI, M., BELLEGO, M. (2010). Tabagisme des seniors : stress et addictions associées. *Alcoologie Addictologie*, 32,4, 279-289.

GUILBERT, P., GAUTHIER, A., BECK, F., PERETTI-WATEL, P., WILQUIN, J.L., LÉON, C., LEGLEYE, S., ARWIDSON, P. (2005). Tabagisme : estimation de la prévalence déclarée. Baromètre Santé, France 2004-2005. *Bulletin Epidémiologique Hebdomadaire*, 21/22, 2005, 97-98.

HALFEN, S., GREMY, I. (2003). Les connaissances, attitudes et perceptions des franciliens à l'égard du tabac. Spécificités des personnes plus âgées (55-75 ans), *Gérontologie et Société*, 105, 161-175.

HEARTHERTON, T.F., KOZLOWSKI, L. T., FRECKER, R.C., FAGERSTRÖM, K.O. (1991). The Fagerström Test for Nicotine Dependence: A revision of the Fagerström Tolerance Questionnaire. *British Journal of Addiction*, 86, 9, 1119-1127.

LAGRUE, G., LEGERON, P., AZOULAY, G., PELISSOLO, S., AUBIN, H.J. (2002). Élaboration d'un test permettant d'évaluer la motivation à l'arrêt du tabac. *Alcoologie et Addictologie*, 24, 1, 33-37.

LESOURNE, O. (2007). *La genèse des addictions. Essai psychanalytique sur le tabac, l'alcool et les drogues.* Paris : P.U.F.

LEIBOVI, D., RITCHIE, K., LEDESERT, B., TOUCHON, J. (1999). The effects of wine and tobacco consumption on cognitive performance in the elderly: a longitudinal study of relative risk. *International Journal of Epidemiology*, 28, 77-81.

MAHEUT-BOSSER, A. (2007). Les conduites addictives chez les des sujets âgés. *Alcoologie & Addictologie*, 29,4, 456-462.

MAUFFRET, M., ROUSSEAU-GIRAL, A.C., ZAIDMAN, C. (1999). La loi relative à la lutte contre le tabagisme et l'alcoolisme. Rapport d'évaluation. Conseil National de l'Évaluation, 462 p.

MENECIER, P., FERNANDEZ, L. (2012). Pratiques addictives dans la vieillesse : particularités diagnostiques et cliniques. *La Presse Médicale*, 41, 1226-1232.

MENECIER, P., MOSCATO, A., FERNANDEZ, L. (2017). Vieillesse et tabac. *Soins & Gérontologie*, 22, 123, 32-34.

PEARL, R. (1938). Tobacco smoking and longevity. *Science*, 87, 216-217.

PIERUCCI-LAGHA, A. (2003). Alcool et vieillissement. Aspects épidémiologiques, cliniques et thérapeutiques. *Psychol NeuroPsychiatr Vieillissement*, 3, 197-205.

RAPPORT COLLECTIF (2002). *Vieillissement en santé : tabagisme et renoncement au tabac chez les aînés.* Santé Canada : Canada, Ministre de Travaux Publics et Services Gouvernementaux.

RECOMMANDATIONS DE LA COMMISSION D'AUDITION (2007). Abus, dépendances et polyconsommations : stratégies de soins. *Alcoologie & Addictologie*, 29, 4, 305-313.

REITZ, C., LUCHSINGER, J., TANG, M.X., MAUEUX, R. (2005). Effect of smoking and time on cognitive function in the lederly without dementia. *Neurology*, 65, 870-875.

ROCHE, J. (2008). Tabagisme de la personne âgée. *Neurol Psychiatr Geriatr*, 45, 3-8.

ROULEAU, A., PROULX, C., O'CONNOR, K., BÉLANGER, C., DUPUIS, G. (2003). Usage des benzodiazépines chez les personnes âgées : état des connaissances. *Santé mentale au Québec*, XXVIII, 2, 149-164.

RUDY, J. (2005). *The Freedom to Smoke. Tobacco Consumption and Identity*. Montréal: McGill-Queen's University Press, 232 p.

SHADEL, W.G., MERMELSTEIN, R., BORRELLI, B. (1996). Self-concept changes over cognitive behavioral treatment for smoking cessation. *Addictive Behaviors*, 21, 659-663.

SCHELLINCK, T., SCHRANS, T. WALSH, G., GRACE, J. (2002). *Sondage 2002 auprès des personnes âgées. Prévalence de la consommation d'alcool, de drogues et du jeu chez les adultes âgés de 55 ans et plus au Nouveau-Brunswick. Ministère de la Santé et du Mieux-être du Nouveau-Brunswick*. Halifax (Nouvelle-Écosse) : Focal Research Consultants Ltd.

TYAS, S.L., WHITE, L.R., PETROVITCH, H., WEBSTER ROSS, G., FOLEY, D.J., HEIMOVITZ, H.K., LAUNER, L.J. (2005). Mid-life smoking and late-life dementia: the Honolulu-Asia Aging Study. *Neurobiology of Aging*, 24, 589–596.

VETTER, N.J. (1999). The impact of smoking in elderly people. *Review in Clinical Gerontology, 9,* 273-280.

VIGNE, C. (2003). Alcoolisme et addictions en gériatrie. *Revue de Gériatrie*, 28, 741-743.

WYNDER, E.L., GRAHAM, E.A. (1950). Tobacco smoking as a possible etiologic factor in bronchiogenic carcinoma. *Journal of American Medical Association*, 143, 329-336.

WYCKOFF, E. (1997). Dry Drunk. Exposition (20 sept. 1997 – 3 janv. 1998), The New York Public Library, Center for the Humanities. Pages consultées les 18 janvier et 25 octobre 2006

LE PSYCHOLOGUE ET LE TABAC

1. Le travail du psychologue et les modalités thérapeutiques à sa disposition
2. Les différentes étapes
3. Les premiers entretiens
4. La question du sevrage
5. Le projet, le cadre et contrat thérapeutiques
6. L'aide psychologique et la psychothérapie
7. Illustration clinique
8. Les outils du psychologue clinicien en tabacologie
8.1. Le test de Fagerström
8.2. Le test de dépendance psychologique et comportementale au tabac
8.3. Une échelle d'anxiété et de dépression (HAD)
8.4. Un questionnaire de motivation à l'arrêt du tabac (Q-MAT)
8.5. Le questionnaire des comportements tabagiques (QCT-2)
Bibliographie

1. Le travail du psychologue et les modalités thérapeutiques à sa disposition

Au cours du premier entretien, le psychologue évalue (Fernandez & Letourmy, 2007) :

— la demande ;

— le niveau de motivation à l'arrêt ;

— la personnalité (ressources et défaillances) ;

— les troubles anxieux ou dépressifs ;

— les stades de changement ;

— la prise en charge la mieux adaptée au patient (groupale ou individuelle, possibilité d'une psychothérapie dynamique brève.

— Le travail du psychologue est de :

— donner au fumeur les moyens de comprendre la fonction actuelle de leur dépendance (travail sur le parcours de fumeur avec la cigarette et le cycle addictif ; travail sur les motivations à l'arrêt) ;

— donner au fumeur les moyens d'agir sur la dépendance psychique et comportementale (techniques thérapeutiques comportementales ou cognitives) ;

— prévenir les risques de rechutes et consolider les acquis (développer l'affirmation de soi et l'estime de soi ; savoir reconnaître les situations à risque ; travailler les liens passés - présents, développer des stratégies pour faire face aux rechutes).

Modalités thérapeutiques qu'ils utilisent sont :

- les groupes thérapeutiques (travail sur la compréhension de la conduite tabagique et travail sur l'augmentation de la motivation ; travail sur la prévention des rechutes et la gestion des situations à risque)
- les psychothérapies individuelles (psychothérapie dynamique brève possible en fonction de la problématique du sujet).

2. Les différentes étapes

S'il est devenu aisé grâce aux travaux de Fagerström d'évaluer la dépendance physique à la nicotine, il est plus difficile selon nous d'objectiver la dépendance comportementale, gestuelle. La difficulté vient de ce que les deux dépendances, physique et psychologique, sont le plus souvent intriquées, les mécanismes n'étant pas univoques. Besoin du geste et besoin en nicotine, besoin et habitude, besoin et plaisir se dissocient difficilement. Si on veut traiter la dépendance tabagique, il faut :

1- apprécier la nature et l'importance des deux types de dépendance : dépendance physiologique à la nicotine avec le questionnaire de Fagerström, dépendance psychologique et comportementale avec le test de Horn ou le test de dépendance psychologique et comportementale au tabac. Une attitude éducative, informative sur les mécanismes de la dépendance mettant l'accent sur leur automaticité peut déculpabiliser les échecs.

2- évaluer les motivations à l'arrêt afin d'aider le fumeur à les renforcer [avec le test de motivation de Demaria et al. (1990)]. Le soutien psychothérapique est un facteur essentiel de l'aide au sevrage tabagique. Le psychologue doit favoriser le processus de maturation en orientant le fumeur sur les raisons d'arrêter de fumer. Cette maturation peut être aidée en attirant l'attention du fumeur sur certaines motivations privilégiées : désir de libération d'un sentiment d'esclavage, désir d'amélioration d'un sentiment de l'état actuel de santé...

3- reconstituer l'histoire du tabagisme (entretiens préliminaires, par exemple) : les causes du tabagisme, le mode d'entrée dans le tabagisme, l'ancienneté du tabagisme, l'importance actuelle, les arrêts ou tentatives antérieures. On apprécie l'environnement tabagique familial, amical et professionnel. On recherche une autre toxicomanie associée (alcoolisme, par exemple). On précise également l'état psychique du fumeur. Les troubles psychopathologiques sont recherchés par interrogatoire : études des antécédents personnels et familiaux, utilisation des critères du DSM-IV et des échelles d'évaluation telles que le *Hospital Anxiety Depression Scale* (HAD) et le Beck-Pichot (échelle de dépression, forme abrégée comportant 13 items). Le terrain anxieux est habituel, mais il peut exister des formes d'anxiété plus importantes : accès de panique, phobies sociales par exemple ; des états dépressifs passés ou actuels sont souvent retrouvés, en particulier les dysthymies. C'est à cette étape que le travail sur la notion de *trajectoire* et sur la

4 - dispenser une aide médicale permettant l'arrêt du tabac. L'arrêt brutal est à conseiller et les conseils prodigués sont passés au crible de la critique. La stabilisation de l'arrêt doit être présentée comme un apprentissage actif : apprendre à vivre sans tabac sans éprouver de frustration. Pour la dépendance physiologique à la nicotine, le traitement le plus efficace consiste à fournir la nicotine sous une autre forme que le tabac, gomme ou timbre, en quantité suffisante pour supprimer le besoin. Même si le traitement de substitution nicotinique permet d'obtenir à court terme un sevrage « confortable » et des pourcentages de succès plus importants qu'avec d'autres méthodes, il n'agit que sur la dépendance physique. Il n'est donc qu'un élément d'une prise en charge globale et prolongée différente de l'approche médicale classique.

5- Mettre en place une prise en charge psychothérapique adaptée à chaque fumeur (ou à tout autre addicté) et aux différents moments de son évolution, c'est-à-dire partir du soin pour arriver à la thérapie.

Soigner, *« c'est favoriser un changement et une dynamique personnelle qui ne peuvent se réaliser sans le support d'une relation et sans partir du concret de la situation du sujet »* (Morel et al., 1997). Dans tout processus de soin, le psychologue doit s'interroger sur le mécanisme d'extraction à la drogue en tenant compte de l'histoire psychique du sujet, car on ne sort jamais indemne d'une addiction : on n'en sort pas sans un profond remaniement de ses rapports aux autres et de son identité. Mais les sujets dépendants à un moment donné veulent arrêter de boire, de fumer, de se droguer ou changer quelque chose dans leur vie parce qu'ils se sentent esclaves du produit consommé. C'est de là que part le soin avec **cinq objectifs** pour mon travail clinique :

1- restaurer suffisamment de liberté, de pensée et d'actions en protégeant la santé du sujet ; en soulageant la pression liée à la contrainte de la prise du produit par la mise en place du sevrage ; en prenant en compte les manifestations de dépression, d'angoisses succédant à l'arrêt du produit.

2- comprendre les facteurs déclenchants qui ont présidé à l'installation de l'usage en se centrant sur l'insertion dans l'environnement familial, amical et social, en s'intéressant à la problématique psycho-individuelle (ennui, dépression, conflits intrapsychiques non résolus, passage de l'adolescence à la vie adulte difficile...) **et modifier les facteurs d'entretien de la conduite tabagique** (par des techniques comportementales par exemple). L'objectif est :

– d'une part, de reconstruire avec le sujet sa capacité de créer des liens satisfaisants et de les maintenir. La rencontre avec un psychologue constitue déjà un lien supposant un engagement de part et d'autre, pour qu'à partir des difficultés qui vont surgir, se modifient les rapports au monde, aux autres, au corps et au temps.

– d'autre part, de sensibiliser le sujet au rôle des renforcements positifs et négatifs qui ont permis l'installation de la conduite tabagique et l'usage du tabac. La rencontre avec le psychologue va se focaliser ici sur la prise en compte des données comportementales, cognitives, émotionnelles qui ont amené l'apparition du problème avec ses différentes composantes afin de mieux comprendre le pourquoi et le comment de la consommation de tabac.

3- créer les conditions dans les différents registres de la vie, pour que le sujet élabore ses propres changements de son rapport au monde.

4- améliorer la qualité de vie et proposer une gamme d'attitudes et de voies possibles dans lesquelles chaque sujet puisse choisir d'aller et de s'arrêter, sans jamais considérer qu'il n'ait pas la possibilité de rebrousser chemin ou d'aller plus loin et donc ;

5- permettre l'autonomisation, c'est-à-dire la restauration chez un sujet de ses capacités à reprendre le contrôle de son existence, à être maître de ses choix, à maîtriser ses penchants, à faire usage de ses ressources matérielles, intellectuelles, affectives, et ne plus être le jouet de sa dépendance.

Il s'agit donc pour le psychologue de soigner (Fernandez, Letourmy, 2007) :

1- un rapport au monde

Dans tous les cas, au-delà de la consommation d'un produit, c'est la restauration de liens satisfaisants qui est visée. C'est dans la restauration de liens sociaux que joue le poids de l'histoire individuelle de chacun et que les possibilités des uns et des autres vont différer. Car nous devons garder à l'esprit que si l'expérience du produit (non choisi au hasard) intéresse certains au point qu'ils y subordonnent leur existence, c'est parce que leur expérience n'est pas médiatrice des souffrances de la vie. L'intérêt pour une modification de soi par le produit se développe après que le sujet ait été confronté à des conflits internes et externes qu'il n'a pu dépasser.

2- un rapport à l'autre

Les conduites addictives débutent généralement à l'adolescence, période de transformations du corps où l'on découvre aussi la relation aux autres par le développement de la capacité de penser et d'agir et par les premiers émois liés à la sexualisation. Autant de changement et de tensions que l'addiction va permettre selon le cas de supporter ou de contourner. Le produit choisi importe et intervient de différentes façons pour faciliter la relation à autrui chez certaines personnes. *L'effet pharmacologique* protège le sujet contre l'angoisse et lui procure une assurance inhabituelle. *L'effet psychologique* : fumer, par exemple, va donner une contenance ou jouer le rôle d'une sorte d'objet contraphobique. Ainsi va-t-on rencontrer des fumeurs pour lesquels les rapports sociaux ne sont possibles que par la médiation apportée par la cigarette.

Exemple :
Une jeune femme éprouvait un sentiment de honte, de gêne chaque fois qu'elle se trouvait invitée dans un endroit fréquenté par de nombreuses personnes. Elle sentait les regards pesés sur elle, ce qui provoquait des difficultés pour entrer en relation avec d'autres. Seule, la cigarette la rendant insensible à ces regards lui permettait d'avoir des rapports amicaux sans rien laisser apparaître.

Quand ces problèmes relationnels sont présents, l'autre est vécu comme un danger, une figure angoissante et menaçante détériorant ainsi les liens qui existaient. Aucun lien n'apporte satisfaction et le sujet a alors recours à la drogue. C'est cette souffrance colmatée par l'addiction qui va être au centre de la thérapeutique. Il faut mettre en évidence ces difficultés et aider le sujet à les aborder pour rechercher d'autres alternatives. Il va s'agir de restaurer les possibilités de liens, par exemple à travers des lieux de prise en charge groupale où l'on se confronte à d'autres. Des lieux où il est possible de faire l'expérience de relations sans risque d'être détruit, de vivre des conflits qui ne se retournent pas contre soi et de retrouver la bonne distance entre soi et les autres. Un réapprentissage qui met en question ce que l'on veut soi-même, la perception que l'on a de soi, de sa propre histoire, l'image que l'on donne et celle que l'on voudrait donner.

3- un rapport au produit

Le produit est l'objet de sentiments divers et contradictoires : parfois adoré, souvent haï et redouté, le produit est à la fois plaisir et souffrance. La relation est souvent passionnelle avec un temps de découverte, d'exploration des effets, puis un temps d'attachement dans la vie quotidienne. Le produit est au centre de la vie du fumeur. Il s'agit alors pour moi de permettre une décentration, c'est-à-dire une réorganisation de la vie du sujet qui va devoir s'affronter, pour combler l'absence du produit (sevrage) qui accompagnait ses journées et leur donnait consistance.

4- un rapport au temps

Le plaisir que procure le produit ne laisse pas percevoir la marche du temps. Les drogues modifient profondément l'inscription temporelle. Il faut prendre en compte cette dimension temporelle afin de permettre au sujet une réinscription dans la temporalité, c'est-à-dire dans un axe qui structure les différents évènements de vie, les sensations, les perceptions et qui permettent au sujet de se repérer dans un temps commun partagé par tous.

5- un rapport au corps

Quel corps ? Nous en avons plusieurs. Le corps des anatomistes et des physiologistes, celui dont parle la Science, celui de la psychopathologie et de la psychanalyse... On ne peut pas parler du corps indépendamment des discours qui lui donnent consistance, car le corps n'existe pas sans l'emprise de ces discours sur lui. Comment le produit altère-t-il le corps ? Le produit infiltre le discours sur le corps et agit sur le vécu du corps. Il agit : - sur *le corps biologique*. La substance affecte le corps en modifiant les équilibres biochimiques et en perturbant les capacités réceptives et intégratives du sujet ; - sur *le corps social*. C'est le corps placé sous le regard des autres (le corps jugé, jaugé, évalué). Du regard porté sur lui et des perturbations du corps social vont dépendre les usages des drogues pour mieux communiquer, pour supporter ou éviter la relation à l'autre, par exemple ; - sur *le corps addicté*, celui dont on ne peut se dépendre. Celui qui donne sens au monde environnant, qui organise les perceptions spatiales, temporelles et les actions de l'addicté. Je ne peux faire abstraction de ce corps et de l'impératif de le soulager, de le rendre accessible à la détente et au plaisir, de l'inscrire dans l'espace et dans un réseau d'autres corps, afin qu'il tisse des représentations de soi, et de soi dans le monde. La relaxation, par exemple, est une technique permettant d'exprimer des ressentis et de réapproprier ou de se réaffecter ces éprouvés corporels plus ou moins irreprésentables.

Le projet de soigner les addictions soulève la question des modalités du soin et de la prise en charge thérapeutique.
Toute addiction (l'addiction tabagique également) est une affaire d'expérience intime, une intervention par le biais d'une substance qui entraîne une modification de soi, c'est-à-dire une transformation de la façon de percevoir le monde et de se percevoir soi-même, non seulement l'environnement, mais aussi ses propres pensées, ses propres dispositions et ses propres sensations. Et soigner ne peut se résumer à changer ou à retirer le produit, mais doit viser à ce que s'établisse un équilibre nouveau et durable, plus satisfaisant que le premier. Il ne peut y avoir de changement par rapport au produit sans reconstruction d'un aménagement autre qui mobilise la personnalité en profondeur.

Aujourd'hui, les addictions prennent de multiples formes et de multiples sens et toute stratégie de soins doit prendre en compte le polymorphisme et la polysémie des addictions. Puisque les addictions sont multidimensionnelles, les soins et leurs modalités doivent l'être et se centrer sur trois registres interdépendants :
– infléchir le fonctionnement biologique pour desserrer ou détourner l'emprise du produit ;
– travailler sur le fonctionnement psychique pour passer du besoin au désir et fournir des « autocontrôles » ;
– modifier l'environnement pour ouvrir des possibilités d'évolution et apporter des « hétéro-contrôles ».

Instaurer le soin implique de prendre en compte (Fernandez, Letourmy, 2007) :

3. les premiers entretiens
Ils représentent des moments très privilégiés et confrontent à la difficulté d'évaluation et de recherche d'alliance. L'évaluation lors du premier accueil doit, selon moi, répondre à plusieurs questions essentielles :
    – quelle est la demande et quel est le projet réalisable ?
    – quels sont les besoins immédiats et les conditions nécessaires à la réalisation du projet ?
    – Quels sont les risques du changement désiré et les obstacles qui s'y opposent ?

Concernant la demande de sevrage, il est important de savoir ce que signifie ce mot pour le fumeur. Est-ce qu'il souhaite un arrêt immédiat, une pause, est-ce qu'il l'envisage dans un avenir plus ou moins proche ou, au contraire est-ce un objectif déjà mûri de longue date ? Il est nécessaire de déterminer la gravité et les différentes ramifications de la dépendance et de faire un bilan des ressources psychologiques, relationnelles et sociales du sujet afin d'examiner avec lui ses besoins immédiats et les aspects de changements à opérer dès la mise en route du sevrage. Mais au-delà de ce recueil d'informations, les entretiens doivent permettre de nouer une relation, d'entendre ce que le fumeur demande et d'écouter son histoire. Il faut être attentif à la fois au cheminement et au processus de la pensée de celui-ci, au contenu de son discours, à sa communication non verbale, au sens des messages, à leur charge relationnelle et à leurs liens avec le passé. La reformulation est souvent utile pour faciliter l'échange qui se crée.

L'objectif du psychologue clinicien est d'aider le plus possible à clarifier ce qui est du registre de l'expérience (explorer les solutions déjà tentées) et du désir (projeter les motivations, le futur souhaité, exploiter les ressources et les résistances au changement). Il s'agit d'instaurer une relation aidante fondée sur l'écoute, la confiance, l'empathie. La qualité de l'accueil est souvent déterminante et à des conséquences durables sur la prise en charge elle-même, car d'elle dépend la capacité d'écoute de l'écoutant et de sa faculté à évaluer et à répondre à la situation. La relation est donc une des conditions indispensables à l'efficacité du soin. Ce qui va déterminer la relation de confiance, c'est la prise en compte d'une part, du propre désir de changement du sujet et de sa dynamique personnelle et d'autre part, celle de ses conditions matérielles et psychiques de sécurité.
Mais l'établissement d'une relation thérapeutique repose sur *un triple engagement* : celui du thérapeute, celui du patient et celui de l'institution. Du côté du thérapeute : respecter la personne accueillie, s'abstenir de juger sa conduite, l'aider à choisir sans choisir à sa place, être garant des conditions minimum de la relation (le temps, l'écoute, la sécurité, la continuité, etc.). Du côté du patient : venir au rendez-vous, ne pas porter atteinte à l'intégrité du thérapeute, des autres patients ou de l'institution, et être en état de parler. Du côté de l'institution : protéger l'espace de la relation, garantir la compétence des soignants, la confidentialité et le secret professionnel, proposer des services permettant des soins et des aides matérielles minimales si nécessaires.

4. la question du sevrage

Le sevrage se définit comme le franchissement de la période marquée, à l'interruption de la prise du produit, par des troubles physiques et psychiques : le syndrome de manque. L'indication de sevrage doit faire l'objet d'une évaluation préalable, en profondeur, de la nature et de la gravité de la dépendance. Elle doit se centrer sur la demande du sujet, sur la question : qu'attend-il du sevrage et que va-t-il se passer après ? Le temps de la préparation est donc essentiel. Pour le psychologue, il s'agit de mettre en place un projet de soin cohérent en partant de la demande du sujet ; de créer un potentiel relationnel et à remettre la personne en rapport avec son corps, sa pensée et sa capacité d'agir. Le choix des conditions de la réalisation du sevrage (lieu, durée…), comme celui de la technique thérapeutique, fait partie de l'indication et du projet.

Il ne faut pas oublier qu'au-delà de la question du sevrage physique se trouve celle du sevrage *« psychique »*. La privation dans le monde des représentations objectales ne peut être comblée par les substances ou objets rencontrés dans le monde externe. Le sujet dont l'économie psychique fonctionne de cette manière doit sans cesse avoir recours à son acte ou objet d'addiction. La force de cette compulsion dépendra de la nature des états psychiques à combattre et de l'étendue des vides à combler. Le psychologue doit être à l'écoute de la manière dont le patient formule sa demande d'aide, afin d'évaluer des problèmes qui peuvent naître de son manque de tolérance aux affects. En effet, nombre d'addictés fragiles n'arrivent pas à tolérer les frustrations inhérentes au sevrage. Le rôle de psychologue consiste à les aider à faire face aux situations émotives trop difficiles à supporter et à élaborer psychiquement de manière à trouver un nouvel équilibre (passer d'un état instable à un état stable).

5. le projet, le cadre et contrat thérapeutiques

Le *projet* est en quelque sorte ce qui concrétise le désir de changement. C'est un lieu où l'on forge un autre choix de vie : l'abandon du produit addictif. Le projet est aussi un outil à construire dans la relation d'aide, un support au dialogue addicté-psychologue, à partir de l'évaluation initiale commune : où en suis-je, quels sont les problèmes, que veux-je devenir, que puis-je réaliser, quelle part de moi-même vais-je investir ? Si le ou les projets apportent des éléments de contenu et de sens à la rencontre des addictés, il convient cependant de définir et de mettre en place un véritable terrain de rencontre, c'est-à-dire un *cadre* adéquat qui permette de concilier les modes de fonctionnements respectifs des addictés et de leurs interlocuteurs. Unité de lieu, de temps et d'intentionnalité thérapeutique, le cadre se définit à partir des processus thérapeutiques qu'il veut mettre en œuvre et d'une anticipation de la prise en charge qu'il vise à effectuer. *« Il revient surtout à offrir les conditions pour que la rencontre puisse avoir lieu et de dérouler dans la meilleure condition possible. Il est donc tout à la fois, un lieu, un espace, une élaboration conceptuelle, un ensemble de représentations, de repères, de règles, de garde-fous »* (Piquet, 1996). Il a une *triple fonction* : celle de favoriser la rencontre et l'alliance thérapeutique entre addictés et thérapeutes, celle de contenant protecteur de la relation thérapeutique et celle d'aménager la distance relationnelle, d'apprendre à résister à l'engrenage addictif (fonction transitionnelle) (Vénisse et al., 1997). *« Aménager la distance relationnelle »*, cela veut dire, chercher à rendre tolérable l'appétence objectale et prévenir le risque de rupture thérapeutique en travaillant en équipe. C'est aussi à un niveau individuel, trouver la fréquence, le rythme des entretiens ou des consultations, le plus adapté aux possibilités du patient ; accepter qu'il ait besoin à certains moments de périodes d'éloignement (qui ne sont pas toujours des ruptures) pour vérifier qu'il n'est pas prisonnier de sa dépendance. Apprendre à se débarrasser de ses états affectifs* *insupportables « résister à l'engrenage addictif »*, en donnant du sens aux différents moments du parcours de l'addiction, aux évènements du parcours du soin et aux décisions thérapeutiques ; - donner une dimension personnelle et temporelle à la prise en charge thérapeutique en permettant au patient de revenir sur le passé, mais aussi d'anticiper l'avenir, celui du soin dans sa durée comme celui du patient lui-même.

Quant au *contrat*, son utilité est celle de fixer les engagements réciproques du moment. Il est avant tout *« un code, un langage commun, un système de règles et de repères auquel doivent pouvoir se référer soignés et soignants. Il ne peut donc exister à lui seul. Il fait obligatoirement partie d'un ensemble à plusieurs niveaux, d'un cadre sur lequel il prend appui, dans lequel il est inscrit, mais par rapport auquel il doit jouer son rôle qui est essentiellement symbolique »* (Piquet, 1996). Il permet d'ouvrir un espace thérapeutique ayant une valeur transitionnelle indispensable au développement d'un espace psychique personnel.

6. l'aide psychologique et la psychothérapie

Lorsqu'ils viennent consulter, les fumeurs expriment rarement d'emblée une demande de psychothérapie. La prise en charge vise un apaisement de la question du produit par un sevrage. L'aide psychologique est conduite par l'ensemble de l'équipe soignante. Chacun cadre, rassure et élabore avec le sujet une stratégie de prise en charge correspondant le mieux à ses difficultés. Ma position de psychologue obéit à deux exigences :

– *s'insérer dans le dispositif de soins*, afin que les rencontres se produisent et qu'il puisse être identifié par le sujet, sans préjuger de son engagement ou non vers une psychothérapie ;

– *avoir sa place dans l'équipe soignante*, pour proposer des hypothèses sur le fonctionnement psychique du sujet, participer à la définition des modalités de la prise en charge, favoriser l'expression des difficultés et l'interrogation sur son histoire. C'est dans ce temps de mise en place de l'aide que va pouvoir s'inscrire un temps d'élaboration de la demande, dont la durée est variable. Le psychologue participe à une aide psychologique en favorisant l'expression de ce qui se passe, la mise en lien au passé comme à l'avenir, les interactions du sujet avec l'environnement. Ceci va contribuer à lui donner des points d'appui et lui permettre d'inscrire une place au corps dans le temps et dans l'espace, à la pensée et aux échanges. Certains sujets se satisfont de ce premier travail, qui leur permet de retrouver une position, une identité. Pour d'autres, une nouvelle plainte apparaît et un travail psychothérapique va alors s'avérer possible.

Il existe plusieurs approches psychothérapiques des addictions : corporelles, comportementales, systémiques, cognitives ou psychanalytiques. Chaque thérapie est à construire avec le sujet, au cas par cas. Le sujet est invité à se laisser surprendre par son fonctionnement psychique, à faire l'expérience du poids des mots dans les nouages. Au fil du travail, il peut ainsi laisser émerger les situations passées et actuelles qui organisent et qui lestent sa vie, se confronter aux choix qu'il évitait…

7. Illustration clinique

Madame N. 35 ans se présente à la consultation pour une demande de sevrage tabagique. Elle fume environ un paquet de cigarettes par jour depuis l'adolescence. Elle a commencé à fumer des cigarettes brunes, puis à rouler ses propres cigarettes, à fumer ensuite régulièrement la pipe avant de passer pour des raisons professionnelles aux cigarettes blondes. La motivation qu'elle met au premier plan est un projet de grossesse.

Lorsqu'elle arrive à la consultation, nous sommes frappés par l'allure de cette jeune femme grande, jolie, bon chic, bon genre, à l'aise dans le contact, très sociable, communicative et complaisante dans la relation. Tous ses efforts sont dirigés vers une constante valorisation de soi, de son intelligence. Elle est adroite, fine, intuitive, exploite l'immédiat et se caractérise par une forte vitalité, un besoin d'activités dirigées vers le concret, un goût d'entreprendre qui la pousse à l'extraversion et à l'adaptation. Son zèle, son ardeur, ses enthousiasmes la mettent quelquefois au-devant de la scène, ce qui ne la dérange pas, car elle aime être le centre d'intérêt et se mettre en évidence. Véritable bourreau de travail, elle projette vers l'extérieur ses aspirations (travailler en équipe), ses idées. Elle ne peut pas rester sans travailler, car le travail l'aide à s'élever sur le plan de sa vie personnelle, professionnelle et sociale. Cette attitude est le moyen qu'elle a trouvé pour compenser certaines de ses faiblesses renvoyant à une fragilité intérieure qu'elle attribue à des difficultés rencontrées durant l'enfance et l'adolescence (conflits avec son père, difficultés relationnelles avec sa mère quand celle-ci a commencé à travailler) surtout *entre onze et quinze ans*. C'est d'ailleurs à cette époque aux alentours de *quatorze ans* que madame N. a « pris goût » à fumer. *À partir de seize ans*, la jeune fille éprouve le besoin de se redéfinir dans le regard d'autrui en adoptant la pratique tabagique. Elle ne se sent regardable qu'avec ce supplément qu'est la cigarette, objet de prestance et de séduction. Le processus recouvre une problématique narcissique : être vue avec la cigarette, être vue en la fumant, tout un spectacle qu'elle se donne à voir et qu'elle donne à voir aux autres (à ses parents et à ses amis) et identificatoire : appartenir et être reconnue par le groupe d'amis fumeurs. La fume, c'est aussi un jeu avec et sur son corps (faire des expériences), jeu autour du tabac (test systématique des cigarettes brunes, blondes, légères, tabac, pipe), de l'alcool (une fois). *Entre dix-huit ans et vingt ans*, les aléas de sa vie personnelle (interruption volontaire de grossesse) et sentimentale (déception sentimentale entraînant une rupture) l'amènent à fumer pour protéger son intégrité psychique. De fil en aiguille, le jeu l'entraîne du côté de la dépendance. Elle devient « accroc du tabac ». Le besoin de fumer s'intériorise. Peu à peu, le tabagisme devient une habitude et la dépendance s'installe.

La passation des différents tests à la suite de l'entretien non-directif va renseigner le clinicien sur la signification du tabagisme du fumeur et orienter les modalités de la prise en charge du sevrage tabagique.

Madame N. 35 ans présente une forte dépendance psychologique à la cigarette et une forte dépendance physiologique à la nicotine.

L'aspect manipulatoire est essentiel pour cette jeune femme. Elle attache une grande importance à la cigarette en tant qu'objet que l'on sort, saisit, touche, manipule, tient en main, allume, écrase. La cigarette est aussi un réel *plaisir* qui occupe le devant de la scène : - un plaisir gustatif : *« J'y ai pris goût sur un plan vraiment du goût de la cigarette »* ; - un plaisir des yeux : *« Les paquets de cigarettes, il y en a qui sont super jolis »* ; - un plaisir de la découverte et du jeu : *« Le sport consistait à découvrir avec des amis dès qu'une marque de cigarettes sortait et de la tester »*. La cigarette est de plus un paravent : elle efface temporairement les difficultés, les problèmes, les angoisses professionnelles ou personnelles et apporte paradoxalement une sensation de détente. Et madame N. ne peut plus vivre sans cette cigarette qui fait partie de son personnage (dépendance psychologique) et qui la rend physiquement dépendante.

L'évaluation de la personnalité de madame N. a permis au clinicien de repérer les traits narcissiques suivants : *égocentrisme, survalorisation de soi, préoccupation de soi ; fragilité de l'estime de soi ; labilité émotionnelle, affective, ambivalence dans les réactions à l'égard de soi et d'autrui ; quête affective, relationnelle et sociale ; recherche de sensations, extraversion ; introversion ; utilisation et exploitation d'autrui ; sentiment d'avoir droit.*

Le bilan psychologique et l'entretien de madame N. laissent penser que les difficultés qu'elle a rencontrées pour accéder à la génitalité n'ont pas été totalement résolues et ont continué à s'exprimer et peut-être à s'élaborer à travers son activité tabagique. Fumer, pour madame N., c'est partir à la conquête du feu sexuel (puissance sexuelle) détenu par le père. Tout se passe comme s'il fallait que le feu soit volé au père pour que l'exercice de la sexualité, représentée par la fume apparaisse. En empruntant la pipe de son père, symbole phallique, madame N. est placée d'emblée en position masculine, position masculine que lui a déjà attribuée son père lorsqu'elle était enfant. Elle fumait et donc suçotait la pipe de son père *(sic)*. Très dépendante et attachée à sa mère, elle refuse d'introduire le père dans la dyade initiale mère-enfant, car elle prend conscience que l'objet du désir maternel se trouve chez son père qui possède le phallus. Et cela aussi, la pipe le représente. Dans sa tentative de conquête de l'objet sexuel, elle rencontre un rival en la personne de son père. Les conflits sont permanents et croissants. La présence réelle ou symbolique de l'image paternelle suffit à aiguiser les conflits. L'attachement libidinal au père se manifeste de trois manières : - celui du rival à « virer », - celui du rival à supplanter - celui d'un modèle à désirer et à imiter et pose le problème complexe de la double identification maternelle et paternelle. Identifier comme garçon par son père, elle ne parvient pas à assumer clairement son identité de genre, ce qui l'incite à une formation de compromis : fumer comme son père. Un problème d'identification sous-tend le discours sur la cigarette. On est tenté de penser que les cigarettes brunes, les tabacs à rouler sont plutôt des pratiques tabagiques réservées aux hommes détenteurs de la puissance sexuelle alors que fumer des cigarettes blondes, cela renvoie plutôt à une image plus féminine. Elle préférait donc, si on écoute le discours patent, s'en tenir à la pipe qui satisfait par ailleurs un fantasme de fellation. Ceci laisserait à nouveau penser qu'en fumant, elle a choisi son père comme modèle de désir et d'identification. La cigarette joue un rôle d'appoint dans les situations évoquant une rivalité œdipienne, appoint rassurant par sa signification symbolique : posséder un objet phallique (doublement par la forme et par le feu) et les possibilités d'auto-érotisme qu'il offre.

La façon de concevoir l'arrêt tabagique indique la continuation d'une préoccupation de rivalité. Arrêter de fumer, c'est renoncer à l'ajout-leurre représentant la puissance phallique qu'on craint de ne pas avoir. Arrêter de fumer signifierait assumer pleinement sa sexualité féminine et son identité de mère (en faisant aussi bien que sa mère) avec tout ce qu'elle comporte de rivalité, sous le regard du père encore présent. La cigarette répète-t-elle une période qui a laissé des cicatrices ou rejoue-t-elle une scène qui n'a jamais eu sa conclusion ? Il semble en tout cas que cette femme soit parvenue à un certain équilibre. Elle a réussi à se marier et envisage d'avoir un enfant. L'activité tabagique témoigne activement bien que de façon voilée et transposée d'une fixation à la phase phallique qu'il lui faut dépasser.

Avec le protocole médical de la consultation d'aide au sevrage tabagique, patch prescrit et séances d'acupuncture, madame N. nécessite un suivi sous la forme d'un soutien psychologique. En effet, elle a besoin d'être encouragée dans cette tentative qui est plus motivée par la pression de son entourage familial que par une décision personnelle. Et ceci, même s'il y a aussi à court terme un projet de grossesse. Elle a besoin d'être rassurée et d'être guidée vers le choix d'autres activités qui lui permettraient d'évacuer la tension, le stress, des situations et conflits personnels qui l'amènent à fumer. Parmi les activités choisies, le travail semble être une nouvelle addiction dans laquelle elle va se réfugier pour l'aider à quitter son tabagisme. Très consciente de son addiction physiologique et psychologique au tabac, elle a décidé, en premier lieu, de suivre des séances de relaxation qui lui apportent un mieux-être incontestable et d'entreprendre un travail personnel sur la signification de son tabagisme et sur ses relations avec son père (Fernandez, Sztulman, 1998).

8. Les outils du psychologue clinicien en tabacologie

8.1. Le test de Fagerström

Le test de Fagerström (Heatherthon et Fagerström, 1991) est l'outil le plus utilisé pour mesurer l'intensité de la dépendance à la nicotine afin de permettre une meilleure prise en charge clinique et donc de viser à une meilleure efficacité thérapeutique. Il est recommandé par la Conférence de Consensus sur l'arrêt de consommation de tabac d'octobre 1998. Il comporte 6 questions avec deux ou trois modalités de réponse. Le score total indique un degré ou une intensité de dépendance (0-3 : pas de dépendance ; 4, 5, 6, 7 : dépendance modérée ; 8, 9, 10 : dépendance forte). Le sujet coche la case qui correspond à sa situation. La consigne donnée aux fumeurs est simple : « *Voici un questionnaire comportant huit questions destiné à évaluer la dépendance à la nicotine. Vous cocherez la case qui vous concerne* ».

Tableau I : test de dépendance physiologique a la nicotine

<u>Consigne</u> : répondre aux 6 questions suivantes en cochant la case correspondant à votre réponse
1- Combien de temps après votre réveil, fumez-vous votre première cigarette ? – dans les 5 minutes (3) – de 6 à 30 minutes (2) – de 31 à 60 minutes (1) – après 60 minutes (0)
2- Trouvez-vous difficile de vous abstenir de fumer dans les endroits où c'est interdit ? - Oui (1) - Non (0)
3- À quelle cigarette de la journée vous serait-il le plus facile de renoncer ? – la première (1) - n'importe quelle autre (0)
4- Combien fumez-vous de cigarettes par jour ? – 10 au moins (3) – 11 à 20 (2) – 21 à 30 (1) – 31 ou plus (0)
5- Fumez-vous à un rythme plus soutenu le matin que l'après-midi ? - oui (1) - non (0)
6- Fumez-vous lorsque vous êtes si malade que vous devez rester au lit presque toute la journée ? - oui (1) - non (0)

8.2. Le test de dépendance psychologique et comportementale au tabac

Le Test de Dépendance Psychologique et Comportementale au Tabac (TDPC - Fernandez, 1997) est composé de 17 items regroupés en 6 catégories : addiction ou besoin ; habitude ; manipulation ; stimulation ; relaxation/plaisir ; réduction de la tension. Un score ou indice de dépendance psychologique et comportementale au tabac est attribué en fonction des réponses choisies (toujours 5, souvent 4, à l'occasion 3, rarement 2, jamais 1). Le score total indique un degré ou une intensité de dépendance (de 1 à 27 : faible dépendance psychologique et comportementale au tabac ; de 28 à 56 : dépendance psychologique et comportementale au tabac moyenne ; de 57 à 85 : forte dépendance psychologique et comportementale au tabac).

Les 6 catégories du TDPC :

La catégorie **Addiction psychologique ou besoin** : comment vivre sans la cigarette ? La cigarette fait partie de la vie du fumeur. La personne se demande si elle pourra arrêter, « tenir le coup » et ne plus avoir envie de fumer. Elle meurt d'envie de fumer entre deux cigarettes et fume dès qu'elle a terminé la cigarette précédente. Elle est consciente des moments où elle ne fume pas et elle ne peut pas rester sans cigarettes. Il faut toujours qu'elle s'en procure, qu'elle ait des cigarettes sur elle, même si le besoin ne se fait pas sentir. Si la cigarette vient à manquer, la sensation de vide et de mal-être psychologique apparaît.

La catégorie **Habitude** révèle que la cigarette est devenue une compagne avec laquelle le fumeur vit chaque jour sans forcément se rendre compte de sa présence. Il s'agit des cigarettes que le fumeur allume machinalement. Il n'y pense pas vraiment. C'est le rituel du geste qui s'est mis en route tout seul et sans trop savoir pourquoi ni comment. Plusieurs cigarettes sont parfois allumées dans le cendrier sans que le fumeur y prête attention.

La catégorie **Manipulation** est à mettre en relation avec le geste de fumer. C'est surtout l'aspect mécanique, machinal du geste qui amène à répéter le geste en direction de la cigarette pendant des activités ou à des moments précis. Le fumeur aime avoir ses mains constamment occupées et attache donc une grande importance à la cigarette en tant qu'objet que l'on sort, que l'on saisit, que l'on touche, que l'on tient en main, que l'on allume, que l'on écrase. Ce sont, par exemple, les gestes professionnels de la personne liés au tabac qui s'inscrivent dans un contexte négatif masquant l'anxiété, les difficultés, les problèmes personnels : réunion difficile, réflexion compliquée. Il s'agit de la cigarette que l'on fume au téléphone, au moment de l'impression de données saisies sur l'ordinateur, dans la voiture au milieu des embouteillages...

La catégorie **Réduction de la tension** : le fumeur fume lorsqu'il est tendu, en colère ou pour faire face à un problème. La cigarette l'aide à dépasser un moment de stress, à rassembler ses idées. Il a l'impression avec la cigarette de surmonter certaines situations déplaisantes. Il s'agit de la cigarette-refuge qui diminue l'angoisse et le stress, qui aide à passer les moments difficiles. Il s'agit de la cigarette-paravent destinée à cacher le mal-être de la personne. Il s'agit enfin de la cigarette-soutien, la béquille en période de difficultés, de problèmes et/ou d'angoisses professionnelles ou personnelles.

La catégorie **Stimulation** renvoie à la recherche d'un effet tonique de la cigarette. Il s'agit de la cigarette qui permet de se mettre au travail, de se concentrer, de se stimuler pour être efficient. Le fumeur commence sa journée avec la cigarette. Elle l'aide le matin, le réveille, lui procure de l'énergie et le stimule toute la journée.

La catégorie **Relaxation-Plaisir :** il s'agit des cigarettes partagées avec des collègues, des amis, le conjoint ; des cigarettes de détente au moment d'une pause ou de « récompense » d'un travail accompli. Lorsque le fumeur profite d'un moment de détente, la cigarette accroît sa sensation de satisfaction. Cela rend son occupation plus plaisante et sa détente plus complète. Des moments privilégiés sont aussi recherchés par le fumeur (après le repas de midi et du soir par exemple), moments lui permettant de se relaxer. La cigarette est souvent pourvoyeuse d'un plaisir valorisé : plaisir gustatif, olfactif, tactile et gestuel.

Tableau II : test de dépendance psychologique et comportementale au tabac

Test de dépendance psychologique et comportementale au tabac	TOUJOURS	SOUVENT	À L'OCCASION	RAREMENT	JAMAIS
1) Je suis plus efficace dans mon travail, je réfléchis mieux quand je fume.					
2) J'aime manipuler une cigarette.					
3) Fumer me calme, me détend, me décontracte.					
4) Lorsque je suis mal à l'aise ou perturbé, j'allume une cigarette.					
5) Lorsque je n'ai plus de cigarettes, il faut absolument que je m'en procure.					
6) Je fume automatiquement sans y penser.					
7) Saisir la cigarette, la tenir, la tapoter entre ses doigts fait partie du plaisir de la manipuler.					
8) Je fume même quand je suis bien et détendu.					
9) J'augmente ma consommation de cigarettes quand des difficultés personnelles apparaissent.					
10) Quand je n'ai pas fumé depuis un moment, j'ai vraiment une envie irrésistible d'une cigarette.					
11) J'allume une cigarette sans réaliser qu'une autre brûle inachevée dans le cendrier.					
12) Fumer me permet de me mettre au travail.					
13) Prendre un paquet de cigarettes, sortir une cigarette, l'allumer, la fumer fait partie du plaisir de fumer.					
14) Quand je me relaxe, j'ai du plaisir à fumer.					
15) Lorsque j'ai le cafard et que je ne veux pas penser, je fume.					
16) Dès que je ne fume pas, j'en suis très conscient et je ne peux pas contrôler le désir de fumer.					
17) Il m'arrive de me rendre compte que j'ai une cigarette à la bouche sans me rappeler de l'y avoir mise.					

Les outils de l'évaluation de la dépendance tabagique sont le plus souvent utilisés dans les consultations d'aide au sevrage tabagique. Ils ne remplacent pas les entretiens avec les fumeurs nécessaires l'évaluation :
- de la demande ;
- du niveau de motivation ;
- de la personnalité (ressources et défaillances) ;
- des troubles anxieux ou dépressifs ;
- du stade de changement ;

— de la prise en charge la mieux adaptée au patient (groupale ou individuelle, possibilité d'une psychothérapie dynamique brève.

8.3. Une échelle d'anxiété et de dépression (HAD)

Le Hospital Anxiety Depression (H.A.D, 14 items). Il permet d'évaluer *le niveau actuel de la symptomatologie dépressive et anxieuse* du sujet âgé. Il a déjà fait l'objet de plusieurs validations en ce qui concerne la détection des problèmes psychologiques chez les personnes âgées, en particulier en France et à l'étranger. Le HAD comporte quatorze items. Les affirmations qu'il propose ont pour but de renseigner sur l'état d'anxiété du sujet et permettent de détecter une dépression éventuelle. Il a donc sept propositions relatives à l'anxiété et sept propositions relatives à la dépression. Ces propositions comportent quatre modalités de réponse (3, 2, 1, 0). Le sujet doit entourer la modalité qui correspond le mieux à ce qu'il ressent. Un score est attribué en anxiété et en dépression en fonction des réponses choisies.

Pour Barczack et al. (1988), une note de *8 et plus* constituerait le seuil optimal avec pour l'anxiété et la dépression respectivement des sensibilités de 82 et 70 % et des spécificités de 94 et de 68 %. Razavi et al. (1990) ont proposé de retenir le score global de l'échelle en additionnant les scores des deux échelles anxiété et dépression. Dans ces conditions, une note seuil optimale de 19 pour les épisodes dépressifs majeurs (sensibilité 70 %, spécificité 75 %) et de 13 pour les troubles de l'adaptation et les dépressions majeures (sensibilité 75 %, spécificité 75 %).

Ce questionnaire a pour but de vous aider à mieux percevoir ce que vous ressentez. Répondez rapidement à chacune des 14 affirmations suivantes et entourez la case qui convient le mieux à votre état actuel.

Tableau III : HAD

1- Je suis tendu, énervé.

La plupart du temps	3
Souvent	2
De temps en temps	1
Jamais	0

2- J'ai toujours autant de plaisir à faire les choses qui me plaisent.

Oui, toujours	0
Le plus souvent	1
De plus en plus rarement	2
Tout est plus difficile	3

3- Je me sens ralenti.

Pratiquement tout le temps	3
Très souvent	2
Quelquefois	1
Pas du tout	0

4- J'éprouve des sensations d'angoisse et j'ai une boule dans la gorge ou l'estomac noué.

Très souvent	3
Assez souvent	2
Parfois	1
Jamais	0

5- J'ai perdu l'intérêt pour mon apparence.

Totalement	3
Je n'y fais plus attention	2
Je n'y fais plus assez attention	1
J'y fais attention comme d'habitude	0

6- J'ai la bougeotte et je n'arrive pas à tenir en place.

Oui, c'est tout à fait le cas	3
Un peu	2
Pas tellement	1
Pas du tout	0

7- J'envisage l'avenir avec optimisme.

Comme d'habitude	0
Plutôt moins qu'avant	1
Beaucoup moins qu'avant	2
Pas du tout	3

8- J'ai une sensation de peur, comme si quelque chose d'horrible aller m'arriver.

Oui, très nettement	3
Oui, mais ce n'est pas trop grave	2
Un peu, mais cela ne m'importe pas	1
Pas du tout	0

9- Je sais rire et voir le bon côté des choses.

Toujours autant	0
Plutôt moins	1
Nettement moins	2
Plus du tout	3

10- Je me fais souvent du souci.

Très souvent	3
Assez souvent	2
Occasionnellement	1
Très occasionnellement	0

11- Je me sens heureux.

Jamais	3
Pas souvent	2
Quelquefois	1
La plupart du temps	0

12- Je peux rester tranquillement assis à ne rien faire et me sentir heureux.

Jamais	3
Rarement	2
Oui, en général	1
Oui, quoiqu'il arrive	0

13- Je m'intéresse à la lecture d'un bon livre ou à un programme de radio ou de télé.

Souvent	0
Assez souvent	1
Rarement	2
Pratiquement jamais	3

14- J'éprouve des sensations soudaines de panique.

Très souvent	3
Assez souvent	2
Rarement	1
Jamais	0

8.4. Un questionnaire de motivation à l'arrêt du tabac (Q-MAT)

Un questionnaire de motivation à l'arrêt (Q-Mat) construit et validé par Aubin et coll. (2004) et Lagrue et coll. (2002) est composé de 4 items dans sa version définitive. Les trois premières questions explorent les stades de changement selon le modèle trans-théorique (degrés d'intention ou de préparation), en même temps que l'efficacité personnelle pour les questions 1 et 3 (idées de réussite). La question 4 explore l'adhésion au fait que fumer est mauvais pour sa propre santé.

Tableau III : Q-MAT (questionnaire de motivation à l'arrêt du tabac de Légeron et de Lagrue)

1- Pensez-vous que dans 6 mois :
     –   vous fumerez toujours autant ? (0)
     –   vous aurez diminué un peu votre consommation de cigarettes ? (2)
     –   vous aurez beaucoup diminué votre consommation de cigarettes ? (4)
     –   – vous aurez arrêté de fumer ? (8)

2- Avez-vous actuellement envie d'arrêter de fumer ?
     – pas du tout (0)
     – un peu (1)
     – beaucoup (2)
     – énormément (3)

3- Pensez-vous que dans 4 semaines :
     –   vous fumerez toujours autant ? (0)
     –   vous aurez diminué un peu votre consommation de cigarettes ? (2)
     –   vous aurez beaucoup diminué votre consommation de cigarettes ? (4)
     –   vous aurez arrêté de fumer ? (6)

4- Vous arrive-t-il de ne pas être content(e) de fumer ?
     –   jamais (0)
     –   quelquefois (1)
     –   souvent (2)
     –   – très souvent (3)

8.5. Le questionnaire des comportements tabagiques (QCT-2)

Ce questionnaire (Gilliard et al., 2000 ; Gilliard, Bruchon-Schweitzer, 2001) de 28 questions est destiné à étudier les raisons qui vous incitent <u>actuellement</u> à fumer. Pour chaque affirmation, nous vous demandons de préciser ce qui correspond à votre cas. Pour cela, inscrivez une croix dans <u>une et une seule</u> des quatre colonnes à droite. La cotation est la suivante : faites la somme des D puis des S, puis des A et enfin des H, vous obtenez 4 totaux sur 21.

Dépendance : 1 +5 +9 +13 +17 +21 +25
Dimension sociale : 2 +6 +10 +14 +18 +22 +26
Régulation des affects négatifs : 3 +7 +11 +15 +19 +23 +27
Recherche de plaisir : 4 +8 +12 +16 +20 +24 +28

D - Dépendance : TOTAL =... /21
S - Dimension Sociale : TOTAL =... /21
A - Régulation des affects négatifs : TOTAL =... /21
H - Hédonisme/Geste : TOTAL =... /21

Tableau IV : QCT-2

Questionnaire des comportements tabagiques	0 Pas du tout	1 Plutôt non	2 Plutôt oui	3 Tout à fait	
1 - Je fume automatiquement, sans même y penser.					D
2 - Je fume pour faire comme les autres.					S
3 - Je fume quand je suis anxieux (se), préoccupé(e), inquiet(e).					A
4 - Le plaisir de fumer commence avec les gestes que je fais pour allumer ma cigarette.					H
5 - Dès que je ne fume pas, j'en suis très conscient et je ne peux pas contrôler le désir de fumer.					D
6 - Je fume quand je suis avec d'autres fumeurs pour me faire accepter par eux.					S
7 - Je fume quand je me sens triste, déprimé(e).					A
8 - Je prends plaisir à allumer et à tenir une cigarette.					H
9 - Quand je n'ai pas fumé depuis un moment, j'ai vraiment une envie irrésistible d'une cigarette.					D
10- Je fume pour en imposer aux autres.					S
11- Fumer me calme, me détend, me décontracte.					A
12- J'aime manipuler une cigarette.					H
13- Je prends une cigarette sans savoir pourquoi, sans m'en rendre compte.					D
14- Je fume quand je fais une pause.					S
15- Je fume quand je suis en colère.					A
16- Tirer sur une cigarette est relaxant.					H
17- Je fume par habitude.					D
18- Je fume pour avoir plus confiance en moi.					S
19- J'allume une cigarette lorsque je suis tracassé(e).					A
20- J'ai du plaisir à regarder les volutes de fumée.					H
21- Lorsque je n'ai plus de cigarette, il faut absolument que je m'en procure.					D
22- Je fume pour me donner une certaine contenance.					S
23- Je fume chaque fois que je suis mal à l'aise.					A
24- Je trouve beaucoup de plaisir dans l'acte de fumer.					H
25- Je fume dans les moments d'attente.					D
26- Je fume pour me donner du courage.					S
27- Je fume quand je me sens seul(e) pour me tenir compagnie.					A
28- Quand je me relaxe, j'ai du plaisir à fumer.					H

Voir outils pour tabac, alcool, cannabis : ***https://www.addictaide.fr/les-parcours-d-evaluation/***

Bibliographie

AUBIN, J., LAGRUE, G., DUPONT P. et al. (2003). *Comment arrêter de fumer ?*. Paris : Odile Jacob.

BELLMANN, M., PALLAZOLO, J. (2009). Le tabagisme : entre plaisir et dépendance, données actuelles et perspectives. Paris : Hermann, collection Santé-Médecine.

CARR, A., PIET, J.F. (2011). *La méthode simple pour en finir avec la cigarette*. Paris : Pocket, collection Évolution.

DAUTZENBERG, D. (2010). *Le tabagisme : de la clinique au traitement*. Paris : Éditions Med'Com, collection De la clinique.

STOEBNER-DELBARRE, A., RATTE, S., LE MAÎTRE, B. (2005). *Le sevrage tabagique : des clés indispensables pour le praticien*. Paris : Doin, collection conduite.

FERNANDEZ, L., LETOURMY, F. (2007). *Le tabagisme : de l'initiation au sevrage*. Paris : Armand Colin.

GUICHENEY, P. (2017). *Traiter l'addiction au tabac par les thérapies comportementales et cognitives*. Paris : Dunod, collection les ateliers du praticien.

LAGRUE, G. (2006). *Arrêter de fumer*. Paris : Odile Jacob, collection santé, bien-être.

MARTINET, Y., BOHADANA, A. et al. (2004). *Le tabagisme*. Paris : Masson, collection abrégés.

Revue Psychotropes (2006). *Tabagisme en France : Données et Évaluations*, 1, 12.

LE PSYCHOLOGUE ET L'ALCOOL

1. Les structures de soins en alcoologie

Il existe dans chaque département un comité départemental de prévention de l'alcoolisme. Un annuaire recense les principales structures (nombre de lits, place en hospitalisation de jour) prenant en charge les patients en difficulté avec l'alcool (Paille, 2002). Mais faute de places, un grand nombre de patients alcoolo-dépendants sont pris en charge par le dispositif général, non spécialisés en alcoologie.

Depuis les années 90, de nombreuses mesures législatives[26] vont se succéder pour fixer la création des centres de cures en alcoologie. Ces mesures et les textes qui en ont découlé déterminent les modalités d'élaboration des protocoles d'intervention auprès des sujets alcooliques et insistent sur la nécessité d'un travail en réseau, notamment avec les comités départementaux de prévention de l'alcoolisme (CDPA) et les centres d'information et de ressources sur les drogues et les dépendances (CIRDD).

L'action est aujourd'hui une action publique sur le terrain : passer d'un modèle public de santé organisé principalement autour de l'alcoolisme à un modèle de santé publique fondé sur la prévention et le traitement des conséquences d'un comportement, qu'il soit pathologique ou non.

---

[26] Consulter le site : http://www.gouv.sante.fr et plus particulièrement http://www.etatsgenerauxalcool.fr

Tableau I : Liste des différentes structures de soins

Structures nationales	Structures départementales
Association Nationale de Prévention de l'Alcoolisme (**A.N.P.A**)	Comité Départemental de Prévention de l'Alcoolisme (**C.D.P.A**)
Associations d'Anciens Malades Alcooliques (**A.A.M.A.**)	Structures de soins (**CHAA, Hôpitaux**)
Fédération française Interprofessionnelle pour le Traitement et la Prévention de l'Alcoolisme et autres Toxicomanies (**F.I.T.P.A.T**)	Mouvements d'anciens malades
	Associations affiliées **FITPAT** (Fédération française Interprofessionnelle pour le Traitement et la Prévention de l'Alcoolisme et autres Toxicomanies)

2. La clinique de l'alcoolique et le contexte d'intervention du psychologue clinicien

Les patients alcooliques sont souvent des personnes en difficultés somatiques orientées vers un soignant *« psy »*. La prise en charge de ses patients nécessite d'avoir des connaissances concernant l'état de dépendance (biogénétique, environnementale, cognitive, comportementale), de prendre en compte les troubles psycho-comportementaux, les co-morbidités, les pathologies liées à la consommation excessive et/ou chronique de l'alcool.

Le rôle du psychologue dépend du lieu et des modalités de prise en charge. Le psychologue n'intervient pas de manière isolée. Il appartient à une équipe et la prise en charge est pluridisciplinaire, quelle que soit la structure de prise en charge du patient.

– Dans un hôpital général, lors du suivi en ambulatoire, le patient est adressé aux médecins pour des perturbations somatiques variables en termes de gravité. Selon le médecin, le patient est plus ou moins informé de la consultation avec un psychologue, car au départ, il vient pour être aidé et satisfaire la demande de soins de son médecin traitant.

La première démarche du psychologue est d'identifier le référent qui adresse le patient, les indications posées en termes de soins et d'évaluer la démarche de la personne qu'il rencontre. Les premières rencontres vont être destinées à recueillir des données cliniques (analyse fonctionnelle – pour une prise en charge cognitivo-comportementale) permettant de proposer au patient une prise en charge la plus adéquate possible avec son addiction, mais aussi avec son inscription sociale, familiale et professionnelle et à évaluer les attentes du patient.

– Lors d'une hospitalisation, le patient est en état de dépendance alcoolique. Il doit être pris en charge sur le plan somatique pour effectuer un sevrage dans les meilleures conditions.

Le psychologue rencontre le patient, à la fin d'une semaine de sevrage. Il lui propose une prise en charge cognitivo-comportementale (Aubin, 2004), et plus particulièrement un protocole de *« désensibilisation au changement »* et la présentation des six cassettes PHARES (programmes vidéo, d'aide cognitivo-comportementale dans la prévention de la rechute alcoolique élaborés à partir de fiches, Aubin, Lagneau, 2000). Ce programme contient six entretiens structurés débutant par un feed-back sur la séance précédente ; puis le thème de la séance (avec l'intitulé de la séance) est ensuite abordé avec le patient. L'entretien s'achève par la proposition d'une tâche dont le but lui est présenté. La prise en charge adopte le style et les stratégies de l'entretien de motivation.

À la fin des entretiens proposés, le psychologue évalue avec le patient le suivi dont il pourra bénéficier à la sortie de l'hospitalisation, soit il s'engage dans une thérapie cognitivo-comportementale, soit il intègre un groupe d'affirmation de soi, soit il rencontre des groupes d'anciens buveurs, soit il décide d'envisager un autre type de prise en charge (psychanalytique, systémique…). Son choix est en partie déterminé par l'état de réflexion sur son addiction et son désir d'y mettre fin.

– Dans une unité fonctionnelle d'alcoologie, le patient prend un rendez-vous avec l'unité constituée de médecins (médecin du SAMU social, gastro-entérologues, psychiatre, assistante sociale, infirmières). Un premier bilan est établi et en fonction des problématiques spécifiques et de l'urgence, le patient est orienté vers le professionnel le plus adéquat et le plus disponible. Le patient remplit un dossier sur sa consommation d'alcool. Les difficultés somatiques, psychiques, familiales, professionnelles et sociales sont prises en compte et feront l'objet d'un accompagnement spécifique. Le patient est ensuite hospitalisé et suivi durant toute la durée de l'hospitalisation. Des outils sont mis à sa disposition pour l'aider à élaborer un projet personnalisé de soins (agenda de consommation, grille de consommation d'alcool pour la notation des verres absorbés, balance décisionnelle – pour ou contre boire, évaluation de la dépendance, évaluation de la motivation…). Des séances avec un des membres de l'équipe sont régulièrement organisées suivant la demande du patient.

Des groupes de relaxation sont proposés une fois par semaine aux patients ainsi que des groupes de paroles deux semaines sur trois d'une durée de deux heures par exemple sur *« l'alcool et la gestion des émotions négatives »* et « l'affirmation de soi ». Deux fois par an ont lieu des groupes de rencontres consacrés à la famille et à l'entourage du patient.

Dans le cadre de cette unité, le psychologue fait partie d'un réseau externe à la structure et intervient sur proposition de l'équipe ou demande du patient. Il existe des liens de collaboration entre l'équipe hospitalière et le psychologue qui favorise la prise en charge psychothérapique (cognitivo-comportementale, psychanalytique, systémique).

– **Dans un centre de cure ambulatoire** en alcoologie (unité fonctionnelle rattachée administrativement au service de gastro-entérologie d'un hôpital général, composée de médecins, d'un psychologue et d'une secrétaire – prise en charge et accompagnement pluridisciplinaire), le patient qui souhaite une prise en charge pour son problème d'alcool prend rendez-vous. Il est ensuite adressé aux médecins. Une réunion d'information hebdomadaire (groupe de parole, *http://bit.ly/2pQHpxo*), ouverte à toute personne concernée directement ou indirectement par un problème d'alcool est animée par un psychothérapeute et un psychologue et à tour de rôle, par chacun des médecins de l'unité. Les participants au groupe de parole (une vingtaine environ) peuvent s'informer ou s'exprimer sur la problématique « alcool ». Les thèmes abordés durant le groupe de parole sont par exemple : la sortie de l'hôpital et le retour au foyer, vivre dans un environnement sans alcool, reprise ou pas d'un peu d'alcool après le sevrage...

L'objectif est d'offrir un espace de parole et d'écoute à ceux qui veulent s'exprimer et s'informer sur leur relation à l'alcool ou à ceux qui sont confrontés à un problème avec l'alcool.

Dans le cadre institutionnel, le psychologue a un rôle clinique et d'animation des groupes de parole suivant l'orientation systémique. La présence du psychologue dans le groupe de parole favorise par sa régulation, l'authentification, la reconnaissance de la parole et une identification réciproque.

Le psychologue a aussi un rôle dans la prévention des rechutes. Il rencontre le patient pour s'assurer de sa motivation, motivation nécessaire à la réussite de la thérapie. Cette motivation peut être renforcée chez le patient abordant les raisons de l'alcoolisation – pourquoi boire ? Mais pour maintenir l'abstinence, il faut aussi permettre au patient de développer des stratégies pour savoir comment ne pas boire.

3. L'entretien

En alcoologie, les interventions précoces sont habituellement destinées à réduire le niveau de consommation chez les buveurs excessifs peu ou pas dépendants. Si le clinicien identifie une dépendance par un test ou un questionnaire, il peut discuter des résultats avec son patient (*« Qu'en pensez-vous, qu'avez-vous à en dire ? »*). La prise en charge pourra, si nécessaire, s'appuyer sur un centre de cure ambulatoire en alcoologie.

L'entretien est un moyen complémentaire et nécessaire pour comprendre l'installation de la dépendance. Lors du premier entretien avec un patient qui consulte pour des problèmes liés à l'alcool, il est nécessaire de recueillir en plus des éléments de l'anamnèse, le parcours de sa consommation. Il s'agit d'explorer (Varascon, 2005) les thèmes suivants :

— les quantités d'alcool consommées, le type de boissons alcoolisées préférées, le rythme des prises au cours de la journée ;
— les circonstances des envies de boire ;
— les effets des premières ivresses ;
— les lieux de consommation ;
— le rapport qu'entretient le sujet avec l'alcool depuis l'adolescence et ce qui pose problème dans la consommation d'alcool ;
— la place de l'alcool dans la famille ;
— les éventuels antécédents familiaux d'alcoolisme ;
— les réactions de l'entourage familial, amical et professionnel face à l'alcoolisme du sujet ;
— les périodes d'abstinence ou d'essai d'abstinence ;
— l'existence de prises en charge antérieures pour la consommation d'alcool ;
— les troubles antérieurs à l'alcoolisme ;
— l'état psychologique actuel ;
— les objectifs que le sujet se fixe et ses souhaits concernant la prise en charge, etc.

• *Si le patient ne souhaite pas parler d'alcool*, il convient alors de ne jamais insister, mais de respecter un temps de maturation tout en maintenant ouverte la possibilité de reprendre le dialogue à tout moment.
• *Si le patient accepte de parler d'alcool*, l'intervention prend la forme d'un entretien motivationnel (Lécallier, Michaud, 2004), centré sur le patient.

Il ne s'agit pas ici de convaincre tous les patients de modérer leur consommation. Il s'agit plutôt de :
• Faire entrer l'alcool dans les thèmes dont on parle « naturellement » lors de la consultation sans qu'un jugement de valeur soit porté sur le comportement et les choix du patient.
• Proposer au patient de l'aider à évaluer sa consommation (en l'aidant à faire le point) et de l'aider à la situer en fonction des seuils de risque.
• Susciter son désir de changement et l'accompagner dans sa démarche.

L'attitude en entretien repose sur des principes d'écoute, d'empathie, d'absence de confrontation.

Stratégies de l'entretien motivationnel – EM : **OUVER** (Lécallier, Michaud, 2004)

Poser des questions OUvertes

Elles s'opposent aux traditionnelles questions fermées utilisées dans le recueil d'information et font émerger les préoccupations du patient. Si le soignant a besoin de données factuelles à fins informative ou épidémiologique, il peut utiliser un questionnaire préalablement rempli en salle d'attente. Celui-ci peut être restitué de façon personnalisée lors d'une prochaine consultation. De façon générale, il est conseillé de ne pas poser plus de trois questions, même ouvertes, successivement.

Valoriser

Le thérapeute ponctue l'entretien par des phrases valorisant la démarche. Il renforce ainsi le sentiment d'efficacité personnelle et l'estime de soi du patient. L'ambivalence elle-même peut être intégrée dans la valorisation, lorsque le thérapeute reconnaît la responsabilité et la liberté de choix. Cela contribue à abaisser la résistance et à faire émerger le discours-changement.

Pratiquer l'Écoute réflective

Elle n'est certes pas spécifique de l'EM, mais caractérise vraiment son style. Ne se différenciant d'une question que par une inflexion de la voix, le reflet est une affirmation qui renvoie de façon dirigée son propre discours au patient. L'écoute réflective se pratique avec un jeu de nuances qualitatives (répétition, reformulation, paraphrase, reflet des sentiments) et quantitatives (reflet simple, amplifié, sous-évalué, double reflet). Elle permet de « laisser la main » au patient en ce qui concerne le contenu du discours tout en l'orientant dans le développement ou l'explicitation de son ambivalence, sa motivation, son discours-changement.

Résumer

De courtes et fréquentes récapitulations ponctuant l'entretien (toutes les trois questions et/ou reflets) permettent de travailler les deux versants de l'ambivalence, de sélectionner les éléments motivationnels et de les faire réentendre au patient. Elles autorisent enfin celui-ci à corriger ou à développer le tableau. Un résumé de l'ensemble de ce qui a été dit termine l'entretien.

La durée de la première phase dépend bien sûr de l'étape de changement à laquelle se situe le patient, une proposition prématurée de plan d'action et d'engagement dans la phase 2 risquant de susciter de la résistance.

Exemples de questions ouvertes pour susciter le discours-changement

1. Inconvénients du *statu quo*
• Qu'est-ce qui vous inquiète dans votre situation actuelle ?
• Quelles difficultés avez-vous eues en rapport avec votre consommation d'alcool ?
• Qu'est-ce qui, dans votre façon de boire, vous inquiète, vous ou votre entourage ?

2. Avantages du changement
• Comment aimeriez-vous voir évoluer les choses ?
Quelles pourraient être pour vous les bonnes raisons de ne plus boire ?

À quoi voudriez-vous que votre vie ressemble dans cinq ans ?
Et si par magie les choses changeaient dans l'instant, qu'est-ce qui s'améliorerait

3. Optimisme à l'égard du changement
• Si vous décidiez ce changement, qu'est-ce qui vous fait penser que vous y arriveriez ?
• Qu'est-ce qui vous encourage à penser que, si vous le souhaitez, vous pouvez changer ?
• Qu'est-ce qui marcherait, d'après vous, pour vous aider à changer ?
• Dans quelle mesure vous faites-vous confiance pour mener à bien ce changement ?

3. Intention de changer
• Qu'est-ce que vous pensez de votre consommation d'alcool en ce moment ?
• Qu'est-ce que vous aimeriez essayer de faire ?
• Que pensez-vous pouvoir faire ?
• Qu'avez-vous l'intention d'entreprendre maintenant ?

La « *question alcool* » peut être abordée en fonction de la présence de signes d'appel chez certains patients (approche opportuniste).

• *Dans certaines situations, en présence de certains signes fonctionnels*. Au cours de l'entretien, vous pouvez alors poser la question sur le mode « *que pouvez-vous me dire de votre consommation d'alcool ? * » plutôt que « *est-ce que vous buvez ? * ».
• *Dans le cadre d'une campagne de sensibilisation*. La présence d'affichettes, de dépliants dans la salle d'attente de votre consultation permet de signaler à vos patients que vous accordez de l'intérêt à la question de l'alcool et les invitez à en parler d'eux-mêmes.
• *À l'occasion d'une première consultation* : la consommation d'alcool peut être une donnée « naturelle » recueillie auprès de tout nouveau patient, au même titre que la consommation de tabac, de médicaments, les antécédents personnels et familiaux, l'hygiène de vie et les facteurs de risque.
• *À l'occasion aussi d'une grossesse* (en parler systématiquement). Chez la femme enceinte, il n'a pas été mis en évidence un seuil de consommation sans risque. En vertu du principe de précaution, il est donc recommandé aux femmes enceintes de s'abstenir totalement de toute consommation d'alcool (vin, bière, cidre, apéritifs et alcools forts...) dès le début de la grossesse et pendant toute sa durée. Cette recommandation vaut pour toutes les occasions de consommation, qu'elles soient quotidiennes ou ponctuelles, même festives.

La « *question alcool* » peut être abordée selon une approche systématique peut être menée auprès de l'ensemble des patients (s'ils en sont d'accord).

<u>Exemples</u> :
• Troubles sociaux (difficultés conjugales, difficultés scolaires des enfants, problèmes financiers chroniques, violence familiale…) ;
• Troubles psychiques et comportementaux (troubles du sommeil, anxiété généralisée, irritabilité, dépression, perte d'intérêt, sentiment d'inefficacité, accidents — même domestiques -, troubles mnésiques, tentatives de suicide, usage d'autres produits psycho-actifs) ;
• Plaintes somatiques (gastralgies, pyrosis, diarrhées, crampes, palpitations…) ;
• Signes d'examen (haleine alcoolisée, HTA, troubles du rythme, incongruité comportementale inhabituelle) ;
• Signes biologiques dans un bilan « banal » (marqueurs précoces : élévation de l'uricémie, des triglycérides, du cholestérol ; marqueurs plus tardifs : élévation du VGM, des transaminases, des gamma-GT, etc.) ;
• Autres : informations spontanément rapportées par la famille ou l'environnement.

Vignette clinique :
Monsieur R. 60 ans, veuf, sans enfant, ancien ingénieur à la retraite, consulte pour son alcoolisme. Après une période d'abstinence de 5 ans, la rechute est massive. Il consulte de son plein gré pour se faire aider « ne plus boire » et surtout *« ne plus rechuter »*. Il explique sa rechute par une rupture avec une femme mariée, G., avec laquelle il a entretenu une relation discrète pendant plusieurs années. Il était abstinent quand il était avec elle, car *« elle lui faisait du bien »*. Depuis cette rupture, monsieur R. s'alcoolise massivement. Il consomme surtout des alcools forts chez lui quand il est seul. Il boit également au bar entouré d'amis *« mais de manière plus raisonnable pour ne pas se faire trop remarquer en société »*. Avant de rencontrer celle qui partageait sa vie « en pointillés », il collectionnait les conquêtes féminines. Il n'aboutissait jamais à une relation durable et solide. Il *« tombait sur des femmes attirées par l'argent qui profitaient de son argent et de sa gentillesse »*. Il n'avait jamais rencontré quelqu'un qui le méritait avant G.
Les parents de monsieur R. sont décédés. Le père alcoolique quitte le domicile familial lorsque monsieur R. avait 4 ans. *« Il était alcoolique, violent, absent »*. Il est mort d'une cirrhose.
« À la maison, pas un repas sans vin. Pas un café sans digestif. Pas de soirée sans alcool fort ». Dégoûté par le comportement de son père, il s'était juré de ne jamais boire. Sa mère est morte, il avait 45 ans. Il s'est occupé d'elle les dernières années de sa vie. Sa femme l'a beaucoup soutenu à cette époque, il n'a pas « replongé dans une alcoolisation massive ». Monsieur R. a commencé à boire à 26 ans avec des amis. Il sortait et faisait la fête les fins de semaine *« pour décompresser et profiter de la vie »*. Il buvait aussi un peu quand il se sentait mal ou qu'il avait le cafard *(« je prends un petit remontant et ça repart »)*. Il rencontre sa femme à 30 ans et réduit sérieusement sa consommation d'alcool *(« je n'ai plus bu d'alcools forts à la maison, seulement du vin au cours des principaux repas et invitations diverses »* ;

« *je buvais de temps en temps avec les copains des alcools forts* »). Ils n'ont pas eu d'enfants, car avec son métier d'ingénieur ils ont beaucoup voyagé et séjourné dans de nombreux pays. Il est arrivé malgré sa problématique alcoolique à se maintenir dans son emploi jusqu'à la retraite. Son médecin de famille, qui est un ami de longue date, l'a aidé à réduire sa consommation d'alcool et assure le suivi depuis des années. À chaque rechute, il intervient pour l'aider et le conseiller. Il a recommencé à boire à 50 ans durant la maladie de sa femme et à sa mort. Il pense que l'alcool l'aide à surmonter les difficultés *(« l'alcool a été ma béquille à la mort de ma femme après un cancer »)*, les stress de la vie quotidienne ou professionnels (repas et soirées d'affaires, cocktails professionnels – *« dans ces soirées, tout le monde boit, on est plus à l'aise après quelques verres de whisky »*).

4. L'évaluation de la consommation d'alcool : questionnaires

Le *DETA* [INSERM, 2003, Malet et al., 2005] (acronyme de « diminuer, entourage, trop et alcool »), qui est la formulation française du questionnaire CAGE (*Cut off, Annoyed, Guilty, Eye opener*), comprend les quatre questions suivantes (tableau II) :

Une seule réponse positive au DETA doit attirer l'attention du clinicien et imposer une évaluation plus approfondie de la consommation du patient concerné. Deux réponses positives permettent de dépister l'abus ou la dépendance avec une bonne sensibilité et une bonne spécificité.

Tableau II : DETA

1- Avez-vous déjà ressenti le besoin de diminuer votre consommation de boissons alcoolisées ?
2- Votre entourage vous a-t-il déjà fait des remarques au sujet de votre consommation ?
3- Avez-vous déjà eu l'impression que vous buviez trop ?
4- Avez-vous déjà eu besoin d'alcool dès le matin pour vous sentir en forme ?

– L'*AUDIT* (INSERM, 2003) comporte 10 questions. Les questions 1, 2, 3 explorent la « consommation déclarée d'alcool ». Les questions 4, 5, 6 permettent d'évaluer la dépendance. Les quatre dernières questions (7, 8, 9, 10) concernent les problèmes rencontrés du fait de la consommation d'alcool. Il a été développé par l'Organisation Mondiale de la Santé (OMS), qui a retenu qu'un score supérieur ou égal à 8 chez l'homme et à 7 chez la femme est évocateur d'un usage à risque. Un score entre 9 et 12 indique une consommation nocive d'alcool. Un score supérieur à 12 indique une dépendance à l'alcool. La cotation s'étend de 0 à 4.

Tableau III : AUDIT

Questions	0	1	2	3	4
1- Quelle est la fréquence de votre consommation d'alcool ?	Jamais	Une fois par mois ou moins	2 à 4 fois par mois	2 à 3 fois par semaine	Au moins 4 fois par semaine
2- Combien de verres contenant de l'alcool consommez-vous un jour typique où vous buvez ?		3 ou 4	5 ou 6	7 ou 8	10 ou plus
3- Avec quelle fréquence buvez-vous six verres ou davantage lors d'une occasion particulière ?	Jamais	Moins d'une fois par mois	Une fois par mois	Une fois par semaine	Tous les jours ou presque
4- Au cours de l'année écoulée, combien de fois avez-vous constaté que vous n'étiez plus capable de vous arrêter de boire une fois que vous aviez commencé ?	Jamais	Moins d'une fois par mois	Une fois par mois	Une fois par semaine	Tous les jours ou presque
5- Au cours de l'année écoulée, combien de fois votre consommation d'alcool vous a-t-elle empêché de faire ce qui était normalement attendu de vous ?	Jamais	Moins d'une fois par mois	Une fois par mois	Une fois par semaine	Tous les jours ou presque
6- Au cours de l'année écoulée, combien de fois avez-vous eu besoin d'un premier verre pour pouvoir démarrer après avoir beaucoup bu la veille ?	Jamais	Moins d'une fois par mois	Une fois par mois	Une fois par semaine	Tous les jours ou presque
7- Au cours de l'année écoulée, combien de fois avez-vous eu un sentiment de culpabilité ou des remords après avoir bu ?	Jamais	Moins d'une fois par mois	Une fois par mois	Une fois par semaine	Tous les jours ou presque
8- Au cours de l'année écoulée, combien de fois avez-vous été incapable de vous rappeler ce qui s'était passé la soirée précédente parce que vous aviez bu ?	Jamais	Moins d'une fois par mois	Une fois par mois	Une fois par semaine	Tous les jours ou presque
9- Avez-vous été blessé ou quelqu'un d'autre a-t-il été blessé parce que vous aviez bu ?	Non		Oui, mais pas au cours de l'année écoulée		Oui, au cours de l'année
10- Un parent, un ami, un médecin ou un autre soignant s'est-il inquiété de votre consommation d'alcool ou a-t-il suggéré que vous la réduisiez ? Total :	Non		Oui, mais pas au cours de l'année écoulée		Oui, au cours de l'année

Le MAST

Il étudie les relations familiales et sociales, l'activité professionnelle, les modalités et les conséquences des alcoolisations. Il existe plusieurs versions (MAST, 25 items; Brief MAST ou MAST 10; Short MAST, 13 items). Selzer (1975) a proposé une version raccourcie à 13 items (tableau IV où le sujet répond par oui et par non aux différentes questions. Une cotation est attribuée en fonction des réponses aux questions (0, 1, 2, 5).

- De 0 à 3 points, on ne retient pas de problèmes liés à la consommation d'alcool.
- Il existe une zone grise entre 3 et 5 points
- Au-delà de 5 points, le diagnostic d'alcoolodépendance est probable.
- À partir de 10 points, le diagnostic de dépendance est certain.

Tableau IV : Short MAST

1. Pensez-vous que vous consommez de l'alcool en quantité plus que la normale ?	Oui=2	Non=0
2. Vos proches vous ont-ils déjà fait des reproches au sujet de votre consommation d'alcool ?	Oui=1	Non=0
3. Vous êtes-vous déjà senti coupable au sujet de votre consommation d'alcool ?	Oui=1	Non=0
4. Est-ce que vos amis et vos proches parents pensent que vous êtes un buveur normal ?	Oui=0	Non=2
5. Arrivez-vous toujours à stopper votre consommation d'alcool quand vous le voulez ?	Oui=0	Non=2
6. Avez-vous assisté à une réunion d'anciens buveurs (Alcooliques Anonymes) pour un problème d'alcool ?	Oui=5	Non=0
7. Est-ce que l'alcool a déjà créé des problèmes entre vous et votre conjoint(e) ?	Oui=2	Non=0
8. Avez-vous déjà eu des problèmes professionnels à cause de votre consommation d'alcool ?	Oui=2	Non=0
9. Avez-vous déjà négligé vos obligations, votre famille ou votre travail pendant deux jours de suite ou plus en raison de votre consommation d'alcool ?	Oui=2	Non=0
10. Avez-vous demandé de l'aide ou des conseils à autrui au sujet de votre consommation ?	Oui=5	Non=0
11. Avez-vous déjà été hospitalisé en raison de votre consommation d'alcool ?	Oui=5	Non=0

12. Avez-vous déjà été arrêté, ne serait-ce que quelques heures en raison d'un état d'ivresse ?	Oui=2	Non=0
13. Avez-vous déjà été inculpé d'ivresse au volant ?	Oui=2	Non=0

T-ACE

Le T-ACE (tableau V) est un questionnaire à 4 items *(Tolerance, Annoy, Cut down, Eye opener)* développé spécifiquement pour la pratique obstétricale (Sokol et al., 1989), et qui aborde de manière indirecte la consommation d'alcool puisqu'il s'enquiert de la tolérance aux effets de l'alcool, des conséquences psychologiques de la consommation et de l'avis de l'entourage concernant cette consommation. Plusieurs études (Russel et al., 1994, 1996 ; Chang, 2001 ; Varascon et al., 2007) ont confirmé, auprès d'une large population, l'intérêt de l'utilisation du T-ACE dans le repérage de l'alcoolisation des femmes enceintes. Le T-ACE [pour Tolérance (1) - Fâchée (2) — Diminuer (3) -Ouvrir les yeux (4)] permet de repérer les conduites de consommation d'alcool à risque pendant la grossesse. Spécifiquement adapté à la pratique obstétricale, cet outil a pour qualités d'être court et facilement complété par les futures mères.

Tableau V : T-ACE

T-ACE	Nombre de verres et Oui =1 ; Non = 2	Total (points)
1. Combien de verres vous faut-il pour sentir les effets de l'alcool ?		
2. Des gens vous ont-ils fâché en vous disant que vous devriez diminuer votre consommation d'alcool ?		
3. Avez-vous l'impression que vous devez diminuer votre consommation ?		
4. Avez-vous déjà ressenti le besoin de boire un verre en vous levant le matin ?		

Si une femme répond deux verres ou plus à la première question, inscrivez deux points. Elle reçoit un point pour chaque réponse positive aux autres questions. Un total de deux points ou plus indique un comportement à risque en matière de consommation d'alcool chez la femme enceinte.

Tableau VI : seuils de consommation définis par l'Organisation Mondiale de la Santé (OMS) pour la population générale, en dehors de situations particulières à risque (SFA, 2001).

<table>
<tr><td>

— Jamais plus de 4 « verres standard* » par occasion pour l'usage ponctuel.

— Pas plus de 21 « verres standard » par semaine pour l'usage régulier chez l'homme (3 verres par jour en moyenne).

— Pas plus de 14 « verres standard » par semaine pour l'usage régulier chez la femme (2 verres par jour en moyenne).

* Le terme « verre standard » désigne la quantité « normalisée » pour chaque catégorie de boisson alcoolique dans les lieux de consommations publics.

</td></tr>
</table>

Voir outils pour tabac, alcool, cannabis : ***https://www.addictaide.fr/les-parcours-d-evaluation/***

Alcool :
https://www.ipubli.inserm.fr/bitstream/handle/10608/154/?sequence=20

Bibliographie

AUBIN, H. J., LAGNEAU, A. (2000). PHARES : programme vidéo d'aide cognitivo-comportementale dans la prévention de la rechute alcoolique. *Alcoologie et addictologie*, 4, 22, 337-346.

AUBIN, H. J., MEUNIER, M., BERGHOUT, C. (2004). Les thérapies cognitivo-comportementales de l'alcoolisme. *La lettre de l'hépato-gastro-entérologue*, 2,7, 78-81.

BENYAMINA, A., REYNAUD, M. (2013). *Alcool et troubles mentaux. De la compréhension à la prise en charge du double diagnostic*. Paris : Masson, collection médecine et psychothérapie.

BOULZE, I. (2011). *L'alcoolisme. Psychopathologie psychanalytique*. Paris : Armand Colin, collection 128.

CARR, A., DESINDE, C. (2019). *La méthode simple pour maîtriser sa consommation d'alcool*. Paris : Pocket, collection Pocket Evolution.

CHANG, G. (2001). Alcohol-screening instruments for pregnant women. *Alcohol Res Health*, 25, 204-209.

ERALDI-GACKIERE, D., GRAZIANI, P. (). *Comment arrêter l'alcool ?* Paris : Odile Jacob.

GOMEZ, H. (2014). *Guide de l'accompagnement des personnes en difficulté avec l'alcool*. Paris : Dunod, collection, 3e édition, collection psychothérapies.

GRAZIANI, P., ERALDI-GACKIERE, D. (2003). *Comment arrêter l'alcool ?* Paris : Odile Jacob.

INSERM (2003). Alcool : Dommages sociaux, abus et dépendance. Rapport. Paris : Les éditions INSERM, XXII - 536 p. (Expertise collective).

KARILA, L. (2010). *L'alcoolisme*. Paris : Le cavalier bleu, collection idées reçues.

LÉCALLIER, D., MICHAUD, P. (2004). L'entretien motivationnel. Une évolution radicale de la relation thérapeutique. *Alcoologie et Addictologie*, 26,2, 129-134.

MALET, L., CHWAN, R., BOUSSIRON, D., AUBLET-CUVELIER, B., LLORCA, P.M. (2005). Validity of the CAGE questionnaire in hospital. *European Psychiatry*, 20,7, 484-489.

MENECIER, P. (2013). *Boire et vieillir*. Toulouse : Eres.

MENECIER, P. (2013). *Les aînés et l'alcool*. Toulouse : Eres.

MENECIER, P. (2019). *Psychoalcoologie à l'hôpital*. Paris : Editions In Press, Fiches de psycho.

MENECIER, P., MAISONDIEU, J. (2019). *Soins, alcool et personnes âgées*. Lyon : Chronique sociale, collection comprendre les personnes.

MONJAUZE, M. (2011). *Pour une nouvelle clinique de l'alcoolisme*. Paris : In Press, collection explorations psychanalytiques.

NEWIADOMSKI, C. (2000). Histoires de vie et alcoolisme. Paris : Seli Arslan, collection perspective soignante.

PALAZZOLO, J., POTY, M. (2006). *Aidez vos proches à surmonter l'alcoolisme*. Paris : Hachette pratique.

PAILLE, F. (2001). Évaluation pratique de la consommation d'alcool. *Gastroentérologie Clinique et Biologique*, 26,5, 141-148.

Revue Psychotropes (2003). Boire après l'alcoolisme, n° 9 (consultable sur Cairn).

ROMO, L., GRAZIANI, P. (2015). *Surmonter un problème avec l'alcool*. Paris : Dunod, collection mon cahier d'accompagnement.

RUSSELL, M., MARTIER, S.S., SOKOL, R.J. (1994). Screening for pregnancy risk-drinking. *Alcoholism: Clinical and Experimental Research, 18*, 1156 1161.

RUSSELL, M.; MARTIER, S. S.; SOKOL, R. J. et al. (1996). Detecting risk drinking during pregnancy: A comparison of four screening questionnaires. *American Journal of Public Health,* 86, 1435-1439.

SELZER, M.L., VINOKUR, A., ROOIJEN, L. (1975). A self-administered Short Michigan Alcoholism Screening Test (SMAST). *Journal of Studies on Alcohol, 36*, 117-126.

TAMIAN-KUNEGEL, I., RIGAUD, A. (2015). Le conjugal et le familial face à la problématique alcoolique. Lyon : Chronique sociale, collection comprendre la société.

VARESCON, I. (2005). *Psychopathologie des conduites addictives : alcoolisme et toxicomanie*. Paris : Belin Sup psychologie.

VARESCON, I., GAUGUE, J., WENDLAND, J. (2007). Alcool et grossesse. Première utilization du questionnaire de dépistage Q-TACE dans la population française. *Alcoologie et addictologie*, 29,3, 221, 226.

ASSOCIATIONS, RÉSEAUX DIVERS, SITES INTERNET, APPLICATIONS

1. Les Sites Internet
2. Les groupes ou associations d'entraide sur les addictions
3. Les applications pour lutter contre les addictions

1. Les sites Internet

MILDT (Mission Interministérielle de Lutte contre la Drogue et la Toxicomanie)
Créée en 1982, la MILDT anime et coordonne les actions de l'État en matière de lutte contre les drogues et les toxicomanies, en particulier dans les domaines de l'observation et de la prévention de la toxicomanie, de l'accueil, des soins et de la réinsertion des toxicomanes, de la formation des personnes intervenant dans la lutte contre la drogue et la toxicomanie, de la recherche, de l'information. Sur son site Internet (***http://www.drogues.gouv.fr***), on trouve des informations et des documents sur les différents types de drogues : drogues illicites (cannabis, ecstasy, amphétamines, héroïne, LSD, kétamine, champignons et plante,) et drogues licites (alcool, tabac) et autres consommations (GHB, poppers et solvants, conduites dopantes, addictions sans produits et médicaments psychotropes). Des informations légales sont données concernant les différentes drogues. La rubrique *« être aidé »* donne des conseils pratiques et fournit des documents utiles aux jeunes et aux parents au sujet des drogues. Elle offre une liste de lieux d'accueil et de structures pour la prise en charge des usagers de drogues. Elle propose un numéro d'appel pour joindre un professionnel (drogues info service : 0 800 23 13 13).

OFDT (Observatoire Français des Drogues et des Toxicomanies)
Crée en 1993, l'OFDT (***http://www.ofdt.fr***) est la source de référence en matière d'épidémiologie des usages de drogues licites ou illicites en France. Le site permet d'accéder à un menu présentant la liste des produits (alcool, cannabis, cocaïne et crack, ecstasy et amphétamines, hallucinogènes, héroïne et autres opiacés, médicaments psychotropes et nouvelles drogues de synthèse, poppers, drogues et autres solvants, tabac, toutes drogues) qui conduit à des synthèses thématiques (vue d'ensemble, production/offre, consommation : niveau et fréquence, perceptions/opinions, réponses publiques, lois et politique) agrémentées de références bibliographiques, redirigeant vers des publications disponibles en texte intégral et classées par année et une base bibliographique (***http://www.toxibase.org***) permettant de réaliser des recherches par mots-clés et/ou par type. Des données (indicateurs) européennes, nationales et locales sont

fournies dans le domaine des addictions aux substances illicites et licites. Et des espaces collaboratifs permettent d'accéder à de nombreux documents (évaluations, enquêtes, etc.). Des appels d'offres concernant la conduite de recherches sur les addictions sont également proposés.

INPES (Institut National de Prévention et d'Éducation pour la Santé)
Cet institut (*http://www.inpes.sante.fr*) est un acteur de santé publique plus particulièrement chargé de mettre en œuvre les politiques de prévention et d'éducation pour la santé dans le cadre plus général des orientations de la politique de santé publique fixées par le gouvernement. Depuis sa création, l'INPES s'est positionné comme un soutien aux acteurs de terrain, qu'ils soient institutionnels, notamment au sein des groupements régionaux de santé publique (GRSP), ou associatifs, en particulier à travers les appels à projets pour l'éducation et la promotion de la santé. Des actions d'informations et de formations sont conduites auprès des professionnels de santé et de l'éducation. Il rassemble un réseau de comités départementaux et régionaux, publie et diffuse de nombreux documents de synthèse ou publications sur la santé en France par l'intermédiaire d'un catalogue (listant les thèmes, les populations concernées, les outils ou supports de prévention de la santé) ou d'une rubrique de nouveautés éditoriales. Il publie un magazine bimestriel d'information et de réflexion en éducation pour la santé. Une base de données bibliographiques et documentaires est en santé publique est consultable (*http://www.bdsp.ehesp.fr*). Destiné à un large public, le site donne l'accès à tous les supports de prévention qu'il édite et notamment à des documents interactifs. C'est le site de référence sur les grandes enquêtes en santé et campagnes de prévention françaises.
Comprendre l'action des drogues
http://www.inpes.sante.fr/CFESBases/catalogue/pdf/354.pdf
Drogues en savoir plus
http://www.inpes.sante.fr/CFESBases/catalogue/pdf/660.pdf
http://www.inpes.sante.fr/CFESBases/catalogue/pdf/491.pdf
Livret de prévention de l'utilisation de drogues
http://www.inpes.sante.fr/CFESBases/catalogue/pdf/492.pdf

RESPADD (Réseau de prévention des addictions)
Le RESPADD (*http://www.respadd.org*) fédère des établissements de santé (Assistance Publique-Hôpitaux de Paris (*http://www.aphp.fr*), Réseau Hôpital Sans Tabac, Mutuelle Nationale des Hospitaliers (*http://www.mnh.fr*), Fédération Hospitalière de France (*http://www.fhf.fr*), Fédération des Établissements Hospitaliers Privés (*http://www.fehap.fr*) autour de thématiques communes et oriente les initiatives vers des projets stratégiques et la promotion d'une culture d'addictologie à l'hôpital. Les objectifs de ce réseau sont d'informer et de sensibiliser les établissements de santé, sociaux et médico-sociaux pour prévenir les pratiques addictives et leurs complications ; d'accompagner les établissements

de santé dans l'organisation de la prise en charge des pratiques addictives et de promouvoir une dynamique de Réseau. Le RESPADD propose aux établissements de santé un ensemble de services destinés à les aider dans la prévention et la prise en charge des pratiques addictives (formations[27] par exemple). Il publie une lettre trimestrielle d'information. Chaque année, le RESPADD met en œuvre un programme de missions (recherches-actions) cofinancées avec le ministère de la Santé (DGS). Ce programme s'inscrit dans le cadre des orientations des pouvoirs publics dans le domaine de l'addictologie et vise à répondre aux besoins des établissements de santé auxquels il apporte son expertise et son assistance. Il propose également une rencontre annuelle sur un thème, par exemple, en 2009, sur les *« pratiques addictives chez le sujet âgé »*.

OFT (Office Français de Prévention du Tabagisme)

Ce site de prévention du tabagisme (***http://www.ofta-asso.fr***) propose de nombreuses rubriques sur le tabac (tabac et nutrition, tabac et grossesse, tabac et santé), sur la dépendance (physique, psychologique, environnementale et comportementale) et sur les autres addictions (cannabis notamment). Des guides pratiques (brochures, fiches, etc.) et des catalogues en ligne (outils d'information et de prévention par exemple) sont fournis.

Le site présente différents espaces en fonction du public visé :

– **un espace « *Entreprises, bien être et santé au travail* »** pour informer les salariés sur le tabagisme *(« ce qu'ils doivent savoir sur le tabac ! »)* et sur les actions à entreprendre pour aider les entreprises à sensibiliser les salariés aux problèmes du tabac et addictions associées et les aider à arrêter de fumer en proposant des protocoles de sevrage.

– **un espace « Fumeurs et familles »** permettant de découvrir les méthodes pour arrêter de fumer, des conseils pratiques pour réussir son sevrage, pour limiter la prise de poids. Un espace *« jeunes »* permet d'accéder au jeu Smoky Rabbit, porteur d'un message de santé pour en finir avec le tabac (par exemple, se protéger du tabagisme passif, aider les fumeurs à ne pas fumer de façon à leur éviter d'être « carbonisés » et leur ouvrir les portes d'une longue, saine et heureuse vie).

– **un espace « *Femmes* »** donnant des informations utiles sur les risques spécifiques du tabagisme féminin et sur le tabac et la grossesse.

– **un espace « Professionnels de santé »** mettant à leur disposition des recommandations de pratiques pour prendre en charge le tabagisme (tabagisme et affections psychiatriques, tabagisme et grossesse, stratégies thérapeutiques pour le sevrage, etc.) et aborder les consommations de manière efficace (conseil minimal, polyconsommation, tests, orientation, etc.). Les établissements

---

[27] La prise en charge du patient tabacodépendant à l'hôpital, l'abord du fumeur en milieu de soins psychiatriques, les substances psychoactives et le concept d'addiction, alcool, tabac, médicaments… et sujets âgés, etc.

hospitaliers sont invités à s'ouvrir vers la prévention des conduites addictives et à se laisser accompagner dans leur démarche vers un hôpital sans tabac. Des aides méthodologiques sont également proposées pour la mise en place d'unités d'alcoologie. Un programme numérique de formation est développé à destination des personnels hospitaliers.

L'Office français de prévention du tabagisme participe à de nombreuses études sur le tabagisme. Une journée mondiale sans tabac est organisée chaque année. En 2010, le thème de la journée était « *Femmes et tabac* ».

– **un espace** *« Enseignement »* développant le programme des classes non-fumeurs, un programme européen de prévention du tabagisme, réalisé en partenariat avec de nombreux organismes publics, associatifs et privés, et destiné aux jeunes (***http://www.classesnonfumeurs.org***).

SFA (La Société Française d'Alcoologie) et SFT (La Société Française de Tabacologie)

La *Société Française d'Alcoologie* (***http://www.sfalcoologie.asso.fr***) est une association reconnue d'utilité publique (décret du 20 octobre 1998) qui a pour but le développement de l'alcoologie, discipline visant, au sein de l'addictologie, toutes les connaissances concernant l'alcool, depuis les conditions de sa production jusqu'aux conséquences de sa consommation. Elle organise toutes activités de nature à instituer et développer des contacts entre les membres des différentes disciplines scientifiques et professions intéressées. Elle contribue au développement de l'information, de l'enseignement et de la recherche dans ce domaine à la formation médicale continue et participe à l'évaluation des pratiques professionnelles en établissant des relations avec tous les organismes concernés, publics ou privés, nationaux ou internationaux. Elle propose des réunions scientifiques sur des thèmes en rapport avec l'alcoolisme (l'alcool, la ville et la cité ; controverses et actualités en alcoologie ; accompagner l'alcoolo-dépendant, etc.) et des groupes de travail (santé au travail et conduites addictives ; personnes âgées et conduites addictives ; traitements médicamenteux d'aide au maintien de l'abstinence, etc.) et des mises au point sur l'activité internationale dans le domaine de l'alcoologie. Des documents de référence sont téléchargeables sur le site (diaporamas pédagogiques, conférences de consensus, recommandations, etc.). Un annuaire des structures de soins en alcoologie est consultable en ligne. La SFA publie une revue trimestrielle « *Alcoologie & addictologie* ».

La *société Française de Tabacologie* (***http://societe-francaise-de-tabacologie.com***) a pour but de soutenir les recherches scientifiques sur le tabac, son usage, ses conséquences sur la santé, ainsi que sur la dépendance tabagique et les conduites apparentées ; de faciliter la diffusion et l'application de ces recherches ; de promouvoir l'enseignement de la tabacologie. Pour parvenir à ces buts, elle organise des réunions scientifiques ; suscite et organise des travaux de recherche multicentriques ; propose des bourses à des étudiants consacrant à la préparation d'un diplôme d'enseignement supérieur sur le thème préférentiel de la dépendance tabagique, ainsi que sur d'autres aspects du tabagisme ; participe à l'enseignement de la tabacologie. Elle publie des mises au point (allaitement maternel chez les femmes fumeuses : connaissances actuelles, par exemple), des informations sur les actualités tabacologiques (échelles internationales d'évaluation utilisables en tabacologie. Synthèse de recensement, de traduction et de validation, par exemple) et une lettre mensuelle. Elle propose une liste de formations en tabacologie (DIU) et des liens Internet utiles dans le champ du tabagisme.

Tabac Info-service (***https://www.tabac-info-service.fr***). Ce site est consacré à l'arrêt du tabac. Il propose des outils et des travaux pratiques pour évaluer le niveau d'addiction des consommateurs et déterminer leurs réelles envies d'arrêter de fumer. Un coaching personnalisé est mis à la disposition des usagers pour les accompagner dans leur démarche. Il s'agit d'une application qui est destinée à aider les personnes à arrêter de fumer.

2. Les groupes ou associations d'entraide sur les addictions

AA (Alcooliques Anonymes, France)
Les Alcooliques Anonymes sont une association regroupant des hommes et de femmes qui partagent entre eux leur expérience, leur force et leur espoir dans le but de résoudre leur problème d'alcool et d'aider d'autres alcooliques à se rétablir. Leur site (***http://www.alcooliques-anonymes.fr/aafrance***) donne des informations sur l'association (qui sont les AA ?) et les dates de réunions organisées par régions dans toute la France. Il s'adresse aux proches des alcooliques, aux jeunes ayant un problème avec l'alcool, aux professionnels qui désirent aider les malades alcooliques. Un numéro indigo 0820 32 68 83 ouvert 7 jours sur 7 et 24h sur 24 (0,12 euros TTC la minute depuis un poste fixe) est accessible aux appelants qui souhaitent parler de l'alcool pour s'en libérer. Un questionnaire de dépistage des problèmes d'alcool est proposé en ligne.

AL-ANON/ALATEEN Groupes Familiaux France
Al-Anon (pour les adultes)/Alateen (pour les jeunes membres de la famille) en France est une association de parents et d'amis d'alcooliques qui partagent leur expérience, leur force et leur espoir dans le but de résoudre les problèmes causés par la vie auprès d'un alcoolique. Leur site (***http://al-anon-alateen.fr***) donne des informations sur le fonctionnement de l'association (principes, valeurs, fonctionnement, modalités d'aide, etc.), les dates de réunions organisées en ligne (échanges de mails ou sur Internet : ***http://fr.groups.yahoo.com/group/courage-gfa***) et en langue étrangère (anglais, polonais, par exemple). L'association propose de la documentation (livres, affiches, CD-Rom sur l'alcoolisme ; autres documents sur l'association). Des enregistrements audio et vidéo (conférences, témoignages, dossier de presse) sont consultables sur leur site. Un espace communication est

réservé aux personnes souhaitant témoigner d'un problème d'alcool ou recevoir de l'aide via un formulaire de contact.

NA (Narcotiques Anonymes, France)

Narcotiques Anonymes (***http://www.narcotiquesanonymes.org***) préconise l'abstinence complète de toute drogue et s'adresse aux dépendants, aux gens pour qui la drogue est devenue un problème majeur. La seule condition requise pour devenir membre de NA est le désir d'arrêter de consommer. Les réunions de NA ont lieu à intervalles réguliers (*cf.* carte de France des réunions). C'est à l'intérieur de ces réunions que les dépendants peuvent s'entraider à rester abstinents et se retrouver dans une atmosphère propice au rétablissement. L'efficacité de NA dépend directement de ce système d'entraide.

L'association propose de la documentation pour les professionnels téléchargeables sur le site (*« par des jeunes dépendants pour des jeunes dépendants » ; « mieux connaître les Narcotiques Anonymes » ; « un autre point de vue »*), un forum des Dépendants, une liste de sites amis. Des informations sur les personnes à contacter pour les membres NA, pour les professionnels (comité d'aide aux groupes, comité d'information et de relations publiques, comité-hôpitaux et institutions) et sur les différents évènements (conventions régionales par exemple) sont également fournies. Un numéro vert 0 800 88 12 88 permet de recevoir des appels de personnes ayant des problèmes de drogues tous les jours de 18 heures à 22 heures. Une permanence est assurée chaque premier mardi du mois de 18h30 à 19h30 à la maison des usagers de l'Hôpital européen Georges Pompidou, 15 rue Leblanc 75015 Paris.

DA (Débiteurs Anonymes, France)

Débiteurs Anonymes (***http://www.debiteursanonymes.org***) est une association qui repose uniquement sur l'entraide de ses membres bénévoles, qui partagent leur expérience, leur force et leur espoir pour résoudre leurs difficultés communes liées à l'argent (débit compulsif et/ou anorexie financière notamment) et pour aider d'autres personnes à se sortir de leurs difficultés. Tout individu ayant des rapports difficiles avec l'argent peut assister à n'importe quelle réunion (*cf.* liste des réunions en France). Il n'est pas nécessaire de s'inscrire pour participer aux réunions. La plupart des participants se présentent par leur prénom et par « *je suis débiteur/trice compulsif/ve* ». Des informations sont fournies aux professionnels (journalistes, travailleurs sociaux, médecins, etc.) sur l'association et sur la question de l'endettement compulsif. L'association publie un bulletin d'information gratuit « Abondance » contenant des témoignages, des interviews, des comptes-rendus de conférences, etc. Elle vend des brochures d'informations sur la tenue des comptes, la communication avec les créanciers, la sous-gagnante, etc. Il est possible d'échanger avec les membres dans le monde via une liste de diffusion.

Gam Anon France

Gam-Anon (***http://gamanon.fr/index.html***) est une association d'hommes et de femmes qui ont été affectés par le problème de jeu. Elle donne des informations sur le jeu compulsif. La documentation Gam-Anon est basée sur l'expérience de ses membres très utile pour tous ceux qui sont confrontés au problème du jeu compulsif dans leur entourage et qui souhaitent améliorer la qualité de leur vie au quotidien. Des réunions sont organisées sur Paris et en Province (sur demande).

La croix bleue

La Croix bleue (***http://www.croixbleue.fr***) vise à permettre à des buveurs excessifs et des personnes dépendantes de l'alcool de se libérer de l'alcool (engagement d'abstinence de boissons alcooliques pour favoriser l'accès à un mode de vie plus stable pour l'ancien buveur), par une démarche volontaire, personnelle, libre, mais assistée dans le cadre d'une action collective et engagée de militants bénévoles ayant pour la plupart eux-mêmes expérimenté l'efficacité de la méthode Croix bleue. Cette démarche s'effectue dans le cadre de plusieurs structures complémentaires, sections locales, groupes régionaux, centres de postcure, maison d'accueil. Plusieurs rubriques sont consultables sur le site : 1) *« Accueil du site »* : contenant des actualités sur la Croix bleue, sur l'alcool, les documents téléchargeables (plaquettes, flyers, etc.), le dernier numéro du journal publié par l'association « Le libérateur » ; 2) *« Présentation »* : historique, objectifs de l'association, etc. ; 3) *« Le libérateur »* : plusieurs numéros du journal contenant des dossiers sur des thèmes (l'écoute, la parole, projets de vie par exemple), des témoignages, des informations sur la vie de l'association sont téléchargeables sur le site ; 4) *« Annuaire »* : avec la liste des contacts par régions en France ; 5) *« Les centres »* : avec la liste des centres de post-cure (Le Phare, La presqu'île de l'archipel, Virac) et le camping de Vernoux ; 6) *« Actualité archivée »* : elle recense les documents ou numéros du journal archivés.

Il est possible d'échanger par l'intermédiaire d'un forum de discussion.

Alcool Assistance

Alcool Assistance (***http://www.alcoolassistance.net***) est un groupe d'entraide qui a pour but de regrouper des personnes désirant, par leur engagement personnel, œuvrer pour la prévention et le traitement de l'alcoolisme. Alcool Assistance s'efforce de réaliser autour des malades alcooliques la mobilisation de toutes les bonnes volontés, de toutes les compétences et de tous les secours, afin d'aider les malades à se libérer, puis se réadapter à la vie. De nombreuses rubriques permettent de se familiariser avec la maladie alcoolique (propriétés de l'alcool ; définitions et classifications ; l'alcool et les jeunes, les seniors, le cancer, la grossesse, les autres drogues, etc.) ; les thérapies (individuelles, de couple, de groupe) ou ateliers thérapeutiques (écriture, théâtre) ; les actions (primaires, secondaires, tertiaires en établissements scolaires ou en milieu festif) et les campagnes de prévention (santé, cancer, sécurité routière par exemple). Un simulateur d'alcoolémie et des outils de dépistage de l'alcoolisme (questionnaires DETA, AUDIT, FACE, MAST, livret « *pour réduire sa consommation* », etc.) permettent de faire le point sur la consommation d'alcool. De nombreux documents sont téléchargeables sur le site (annuaires des centres de soins en alcoologie, actions des drogues sur le cerveau, facteurs de dangerosité des drogues, guide d'aide à l'arrêt du cannabis, documentation, entourage, etc.). Alcool Assistance publie une revue trimestrielle. Le site dispose également d'un coin artistes (peintures, dessins, poèmes) et d'une photothèque. Des bulletins d'information sur la vie des régions sont disponibles. L'association dispense des formations de prévention des produits psychoactifs en entreprise.

ANPAA (Association Nationale de Prévention en Alcoologie et en Addictologie)
L'Association Nationale de Prévention en Alcoologie et Addictologie (***http://www.anpaa.asso.fr***) est une association loi 1901, reconnue d'utilité publique et agréée d'éducation populaire, implantée sur l'ensemble du territoire national. Son domaine d'action couvre l'ensemble des addictions : usage, usage détourné et mésusage d'alcool, tabac, drogues illicites et médicaments psychotropes, pratiques de jeu excessif et autres addictions sans produit. Les risques liés à ces comportements pour l'individu, son entourage et la société sont abordés dans une perspective globale, psychologique, biomédicale, et sociale. Son intervention s'inscrit dans un continuum allant de la prévention et de l'intervention précoce à la réduction des risques, aux soins et à l'accompagnement. Des informations synthétiques (« *S'informer* ») sont fournies sur les différentes substances psychotropes (alcool, tabac, cannabis, médicaments psychotropes, autres drogues) et sur les dispositions légales (cf. mémentos législatifs alcool, tabac). Des actions de prévention « *Agir* » sont envisagées auprès des professionnels de l'Éducation nationale, de la Protection Judiciaire de la Jeunesse, d'une maison de quartier, d'une collectivité territoriale… Des actions d'intervention ont lieu dans les entreprises. Des centres de soins (cf. liste par régions) sont proposés pour aider les personnes dans leur démarche de prise en charge (centres d'addictologie dénommés CSAPA ; Centres d'Accueil et d'Accompagnement à la Réduction de risques pour Usagers de Drogues (CAARUD) ; lieux d'hébergement spécialisés dans l'accompagnement des addictions, de natures diverses). L'association a mis au point un logiciel GI2A de gestion des activités d'addictologie, publie un magazine « Addictions » et des communiqués de presse.

MILDECA (Média d'Information Scientifique sur les Addictions)
La MILDECA (***http://www.maad-digital.fr***) et l'INSERM en collaboration avec l'association l'Arbre des connaissances, lancent www.maad-digital.fr, un site web d'information scientifique sur les addictions construit avec et pour les jeunes. Grâce au concours de scientifiques reconnus, ce nouveau site propose de nombreux contenus dynamiques et fiables, adaptés aux attentes des 13/19 ans. Les articles décryptent l'information scientifique sur les addictions à l'alcool, au tabac,

et aux drogues illicites dans un langage et sur des supports adaptés aux usages multimédias des jeunes.

www.filsantejeunes.com
Service anonyme et gratuit pour les 12-25 ans tous les jours de 9h à 23h
(téléphone : 0 800 235 12 36) ***https://www.filsantejeunes.com***
C'est l'espace des 12-25 ans qui aborde tous les sujets les concernant. Drogues, sexualité, mal-être, santé, nutrition... tout y passe. Les jeunes en difficulté ont la possibilité d'interroger des experts de la santé via une ligne téléphonique mise à leur disposition.

2.11. S.O.S. Addictions.org
*« J'ai créé S.O.S. Addictions (**http://sos-addictions.org**) parce que nous avons 130000 morts par an, dus à l'alcool et au tabac, quarante fois la mortalité routière, nous avons 11,5 millions de Français qui mangent des tranquillisants, des somnifères, nous avons une jeunesse qui consomme de plus en plus tôt du cannabis, mais aussi de l'alcool, de l'extasie ou des nouvelles drogues de synthèse. Donc, S.O.S. Addictions se propose d'être ce premier pas vers un élan, vers un mouvement qui soit à la fois un mouvement de mobilisation nationale publique, un mouvement de lobbying politique pour restructurer un pilotage au plus haut niveau. S.O.S. Addictions, c'est tout ça, une volonté, des experts, des citoyens, des artistes, des entrepreneurs, parce que les addictions nous concernent tous et qu'il est temps de réagir »* (Dr W. Lowenstein).

2.12. ASUD (Auto-Support des Usagers de Drogues) : L'association ASUD (Auto-Support des Usagers de Drogues)
Elle a été créée en 1992 (***http://www.asud.org***) afin de promouvoir la réduction des risques auprès des usagers et ex-usagers de drogues, et de soutenir toute personne prise en charge par le système sanitaire et social pour des questions relatives à son usage de drogues. À ce titre, ASUD est soutenue par les pouvoirs publics et des donateurs privés.

3. Les applications
Dans le contexte particulier des addictions, les applications mobiles offrent plusieurs avantages précieux :
Une accessibilité permanente, 24h/24, 7 j/7 ;
Un anonymat ;
Une facilité d'accès (92 % des Français ont un portable et 58 % un smartphone) ;
Un faible coût (la plupart des applications sont totalement gratuites).

Des applications mobiles ont été développées pour la prise en charge des conduites addictives (la plupart d'entre elles aux USA). Elles mettent à disposition des patients :

Des informations psychoéducatives ;

Des stratégies pour améliorer la motivation (listes d'actions, méthodes de relaxation, activités de loisirs) ;

Une amélioration des relations sociales (localisation des groupes d'entraide, forums de discussions, communautés en ligne, accès aux personnes-ressources) ;

Un accès personnalisé aux progrès réalisés (statistiques, graphiques, récompenses virtuelles).

Les patients plébiscitent surtout les applications gratuites et multifonctions. Ils voient dans ces applications une assistance en temps réel qui les aide à rester motivés et concentrés sur l'objectif fixé avec l'équipe médicale.

Il existe, par exemple, une application **Stop-cannabis-ch** pour iPhone et Android. ***https://www.addictaide.fr/outil/application-stop-cannabis-ch-pour-iphoneandroid/***

Applis, réseaux sociaux d'entraide, téléconsultations : **la e-santé représente un énorme potentiel pour lutter contre les addictions** (alcool, tabac, jeux.).

Exemples d'applications :

Stop-Tabac, (***https://www.stop-tabac.ch/fr***). Développée par l'université de Genève, elle propose des conseils personnalisés pour arrêter de fumer. En définissant votre profil, vous recevrez régulièrement des messages de suivi, comme si un coach personnel était à votre écoute. Stop-tabac vous permet d'explorer les avantages d'arrêter le tabac, et vous pouvez fournir vos propres motivations, qui vous aideront à tenir le coup. Repérez vos obstacles, et vous obtiendrez les conseils nécessaires pour y faire face. Des compteurs de bénéfices calculent alors pour vous les cigarettes évitées, le temps de vie gagné, l'argent économisé, ainsi que le nombre de jours d'arrêt. Petit plus, vous pouvez même définir un « parrain » parmi vos amis, à qui vous pouvez parler si vous risquez de craquer.

Stop-Alcool, pour contrôler sa consommation (***https://apple.co/2NR1Ou1***) permet d'évaluer votre consommation, y compris lorsque vous n'essayez pas d'arrêter de boire. En rentrant vos données personnelles, vous aurez accès à votre profil de buveur, à la possibilité d'étudier votre consommation, ainsi que les raisons qui vous poussent à boire. Un graphique se dessine de jour en jour, et vous permet alors d'identifier les éventuels excès qui mettraient votre santé en danger.

Tableau I : Sites Internet, groupes d'entraide ou associations sur les addictions

Autres sites Internet ou groupe d'entraide ou associations	Contenus du site	Adresses Internet
Joueurs Info Service	Pour s'informer et pour en parler.	*http://bit.ly/2Npw2pa*
Drogues Info service	S'informer, dialoguer, aider et être aidé, s'orienter.	*http://bit.ly/2Ctlxut*
Toxic Corp	Prévention du tabagisme en direction des jeunes	*http://bit.ly/2oT2oPw*
Autrement	Addictions sans produits (anorexie-boulimie)	*http://bit.ly/36BLypo*
Centre d'Enseignement, de Recherche et de Traitement des Addictions (CERTA-Albatros)	Prise en charge des patients qui souffrent d'une ou de plusieurs dépendances ; échange d'expériences de cas cliniques pour faire progresser le niveau de connaissance scientifique de l'addictologie ; conduite de programmes de recherches et dispense d'enseignements en direction des professionnels du monde médical, du soin, et du médico-social.	*http://bit.ly/2NolTZI*
Observatoire européen des Drogues et des Toxicomanies (OEDT)	Vue d'ensemble factuelle du phénomène de la drogue en Europe et base d'informations probantes propres à alimenter le débat sur ce sujet.	*http://bit.ly/2CnWKYX*
Institut de Recherches Scientifiques sur les Boissons (IREB)	Développement de la recherche alcoologique, à la fois par les études que l'Institut conduit en propre et par les travaux qu'il subventionne.	*http://www.ireb.com*
Association Nationale des Intervenants en Toxicomanie et en addictologie (ANITea)	Lieux d'échanges, de confrontation, d'expression pour les intervenants en toxicomanie	*http://www.anitea.fr*
Fédération des Acteurs de l'Alcoologie et de l'Addictologie	Regroupements des personnes et structures engagées dans la prise en compte des problèmes associés à l'usage de produits psycho-actifs (alcool en particulier).	*http://www.alcoologie.org*

Association Française des Centres d'Évaluation et d'Information sur la Pharmacodépendance (CIEP)	Amélioration des connaissances en matière d'abus des substances psychoactives et de pharmacodépendance, la participation à la politique de prévention et de réduction des risques, participation à la réflexion sur les mesures réglementaires destinées à préserver la santé publique dans le domaine de la lutte contre la pharmacodépendance ou l'abus.	*http://bit.ly/2rlfgih*
Association AIDES Alcool	Accompagnement de toute personne ou institution, dans un but préventif ou thérapeutique, sur les questions relatives à l'usage d'alcool ou de substances psychoactives (tabac, drogue, médicaments).	*http://bit.ly/2NqKeOz*
Équipes de Liaison et de soins en Addictologie	Prise en charge, bilan et orientation des personnes souffrant de pathologies addictives (alcoolisme, tabagisme et substances illicites (héroïne, cocaïne, cannabis...).	*http://bit.ly/2oWkqjY*
PRN - Pôle Ressource National, Médecine Générale et conduite addictive	Site à destination des professionnels de santé intervenant dans le domaine des addictions dans le cadre de la médecine de ville.	*http://bit.ly/2rnIjBX*
Fédération addiction	Issue de la fusion de l'ANITEA (Association Nationale des Intervenants en Toxicomanie et Addictologie) et de la F3A (Fédération des Acteurs de l'Alcoologie et de l'Addictologie), la Fédération Addiction s'est donné pour but de constituer un réseau au service des professionnels accompagnant les usagers dans une approche médico-psycho-sociale et transdisciplinaire des addictions.	*http://bit.ly/33ujaUq*

CAS CLINIQUES

1. ADDICTION ET DÉPRESSION
Cas clinique 1
2. TABAGISME, IMAGE DU CORPS ET CANCER DU POUMON
Cas clinique 1
Cas clinique 2
Bibliographie

1. ADDICTION ET DÉPRESSION

De nombreuses études cliniques et épidémiologiques ont tenté d'évaluer la co-morbidité addictions-dépressions et troubles de l'humeur. Cependant, les données actuelles paraissent encore insuffisantes pour aboutir à une conclusion. En effet, si cette co-morbidité existe, elle soulève plusieurs hypothèses concernant un lien de causalité dans un sens ou dans l'autre entre les deux processus, voire une vulnérabilité commune, même si l'indépendance des troubles ne peut être écartée.

Il apparaît que les critères diagnostiques de la dépression au DSM 5 rendent compte de symptômes qui peuvent être influencés soit directement par la prise de substances ou les états de sevrage, soit par d'autres troubles dont la co-morbidité avec la dépendance est élevée, soit par le mode de vie impliqué par des conduites addictives actives, soit enfin par des éléments de vie qui représentent des facteurs de vulnérabilité.

L'association entre dépression et trouble lié aux substances psychoactives est très fréquente en population générale. Le mode de vie des sujets addictés, les conditions de précarité sociale et affective, les évènements de vie traumatiques (séparations, violences, agressions) peuvent constituer des facteurs de vulnérabilité. Par ailleurs, les effets des produits ou les effets du sevrage pourraient induire des troubles de l'humeur, en particulier des troubles dépressifs. On sait notamment que les benzodiazépines et l'alcool peuvent apaiser les troubles anxieux, accompagnant souvent la dépression. L'hypothèse de l'*automédication* a aussi été soulevée par de nombreux auteurs. Quant aux opiacés et aux psychostimulants, par leurs propriétés euphorisantes et désinhibitrices, ils masquent l'humeur dépressive. Enfin signalons que s'il existe de nombreuses études portant sur le lien alcool-dépression et tabac-dépression, les études drogues illicites-dépression sont plus rares (Pezous, Lepine, 1999).

Cette co-occurrence entre addictions et troubles psychiatriques, et particulièrement dépressifs, nous conduit à porter chez ces patients un « *double diagnostic* », celui d'un trouble mental et d'une ou plusieurs pathologies addictives associées (Adès, 2005).

Cas clinique 1

Éléments d'anamnèse

Émilie, 32 ans, est une patiente polyaddictée avec des antécédents de dépression, rencontrée lors d'une cure de sevrage d'héroïne dans un centre méthadone. Avec le sevrage vont réapparaître des éléments dépressifs nécessitant la passation d'un bilan diagnostique. L'analyse et l'interprétation que nous proposons permettront de mieux comprendre la problématique addictive et les choix de la prise en charge thérapeutique.

Émilie est célibataire et suit depuis plusieurs mois un traitement de substitution à la méthadone dans un centre. Il s'agit d'une femme blonde aux yeux bleus, non maquillée. Elle ne sourit pas et une tristesse profonde marque son visage. Elle se tient assise le dos courbé, les mains croisées, légèrement tremblantes sur les genoux.

Elle a commencé à consommer des drogues à l'âge de 15 ans (tabac, alcool, cannabis et médicaments). À 26 ans, elle expérimente l'héroïne d'abord en sniff puis en intraveineuse. Elle consomme aussi de l'ecstasy, des hallucinogènes. Actuellement, elle fume un paquet de cigarettes par jour et consomme, toujours seule, de l'alcool de façon intermittente, mais massive (« *pulsions, envies irrésistibles* »).

Sa vie affective et relationnelle est pauvre : elle a quitté il y a un an un compagnon alcoolique (« *je revivais la même situation qu'avec mes parents, des disputes violentes lors de périodes d'ivresse* »). Elle s'est installée dans une autre région, hébergée par une amie qui lui a demandé de restreindre voire d'arrêter l'alcool et le cannabis.

Ses parents, décédés depuis de nombreuses années, étaient alcooliques. L'enfance et l'adolescence ont été marquées par un manque de communication et de sécurité, des conflits et des violences étant déclenchés par l'alcool. Elle réagissait par des oppositions et des fugues. Elle a un frère aîné qui a pris ses distances avec elle depuis qu'il a découvert qu'elle se droguait (héroïne).

Elle a arrêté ses études avant l'obtention d'un CAP. Elle a effectué des petits boulots (ménages). Sous curatelle, elle bénéficie de l'AAH (Allocation pour Adulte Handicapé).

Elle a connu plusieurs hospitalisations en psychiatrie pour dépression entre 18 ans et 28 ans à la suite d'échecs scolaires et affectifs et du décès de sa mère.

La demande d'Émilie est explicite : elle souhaite se sevrer de l'héroïne et veut aussi arrêter de boire ; elle a essayé de diminuer sa consommation d'alcool, mais n'y arrive pas seule à cause de « *sa triste humeur* ». Des consultations régulières avec une psychologue sont donc programmées et un examen psychologique sera réalisé. Cet examen psychologique s'inscrit dans le cadre d'une aide au diagnostic. Les informations recueillies lors de l'exploration de la personnalité permettront de mettre en place un suivi thérapeutique approprié.

Bilan psychologique

Les évaluations furent réalisées lors de trois entretiens d'une durée d'environ quarante-cinq minutes. Ces entretiens, outre le recueil des éléments anamnestiques, des informations sur l'état de santé du sujet et sur les produits consommés tout au long de sa vie, ont permis la passation des outils suivants : questionnaire de dépendance au tabac (Fagerström, Heartherton et al., 1991 ; *test de dépendance psychologique et comportementale au tabac, T.D.P.C* (Fernandez & Letourmy, 2007) ; questionnaire de dépendance au cannabis (CAST – *Cannabis Abuse Screening Test*, Legleye et al., 2007), questionnaire de dépendance à l'alcool (AUDIT — *Alcohol Use Disorders Identification Test* — Fiellin et al., 2000) ; échelle de dépression de Beck (Cottraux, 1993) ; PM 38, test de vocabulaire de Binois-Pichot et Rorschach en Système Intégré (Exner, 1995).

Les entretiens

Dès le premier entretien, Émilie raconte son parcours avec les addictions :
- **cannabis** : « *Tout a commencé dans une soirée à quatorze ans. C'était une fête où j'étais la seule mineure. J'étais avec mon frère qui a quatre ans de plus que moi et ses copains, ils m'avaient invitée. C'était une soirée fumette, leurs parents étaient partis pour le week-end, on était quinze dans la baraque. J'ai eu plusieurs occasions de fumer du shit, de l'herbe et plus ça allait, plus je recherchais la défonce. Pendant plusieurs années, je consommais du shit et de l'herbe, mais ma consommation augmentait. C'était tous les jours, le matin avec mon café. En fait, j'achetais un paquet de clopes qui me servait uniquement à faire mes joints* ».
- **médicaments** : « *Chez moi, je revois trop, mon grand-père avait fait un placard et ma mère y rangeait les médicaments. C'est comme ça que j'ai commencé les médocs. Je prends tout ce que je trouve, quand j'ai rien à me mettre sous la dent, et qui donne de l'effet. Je suis une grande consommatrice de médicaments ça me permet de mieux dormir* ».
- **héroïne** : « *Après j'ai essayé l'héroïne en sniff et en intraveineuse…* ».
- **hallucinogènes** : « *J'ai aussi essayé les hallucinogènes, mais j'aimais pas parce que j'arrivais pas à contrôler mon délire alors j'ai arrêté. Remarque avec les médicaments aussi je contrôlais rien, mais c'était pas le même effet… ouais, c'était différent* ».
- **ecstasy** : « *J'ai pris de l'ecsta (MDMA) : c'est comme de l'ecsta pure. On met ça sur la langue, après, faut vite boire un verre parce que c'est super amer. C'est des cristaux en fait. Puis c'est acide et ça brûle* ».

Elle décrit ces expériences en évoquant le plaisir ressenti lors des prises de drogues : « *ce souvenir de fumette est favorable, c'était bien* », « *je me voyais sur un 33 tours avec les couleurs de l'arc-en-ciel, plaisant…* ». « *Excellent, je me sentais*

bien, quel plaisir ! ». La prise de drogues lui permet de ne pas penser (évitement de la pensée) et de se sentir mieux psychiquement et physiquement (auto-médication physique et psychique) : « *ça m'évitait de penser dès que j'avais un coup de stress hop, je voulais que ça s'en aille ces idées… et ça marchait.* », « *à chaque fois je reprenais parce que ça n'allait pas, quand j'étais triste et déprimée* », « *ça t'enlève tout le mal que tu as en toi* » ; « *les médicaments, ça me permet de mieux dormir* ». Les sensations sont au premier plan et les émotions sont peu perceptibles (« *tu te sens planer c'est magique c'est comme si tu te voyais d'en haut, tu rigoles pour un rien, tu sais pas ce que tu dis, comme si tu étais anesthésié à tout, ça t'enlève les émotions aussi c'est incroyable… »*).
Émilie relie sa toxicomanie à l'alcoolisme de ses parents : « *ma famille est une famille d'alcooliques. Mes grands-parents buvaient et mes parents aussi. Ils se battaient, allaient à l'hôpital se faire recoudre. Ils y allaient fort à base de coups de couteau* ».

Au second entretien, elle rappelle ses antécédents de dépression. La première hospitalisation remonte à l'âge de dix-huit ans, après l'échec à son CAP qu'elle refuse de repasser (*« je ratais tout, je ne n'étais bonne à rien, pas la peine d'insister »*). La deuxième a lieu après l'abandon de son ami, à vingt-deux ans (« *il m'a plaquée après deux ans, je n'ai rien vu. Il est parti sans rien dire. Je me sens nulle, je suis découragée, rien ne va, à quoi ça sert de vivre* »). La troisième à vingt-cinq ans est consécutive au décès de sa mère (« *j'en avais assez de vivre, je pleurais sans arrêt, je n'arrivais plus à dormir d'un sommeil réparateur, j'étais fatiguée et je restais allongée toute la journée sur le canapé devant la télé en survêtement ou en pyjama* »).

Au troisième entretien, elle évoque sa consommation d'alcool débutée lors de fêtes avec les amis de son frère : « *On fumait du shit et on buvait des alcools forts. On était dans un état comateux à la fin de la soirée* ». Elle a eu plusieurs grosses *cuites* à l'adolescence. Elle a continué à boire avec des copains, mais a vraiment commencé à s'enivrer après le décès de sa mère (alcoolisme réactionnel) : une fois par mois, puis une à deux fois par semaine. Elle boit quand elle est triste, quand elle se sent dévalorisée, quand elle prend conscience de ses échecs affectifs et professionnels. Elle a honte (« *c'est écœurant »)* et voudrait arrêter de boire.

Évaluations
Le fonctionnement intellectuel, évalué avec le PM 38 de Raven et le Binois-Pichot montre au PM 38 un équivalent de QI=99. Au Binois-Pichot, elle obtient un QI de 96. L'efficience, dans la moyenne et malgré la dépression, reste conforme au niveau scolaire et culturel.

À l'échelle de dépression de Beck, elle obtient un score de 30, témoignant d'une dépression.

Concernant les addictions actuelles :

Tabac : La patiente n'envisage pas d'arrêter de fumer, mais elle présente une double dépendance au tabac : 1) forte dépendance physique, pharmacologique au tabac (score de 8). Le testeur de monoxyde de carbone indique une pollution au CO de 20 ppm (particules par millions) soit une consommation d'un paquet de cigarettes par jour. 2) forte dépendance psychologique et comportementale au tabac (score de 65) mettant en évidence l'addiction psychologique, l'habitude, la manipulation, la réduction de la tension, la stimulation, la relaxation, le plaisir.

Cannabis : Au questionnaire CAST, elle obtient trois réponses positives sur six. Ce score indique une consommation excessive de cannabis. Elle n'envisage pas d'arrêter.

Alcool : Au questionnaire AUDIT, le score de 9 indique une consommation à risque. Si elle a diminué sa consommation d'alcool, ce n'est pas suffisant. Elle répète qu'elle veut être aidée.

Nous avons administré le Rorschach selon les modalités du Système Intégré.
Le protocole du test de Rorschach est valide et interprétable. En effet, il contient un nombre de réponses normal (R = 20), sans refus. Le lambda, très bas (L = 0,18), atteste d'une attitude d'implication à l'égard du test. Le fonctionnement psychologique est marqué par un style n'évitant pas la complexité. La constellation suicidaire (S-CONS = 7) est négative, mais à un point près, ce qui signifie que le risque suicidaire est important (95 %) et ne doit pas être négligé chez mademoiselle S. étant donné l'impulsivité qui la caractérise (Adj D = -3). Cependant, cette estimation n'est pas très fiable, car elle identifie à tort 26 % des dépressifs hospitalisés (Exner, 1995, 234).
D'après Exner (2003), compte tenu des variables clés qui se dégagent (DEPI > 5 et CDI > 3), l'ordre d'analyse des ensembles conseillé est le suivant : perception des relations, perception de soi, contrôles, affects, traitement de l'information, médiation et idéation.

Perception des relations
Émilie paraît limitée dans ses compétences relationnelles (CDI = 4). Elle semble avoir des difficultés à établir des relations proches et profondes (COP et AG = 0), probablement parce que les relations sont vécues et anticipées comme non satisfaisantes, du fait d'expériences relationnelles peu gratifiantes. Ce défaut de représentations des relations est confirmé par l'analyse qualitative des M et des FM avec une paire (2). Aucune réponse relative à des représentations humaines (pl. III, 5 ; pl. VII, 13) n'implique de mouvements interactifs. La perception des autres est brouillée, confuse (pl. IV, 8 ; pl. VII, 14). Des traits de passivité relationnelle sont présents (p > a +1 soit 5 > 3) signalant soit la possibilité de s'étayer sur les autres en se moulant à leurs attentes pour s'en rapprocher, soit une incompréhension à cause d'une mauvaise interprétation des gestes relationnels d'autrui. Cependant, l'index d'isolement social n'est pas significatif

(0,20), ce qui indique que Émilie n'est pas totalement en retrait dans les échanges sociaux (T = 1).

Perception de soi

Cet ensemble reflète une altération de l'image de soi qui est fortement marquée par des attributions négatives (contenus humains 1:3 ; MOR = 6), ainsi qu'une tendance à la dévalorisation (ego : 0,30 ; MOR = 6). Les indices qui pourraient témoigner d'une capacité d'introspection et d'une certaine conscience de soi sont absents du protocole (FD + V = 0).

Analyse des réponses moins : on trouve trois réponses moins. La première réponse moins (pl. II, 4) indique une représentation animale partielle (tête) et l'animal n'est pas identifié, ce qui évoque probablement une instabilité dans les identifications. La seconde réponse moins (pl. III, 6) montre une perception et des pensées extrêmement négatives du sujet. La troisième réponse moins est une bonne illustration de la perception de l'image de soi altérée.

Analyse des réponses MOR : La réponse 1 à la planche I évoque un contenu qui se désagrège, l'image d'un corps abîmé. La réponse 2 à la même planche renvoie à « être un objet pour l'autre ». Comme si pour être présentable, il fallait renoncer à soi en tant que sujet et accepter de devenir un objet de décoration. La réponse 7 à la planche IV traduit une dimension sacrificielle dans la destructivité de l'animal mort, dépecé, puis écartelé et permet l'expression d'affects dysphoriques (de l'ordre de la tristesse). La réponse 10 à la planche V nous alerte sur des signes extrêmement négatifs renvoyant à une image de soi évoquant la destruction et la mort. La réponse 11 à la planche VI renvoie à un contenu texture rapporté à un manque (de souplesse, de douceur), à un défaut qui se traduit par une sensation désagréable (usure, rugosité). L'image de soi a du mal à s'incarner et le contact avec autrui est délétère. Un tiers effectue l'action (écrasé, aplati, mort ; planche VI, 12) et le sujet subit l'action avec une extrême passivité.

Analyse des contenus humains : Il y a trois réponses de contenus humains. À la planche V, réponse 5 et à la planche VII, réponse 12, les deux femmes qui se trouvent dans une position conviviale autour d'une table basse suscitant normalement un échange ne sont pas en interaction et restent muettes. Les marionnettes (pl. VII, 14), petites figures de personnages, en bois, en tissu ou en ivoire qu'un artiste invisible fait se mouvoir par un jeu de ficelle ou avec ses doigts, sont le symbole de ces êtres sans constance propre qui cèdent à toutes les impulsions extérieures. Cet ensemble de réponses, toutes passives, indique une incapacité du sujet à entrer en relation et la nécessité d'un tiers pour animer les relations.

Analyse des FM et m : Les trois réponses FM sont actives. La première réponse à la planche I est une réponse banale « chauve-souris » à laquelle sont ajoutées des caractéristiques lésionnelles probablement produites instantanément par une

---

violence extérieure (première réponse m). Dans la neuvième réponse à la planche V, la dimension morbide n'apparaît pas. La réponse 15 de la planche VIII a un thème très différent. Il s'agit d'animaux sauvages prédateurs (« deux panthères »), chasseurs de nuit qui ne sont pas en action de chasse, mais qui marchent, activité sans caractéristiques agressives. La seconde réponse m (pl. I, 2) est « un gros papillon de nuit ». Les papillons de nuit n'ont pas une image très reluisante et le fait que le papillon soit épinglé dans un cadre implique qu'il n'est plus actif, qu'il est mort.

L'une des caractéristiques les plus frappantes des réponses M et m est leur passivité. Cet ensemble suggère que la passivité est l'une des caractéristiques fondamentales. Certaines personnes sont passives parce qu'elles ont peur d'accepter les responsabilités, mais certaines peuvent parfois utiliser la passivité pour forcer les autres à agir.

Contrôle et stress situationnel

On note une vulnérabilité des capacités de contrôle et de tolérance au stress (Adj D = -3, CDI = 4). Émilie vit un stress particulièrement aigu (m = 2, SumY = 1). Son impulsivité et son manque de contrôle sont chroniques. Ce style caractérise des personnes qui se sentent plus à l'aise dans des environnements prévisibles, bien structurés et assez routiniers. Quand l'environnement devient imprévisible, le risque de perte de contrôle et de conduites impulsives émerge. Cela est renforcé par un déficit dans les compétences relationnelles (CDI = 4) qui reflète une organisation immature de la personnalité marquée par des difficultés dans le contexte relationnel à faire face aux exigences de la vie quotidienne. Des pressions psychiques considérables (Adj Es = 14 ; D = -3) entravent son adaptation dans des environnements moins rassurants et moins connus. Elle est en contact avec ses propres besoins (FM = 3). Elle a tendance à s'adonner à une introspection négative en rapport avec l'image de soi, ce qui la conduit à des sentiments d'autodépréciation caractéristiques d'une dépression (SumV = 1). Elle dispose cependant de ressources personnelles, pour faire face à sa situation actuelle (EA = 6).

Affects

La vulnérabilité aux difficultés affectives est repérée (DEPI = 7), mais semble consécutive aux problèmes relationnels et d'adaptation sociale (CDI = 4). La présence d'un CDI positif chez un sujet diagnostiqué dépressif comme Émilie compromet l'efficacité des antidépresseurs dans la mesure où le trouble affectif est lié aux difficultés relationnelles. Tous ces éléments sont donc d'une importance majeure pour la définition d'un projet thérapeutique qui devrait viser en premier lieu l'apprentissage des compétences sociales. Le style d'Émilie est ambiéqual (EB = 3:3). La place des affects dans le fonctionnement psychique est variable et dans le cas présent la patiente ressent des affects dysphoriques, douloureux et irritants qu'elle n'arrive pas à évacuer (SumC' = 7 ; SumC' > SumC = 7:3). L'expression émotionnelle apparaît inhibée, ce qui peut expliquer l'impulsivité comme moyen d'évacuer des tensions, des affects difficiles à élaborer (EA bas = 6), à contrôler (FC < CF+C : 0 < 3). Par ailleurs, l'économie affective est marquée par un évitement émotionnel (Afr bas = .43). Émilie est mal à l'aise dans les situations émotionnelles ou reste sur une position défensive affective. Le faible pourcentage des Blends (3/20) renforce la pauvreté, l'inhibition du fonctionnement affectif.

Traitement de l'information
Avec un Zf de 11, Émilie se situe dans la fourchette attendue. Le traitement de l'information est adéquat, mais prudent, économique (DQ+ = 3 ; DQv = 1 ; W:D : Dd = 8 h 12 : 0). La séquence des localisations apparaît consistante à travers la plus grande partie du protocole (W et D). On peut conclure que les efforts et les habitudes de traitement sont réguliers et prévisibles. Lorsqu'elle n'est pas en mesure d'atteindre les objectifs qu'elle s'est fixés, le risque de frustration (W : M = 8:3) augmente. Le protocole contient une réponse DQv et une réponse DQv/+ à la planche IX indiquant l'impact des émotions sur son fonctionnement cognitif. Le Zd de -3,5 est inférieur à la fourchette attendue (6). Cela montre la tendance à négliger des indices de l'environnement qui pourraient être importants pour les décisions à prendre et les comportements à mettre en œuvre.

Médiation
Émilie consciente de ses difficultés relationnelles et du caractère inadapté de ses comportements, fournit un effort pour s'assurer de l'exactitude de la médiation (XA % et WDA % = 0,85), mais on note un dysfonctionnement médiationnel (X-% = 0,15 ; FQx - = 3) qui conforte la volonté d'ajustement par un désir excessif de prise en compte des attentes sociales (P = 10). Elle veut s'assurer que ses comportements sont conventionnels et acceptables (X+% = 0,75 ; Xu % = 10). Les réponses moins ont été produites aux planches II (5), III (6) et V (10) et ont un déterminant F pur et en couleur achromatique (FC' et C'F) suggérant des difficultés à gérer les sentiments irritants.

Idéation
L'inadaptation relationnelle est sous-tendue par des dysfonctionnements cognitifs. L'activité idéationnelle n'est pas très consistante et réduit l'efficacité de la pensée qui nécessite plus de temps et d'effort pour faire face à la vie de tous les jours. Mademoiselle S. ne présente pas de stratégie de résolution de problèmes efficace et se montre vulnérable aux erreurs de jugement (EB ambiéqual). Elle n'utilise pas l'intellectualisation. La pensée est souvent marquée par une orientation pessimiste (MOR = 6). Lorsqu'elle se trouve dans des situations déplaisantes, elle a tendance à se réfugier dans la rêverie. Elle ne veut pas faire face aux aspects durs de la réalité (Ma : Mp = 0:3), ce qui est contre-productif par rapport à un grand nombre de ses besoins.

Diagnostic

Le diagnostic portera sur les deux axes psychopathologiques prépondérants, évalués lors du bilan psychologique, à savoir l'existence de la dépression et son niveau d'impact d'une part et d'autre part l'étendue des dépendances.

Dépression

Émilie présente (malgré l'absence d'idées suicidaires) de nombreux symptômes caractéristiques d'une *dépression* selon les critères du DSM IV. On retrouve : l'humeur dépressive : *« il m'arrive d'être triste toute une journée »*, la perte d'intérêt ou de plaisir pour les activités : *« je ne fais rien, je reste chez mon amie allongée toute la journée sur le canapé à regarder la télévision »*, le sentiment de dévalorisation : *« de toute façon, je ne suis bonne à rien »*, la fatigue : *« je suis toujours fatiguée »*, l'insomnie : *« je dors assez peu la nuit »*, et des difficultés de concentration : *« je n'arrive pas bien à me concentrer sur ce que je fais ou dois faire, ça me demande beaucoup d'efforts pour y arriver »*. À noter par ailleurs une altération de l'activité sociale (elle sort peu : courses alimentaires, centre méthadone et consultation d'alcoologie).

Ces symptômes, décrits dans le discours de la patiente, sont confirmés par le score positif à l'échelle de dépression de Beck et des éléments patents de dépression relevés au Rorschach.

Dépendances

Elle présente des symptômes caractéristiques d'une *dépendance à la nicotine* selon le DSM 5. Citons la tolérance : besoin d'accroître les doses pour obtenir l'effet désiré, diminution des effets à dose consommée constante ; les symptômes de sevrage après une période d'abstinence ; le désir persistant de fumer ; beaucoup de temps passé à fumer ou à se procurer du tabac ; la poursuite du tabagisme en connaissant les risques pour la santé.

Elle présente également des symptômes caractéristiques *d'une intoxication aiguë au cannabis* et de substances apparentées incluant le hachich et les composés cannabinoïdes synthétiques selon le DSM 5. On relève : l'utilisation récente de cannabis ; des changements inadaptés, comportementaux ou psychologiques, cliniquement significatifs (*euphorie, sensation de ralentissement du temps, altération, retrait social*) qui se sont développés pendant ou peu après l'utilisation de cannabis ; la *sécheresse de la bouche, tachycardie (accélération du rythme cardiaque)* (se développant dans les deux heures après l'utilisation de cannabis).

L'entretien de restitution

Cet entretien, attendu avec impatience par la patiente a lieu deux semaines plus tard. Elle était heureuse d'avoir pu « vider son sac » et passer ces tests. *« Ne se connaissant pas bien »* elle attendait de savoir *« quels résultats »* elle avait obtenus *« pour faire le point »*. Nous lui avons transmis les résultats des tests et échelles (sans données chiffrées) en mettant l'accent sur 1) ses difficultés actuelles ; 2) ses besoins ; 3) ses ressources et son efficience intellectuelle de façon à restaurer une image de soi écornée ; ses possibilités de mobilisations psychiques, pour lui donner une autre vision d'elle-même. Un des objectifs de cette rencontre consistait à rendre ce qu'elle a donné d'elle-même, qui pourrait faire sens et l'aiderait à amorcer un travail de réassurance narcissique ; la mise en valeur de ses potentialités appuyant la mise en place d'un processus de soins adaptés.

Prises en charge et perspectives thérapeutiques

Aucun traitement d'un trouble dépressif chez un alcoolique ne saurait être entrepris sans que soit prise en charge simultanément la consommation ou la dépendance à l'alcool. Le premier temps de l'évaluation et du traitement de la dépression chez l'alcoolique consiste donc à proposer et obtenir un sevrage d'alcool complet. La persistance de l'intoxication alcoolique pérennise la dépression et rend dérisoire et dangereuse la prescription de chimiothérapies antidépressives. L'effet dépressogène de l'alcool et l'impossibilité d'atteindre chez l'alcoolique non sevré des posologies efficaces d'antidépresseurs justifient cette attitude. Une période minimale de deux semaines de sevrage est donc reconnue nécessaire avant d'entreprendre un traitement antidépresseur (Lejoyeux, Adès, 1999). La plupart des situations associant alcoolisme et dépression comportent un risque élevé de tentative de suicide. Ce risque est un argument majeur incitant à dépister et à traiter très activement la dépression chez l'alcoolique.

Alcool

Suite à la demande de la patiente d'arrêter de boire, deux rendez-vous ont été pris, l'un pour un sevrage en ambulatoire à l'unité d'alcoologie de l'hôpital général, l'autre avec la psychologue du service.

— *le traitement médical de l'alcoolisme* comprend deux dimensions complémentaires : le diagnostic (type de consommation, gravité, existence de complication) et le traitement proprement dit : sevrage, maintien de l'abstinence, traitement des complications, traitement psychotrope.

— *chez un patient motivé ne présentant pas de complication médicale majeure, le sevrage en ambulatoire est possible* (50 % des cas) et présente l'avantage de ne pas couper le patient de son environnement. Il impose le respect absolu de quelques règles : être en arrêt de travail et ne pas conduire ; ne pas rester seul ; être au courant des troubles liés au sevrage (sueurs, tremblements, hallucinations, etc.) et ainsi pouvoir contacter un membre de l'équipe. Être vu quotidiennement par un membre de l'équipe, pendant les 4 ou 5 premiers jours, période la plus critique au cours de laquelle peut survenir un pré-delirium tremens ou un delirium tremens.

— *le traitement associe une vitaminothérapie B et PP à fortes doses, une réhydratation par voie* orale (le volume doit dépasser la quantité de boissons alcoolisées habituellement ingérées pour prévenir tout phénomène de déshydratation) et la prescription de tranquillisant.

La prise en charge psychologique de la pathologie alcoolique est essentielle. Elle va du soutien léger du patient et/ou des proches à la psychothérapie proprement dite, afin d'amener à une prise de conscience des mécanismes de l'alcoolisation et de lutter contre celle-ci.

La patiente choisit de rencontrer une psychologue de formation cognitive et comportementale qui lui a proposé dans un premier temps des séances individuelles (travail sur la motivation en abordant le « pourquoi boire », mise en place de stratégies cognitives et comportementales pour savoir « comment ne pas boire ») ; et dans un second temps des séances de groupe. Avant d'intégrer le groupe, elle assistera à deux entretiens : le premier pour présenter le programme de prise en charge et les règles du groupe ; le second pour procéder à une évaluation psychométrique.

Le programme des séances de groupe portait sur les domaines suivants : évaluer les difficultés de chacun (désir de boire, liste des bienfaits de l'abstinence et des méfaits de la consommation d'alcool, difficultés relationnelles rencontrées depuis l'abstinence) ; faire face aux besoins et envies de boire (présentation des techniques de résolution de problème) ; savoir refuser une invitation à boire ; éviter les situations à risque. Il s'accompagnait également d'un apprentissage des techniques d'affirmation de soi ; et d'un travail d'identification et d'intervention urgente en cas de rechute ; de la prise en compte des difficultés relationnelles ; d'identification et d'apprentissage de la gestion des émotions négatives ; d'apprentissage à développer des activités gratifiantes et des stratégies de coping ou de faire face. Enfin, un résumé et un bilan du programme étaient faits.

Dépression

La patiente souhaite bénéficier d'une thérapie cognitivo-comportementale. La prise en charge psychologique de la dépression est envisagée avec la même psychologue.

Les trois premières séances permettent :

– *d'effectuer l'anamnèse* (l'histoire personnelle est retracée et la demande de la patiente précisée) ;
– *de confirmer le diagnostic de dépression* ;
– *de réaliser l'analyse fonctionnelle* (afin de conceptualiser le cas et de hiérarchiser les problèmes cibles à traiter) *et de présenter la thérapie à la patiente* ;
– *de faire passer différents questionnaires* (échelle de dépression de Beck ; questionnaire des pensées automatiques ; échelle de désespoir) pour évaluer l'intensité de la dépression et attirer l'attention sur d'éventuelles idées suicidaires ; le contenu du monologue intérieur des patients dépressifs afin d'identifier ces pensées et les modifier par la restructuration cognitive et les pensées pessimistes du sujet).

Le contrat thérapeutique est établi à la troisième séance.

Au terme des trois premières séances, la patiente souligne apprécier cette manière de travailler. Elle apparaît très motivée.

La thérapie se déroulera sur de nombreuses séances. Nous présenterons ici la courte synthèse transmise la psychologue qui assure la prise en charge thérapeutique et le suivi.

> *« Émilie présente une dépression probablement due à une succession d'évènements de vie qui l'ont marquée depuis plusieurs années (séparations, deuils, échecs divers). La thérapie débute par une restructuration cognitive pour isoler rapidement et modifier ses pensées automatiques essentiellement constituées par une auto-dévalorisation. Par la suite, la discussion socratique de ses principaux schémas d'abandon et d'incompétence personnelle permet de les assouplir. Petit à petit, la patiente se rend compte qu'elle est capable d'affronter et de maîtriser des situations dépressogènes ou anxiogènes. Le travail cognitif effectué lui permet d'atténuer son schéma d'impuissance apprise. L'évolution favorable des symptômes est probablement liée d'une part à la forte motivation de la patiente, et d'autre part aux nombreux encouragements de son amie et de l'équipe de soins. Le style directif et collaboratif convient très bien à la patiente qui se dit satisfaite du travail entrepris. Le suivi se poursuit afin de maintenir les acquis et de prévenir les éventuelles rechutes ».*

Un traitement médicamenteux a été prescrit pour la dépression par le médecin-psychiatre.

Conclusion et recommandations pratiques

Une réflexion est poursuivie à l'heure actuelle, sur des stratégies spécifiques de soins appropriés aux patients porteurs d'un *« double diagnostic »*. L'une des questions essentielles est de déterminer lorsqu'un sujet présente des troubles psychiatriques associés à une ou des conduites addictives, s'il peut être pris en charge simultanément, pour ces deux troubles, par la même équipe (traitement intégré), s'il convient de traiter le problème le plus aigu, avant de prendre en charge la pathologie associée (traitement séquentiel) ou s'il s'avère nécessaire de soigner les deux pathologies simultanément, dans des lieux de soins différenciés par deux équipes différentes et spécialisées. Il semble, même si les études consacrées à l'évaluation des approches pharmacologiques et psychothérapiques des « doubles diagnostics » sont peu nombreuses, que la compliance des patients, la motivation, la durée de l'engagement dans les soins s'avèrent nettement supérieures chez les patients qui bénéficient d'un traitement intégré.

Il faut cependant souligner que les centres de soins spécialisés dans une prise en charge intégrée sont rares et que l'orientation initiale des équipes centrée sur la prise en charge de la souffrance psychique pour les unes et sur la conduite addictive elle-même pour les autres, leur origine, leur lieu d'exercice détermine souvent les stratégies thérapeutiques privilégiées. Les travaux consacrés à l'efficacité des psychothérapies chez des sujets porteurs d'un « *double diagnostic* » sont rares. Il faut cependant signaler l'intérêt des thérapies cognitivo-comportementales et motivationnelles, apprécier le moment opportun pour engager une psychothérapie dynamique à ne pas encourager trop tôt, renforcer en permanence les bénéfices du sevrage et différencier chez un patient sevré les symptômes psychiques liés à l'addiction d'éventuels symptômes liés à un trouble psychique primaire.

Bibliographie

ADES, J. (2005). Addictions et troubles psychiatriques associés : éléments d'une stratégie de soins. In M. REYNAUD, D. BAILLY, J. L. VENISSE, *Médecine et addictions*. Paris : Masson, 154-160.

COTTRAUX, J. (1993). Inventaire abrégé de dépression de Beck (13 items). In: J. D. Guelfi, *l'évaluation clinique standardisée en psychiatrie*. Paris : Éditions médicales Pierre Fabre, tome 1.

EXNER, J.E. (1995). *Le Rorschach, un système intégré*. Paris, Éditions Frison Roche. Collection psychologie vivante (traduction française, Anne ANDRONIKOF).

EXNER, J.E. (2003). *Manuel d'interprétation du Rorschach en Système Intégré*. Paris : Éditions Frison Roche. Collection psychologie vivante (traduction française, Anne ANDRONIKOF).

FERNANDEZ, L., LETOURMY, F. (2007). *Le tabagisme : de l'initiation au sevrage*. Paris: Armand Colin.

FIELLIN, D.A., REID, M.C., O'CONNOR, P.G. (2000). Screening for alcohol problems in primary care: A systematic review'. *Archives of Internal Medicine*, 160, 2000, 1977-1989.

HEARTHERTON, T.F., KOZLOWSKI, L. T., FRECKER, R.C., FAGERSTRÖM, K.O. (1991). The Fagerström Test for Nicotine Dependence: A revision of the Fagerström Tolerance Questionnaire. *British Journal of Addiction*, 86, 9, 1119-1127.

LEGLEYE, S., KARILA, L., BECK, F., REYNAUD, M. (2007). Validation of the CAST, a general population Cannabis Abuse Screening Test. *Journal of Substance Use*, 12, 4, 2, 233-242.

LEJOYEUX, M., ADES, J. (1999). Dépression et alcoolisme. In: B. BAILLY, J. L. VENISSE, *Addictions et psychiatrie*. Paris : Masson, 37-51.

LEJOYEUX, M. (2005). Alcoolisme et troubles psychiatriques. In: M. REYNAUD, *Addictions et psychiatrie*. Paris : Masson, 87-94, 2005.

PEZOUS, A.M., LEPINE J. P. (1999). Co-morbidités, troubles de l'humeur-troubles liés aux substances psychoactives. In: B. BAILLY, J. L. VENISSE, *Addictions et psychiatrie*. Paris : Masson, 37-51, 1999.

2. TABAGISME, IMAGE DU CORPS ET CANCER DU POUMON

En France, on estime que 81 % des décès par cancer du poumon sont imputables à la consommation de tabac. Au début des années 1980, le cancer du poumon était dix fois plus fréquent chez l'homme que chez la femme. Entre 1984 et 1999, le risque de décès par cancer du poumon des hommes a été divisé par deux alors que celui des femmes a été multiplié par quatre. Cependant, le cancer du poumon touche encore aujourd'hui davantage les hommes (pour lesquels il reste au premier rang des cancers les plus mortels) avec 73 % des cas contre 27 % chez les femmes (Hospices de Lyon, 2010) et la mortalité reste 3 fois plus élevée chez l'homme.

Le cancer — toutes formes confondues — est une atteinte physique profonde, grave, qui met en péril la vie des individus atteints. Autant dire que la prévention, mais aussi l'observance et le suivi des soins (compliance) doivent être en première place des politiques de santé publique. Sur le plan de la prise en charge autant que de la recherche, il importe de ne pas négliger les rapports que chaque sujet atteint entretient avec son corps, avec la représentation qu'il se fait de lui-même, avec donc l'image du corps et l'estime de soi. Les techniques projectives, nous le verrons dans ce chapitre, peuvent apporter, à l'aide d'outils appropriés, une aide précieuse dans une dynamique de soins et d'accompagnement.

Image du corps et tabagisme

Peu d'études se sont intéressées au lien entre image du corps et tabagisme. Elles portent sur :

- *l'image du corps des fumeurs et des non-fumeurs* : Clark et al. (2005) mettent en évidence une image du corps plus négative chez les fumeurs que chez les non-fumeurs. Les fumeurs sont en moins bonnes conditions physiques que les non-fumeurs et sont plus préoccupés par le contrôle ou la prise de poids. Ils compensent cette perception négative en investissant davantage sur leur apparence (habillement par exemple).
- *l'image du corps chez les femmes fumeuses* : les fumeuses ont une satisfaction corporelle plus faible que les non-fumeuses (Croghan et al., 2006) et se perçoivent moins attirantes (King et al., 2000). Plus l'insatisfaction corporelle est élevée, plus l'envie de fumer est forte. Une faible satisfaction de l'image du corps participe au maintien du tabagisme par l'activation d'affects négatifs connexe à l'image du corps, augmentant l'envie de fumer.
- *l'image du corps et le sevrage tabagique chez les hommes et les femmes* : selon Clark et al. (2004) plus les hommes sont préoccupés par la prise de poids, plus leur motivation à arrêter de fumer est faible. King et al. (2005) se sont intéressés à l'insatisfaction de l'image du corps chez des fumeuses en évaluant l'écart entre la perception du corps réel et l'estimation du corps idéal. Ils ont montré qu'une insatisfaction de l'image du corps entraînait une difficulté dans l'arrêt du tabac. En effet, le niveau de mécontentement de l'image du corps prédirait le taux de tabagisme à la fin d'un sevrage. Les fumeuses qui

perçoivent le tabagisme comme facilitant le contrôle de l'appétit et du poids sont celles qui sont le moins enclines à arrêter de fumer. Les fumeurs, hommes ou femmes, présentant une insatisfaction de l'image du corps, déclaraient pouvoir rechuter en cas d'un gain de poids post sevrage.

— *l'image du corps de fumeurs atteints du SIDA dans le cadre d'un sevrage tabagique* : Cororve-Fingeret et al. (2007) ont montré que les sujets préoccupés par leur image du corps présentaient également des variables connues pour affecter les taux d'abstinence tabagique post sevrage, à savoir l'inquiétude, la dépression, l'effort perçu et l'appui social. Le contexte de la maladie et ses traitements expliqueraient l'association entre des taux élevés d'abstinence tabagique et des niveaux de préoccupation de l'image du corps. Ainsi, un niveau élevé de préoccupation de l'image du corps peut être compris comme une mauvaise perception de l'image du corps et de l'état de santé, entraînée par les changements corporels dus à la maladie et à ses traitements. Ces sujets présenteraient alors un état de détresse psychologique qui serait un obstacle au sevrage tabagique.

Image du corps, tabagisme et cancer

À notre connaissance, l'image du corps chez des fumeurs atteints de cancer du poumon n'a jamais été étudiée. Les études existantes sur l'image du corps des patients fumeurs atteints de cancer portent surtout sur les cancers de voies aérodigestives supérieures qui concernent essentiellement les patients alcoolo-tabagiques.

Louis et Rame (2008) ont souligné la difficulté de la prise en charge des patients atteints de ces types de cancer. En effet, le profil psychologique de ces patients addictifs implique un environnement fragilisé. Un contexte de souffrance est souvent déjà présent, lié à leur mode de vie, des problèmes familiaux, financiers et de dépression, entraînant un isolement socio professionnel. Par ailleurs, les localisations tumorales entraînent une symptomatologie, des traitements et des séquelles lourdes. En effet, ces cancers affectent un secteur corporel qui permet au patient de manger, goûter, sentir, respirer et communiquer. La symptomatologie souvent très algique augmente l'angoisse. Ainsi, le diagnostic apparaît comme destructeur, confinant encore plus le patient dans l'isolement, l'angoisse et la dépression. À cet ensemble, s'ajoute souvent un sentiment de culpabilité en relation avec le passé alcoolo-tabagique. Tout cela peut expliquer que les addictions ne s'effacent que rarement ; elles sont souvent même poursuivies. Enfin, le traitement de ces cancers comprend généralement de la chirurgie. Une chirurgie mutilante qui entraîne des conséquences psychologiques par les répercussions qu'elle peut avoir sur la qualité de vie, l'image du corps et l'identité même du patient.

Bretagne (2008) s'est intéressée plus particulièrement à la laryngectomie totale, suivie pour le patient de la perte de la voix — ce qui implique une longue période de travail visant la réhabilitation vocale, c'est-à-dire l'acquisition d'une voix de remplacement. Avec la perte de sa voix, le patient perd son identité. La voix de remplacement lui apparaît comme étrangère. Un travail d'acceptation, d'appropriation de la voix est alors nécessaire. Au-delà de cette image de soi détériorée, l'estime de soi est également atteinte. Le patient ne peut plus exprimer ses sentiments, ses émotions, sa personnalité et pour les hommes, souvent, perdre la voix équivaut à perdre de l'autorité. Par ailleurs, la laryngectomie est une mutilation qui se voit et les relations aux autres sont affectées. Le patient, qui perçoit son corps comme blessé, troué, appréhende le regard des autres, ce qui peut entraîner le repli sur soi. Ainsi, la laryngectomie, par ses répercussions physiologiques, psychologiques et relationnelles, perturbe la qualité de vie du patient et affecte l'image du corps, l'image de soi et l'estime de soi.

L'image du corps à travers le dessin de fumeurs atteints de cancer
Le dessin apparaît comme un outil privilégié pour aborder avec un sujet la question de l'image du corps et sa représentation. Pourtant peu de recherches en font état et les rares études portant sur le dessin chez les adultes atteints de cancer concernent l'utilisation du :
— *dessin du bonhomme chez douze patients atteints d'un cancer colorectal avant et après une colostomie :* dans le dessin du bonhomme, des indicateurs ont été estimés sur une échelle d'un à quatre (Lev-Wiesel et al., 2005) : absence des yeux représentant un vécu d'abandon, de dépression et d'inquiétude ; absence du corps indiquant une perturbation de l'image du corps et du sentiment d'identité. Les résultats ont montré la présence de traits discontinus ou tremblants montrant un manque de contrôle et l'inquiétude et la présence d'éléments additionnels particuliers représentant la tumeur ou l'appareillage (anus artificiel).
— *dessin de la personne et impact d'une pratique socio esthétique sur l'image du corps chez quatre femmes atteintes de différents types de cancer.* Dans l'étude de Bouak et Bouteyre (2010), trois dessins étaient demandés ; ces femmes devaient dans le dessin 1 (D1) se dessiner avant la maladie ; dans le dessin 2 (D2) se dessiner pendant la maladie et les traitements, avant de débuter la prise en charge socio esthétique ; dans le dessin 3 (D3) se dessiner telles qu'elles aimeraient être après la prise en charge socio esthétique, et se dessiner telles qu'elles se voyaient après les soins. Les auteurs ont analysé les dessins selon les modalités d'interprétation des dessins d'enfants, notamment pour les représentations des parties du corps atteintes et de la douleur. Les dessins reflétaient la détérioration de l'image du corps impliquée par la maladie et les traitements. Les D2 laissaient apparaître un profond désinvestissement du corps et montraient la rupture avec le corps d'avant le cancer dessiné dans les D1. Mais cette image du corps d'avant le cancer s'améliorait au fil des rencontres : le corps sain était investi, valorisé, protégé et idéalisé. L'incertitude quant à l'avenir a empêché l'apparition dans les D3 de l'image du corps d'avant la maladie.

— *dessin de la personne chez des femmes atteintes de cancer du sein*. Cette étude d'Eskelinen et Ollonen (2010) a porté sur 115 femmes présentant des symptômes de cancer du sein. La procédure a été effectuée avant l'annonce diagnostic. Le diagnostic établi, il s'est avéré que 34 patientes avaient le cancer du sein, 53 patientes présentaient une atteinte bénigne du sein et 28 patientes étaient en bonne santé. Le dessin de la personne était accompagné d'autres évaluations. Quatre catégories ont été analysées : l'image du corps, la dépression, l'inquiétude et les couleurs. Les résultats ont montré qu'à l'échelle de dépression de Beck (BDI), les femmes présentant le cancer du sein ne différaient pas des autres femmes. En revanche, une tonalité dépressive se dégageait de leurs dessins de la personne. En effet, dans ces dessins on pouvait relever un manque de motivation, de différenciation, de perfection et de détails ainsi qu'une désintégration des parties du corps et des couleurs foncées. Les dessins de la personne des femmes qui avaient le cancer du sein ainsi que celles présentant la maladie bénigne du sein étaient plus riches en ombrage. Les auteurs ont considéré la présence d'ombrage comme indicateur de l'inquiétude, précisant que la localisation de l'ombrage peut être considérée comme un indicateur des défenses mises en place contre l'inquiétude. Un ombrage localisé loin des seins refléterait une inquiétude diffuse et l'impuissance des défenses, alors qu'un ombrage localisé dans le secteur des seins indiquerait que l'inquiétude est traitée. Ces derniers éléments n'ont pas été décelables dans le BDI ou STI, car ces échelles explorent des émotions conscientes. Ainsi, selon les auteurs, le dessin de la personne permet que soient exprimées par la projection des émotions inconscientes. Concernant les couleurs utilisées dans les dessins de la personne, les résultats ont montré que les femmes en bonne santé avaient utilisé plus de couleurs basées sur le jaune que les autres participantes, et que les femmes qui avaient le cancer du sein avaient employé davantage de tons bleu, brun et noir que les autres. Enfin, on a pu remarquer que les femmes avec un cancer du sein réalisaient des dessins plus grands que les femmes présentant une tumeur bénigne.

— *dessin de l'arbre chez des femmes atteintes de cancer du sein* : (Lantheaume et al., sous presse). Cette recherche porte sur l'évolution des tracés du dessin de l'arbre au cours du temps chez trente patientes atteintes de cancer du sein, de l'annonce diagnostique à la fin des traitements. Les patientes ont été réparties en deux groupes : le premier est composé de femmes ayant reçu de la chimiothérapie, le second de femmes n'ayant pas reçu de chimiothérapie. Les résultats mettent en évidence que les constellations de tracés au test de l'arbre n'évoluent pas au cours du temps, mais en fonction de la présence/absence de chimiothérapie. Les profils psychologiques des patientes restent stables entre l'annonce diagnostic et un délai de six mois après la fin des traitements. L'arbre dessiné semble en revanche porter les stigmates des traitements subis.

– Le cas présenté propose d'appréhender la représentation de l'image subjective de la personne et de rendre compte des répercussions de l'atteinte cancéreuse sur l'image du corps et à travers l'utilisation des dessins (arbre, personne).

Cas clinique 1

Éléments d'anamnèse

Monsieur R, 60 ans, divorcé, a entretenu ensuite pendant dix ans une relation avec une autre femme qui l'a quitté pour un autre homme. Cette dernière rupture l'a profondément affecté. Actuellement, il vit seul. Il a trois fils et deux sœurs avec lesquels il s'entend bien.

Il y a quelques années, monsieur R. a été contraint de placer en maison spécialisée sa mère atteinte de la maladie d'Alzheimer. Ce placement l'a affecté. Le père de monsieur R était alcoolique.

Monsieur R., libraire, est depuis sa maladie en arrêt de travail. Ses relations sociales sont limitées. Il ne voit que ponctuellement ses fils et ses sœurs.

Lors de l'entretien clinique, il apparaît comme une personne aimable et polie. Il semble accorder une importance particulière à son apparence : bien habillé et bien coiffé. Son visage est creusé, marqué. Ses yeux sont cernés, signe d'un manque de sommeil et d'une grande fatigue. Le ton de sa voix témoigne de son abattement et de sa tristesse.

La demande d'aide de monsieur R. concerne principalement sa dépression et son traitement. Il souhaite que la psychologue s'occupe « *de l'aspect psychologique de sa dépression* » qui serait survenue après une rupture amoureuse et le placement de sa mère, le tout dans un contexte de problèmes financiers.

Il exprime également le souhait d'arrêter de fumer, mais craint de débuter un sevrage. Il pense que cela risque d'être plus dur que le sevrage alcoolique.

Il ne manifeste par ailleurs aucune demande d'aide explicite concernant son cancer.

Les rencontres avec la psychologue permettent à monsieur R. de raconter l'histoire de la survenue de la maladie, d'exprimer ce qu'il a ressenti (incompréhension, dénégation de la maladie), de manifester sa détresse émotionnelle (tristesse, pleurs, idées suicidaires), de faire état de ses problèmes conjugaux (séparation) sans doute responsables de sa dépression et d'aborder sa double dépendance tabac-alcool.

Des entretiens cliniques et des épreuves projectives de dessins (arbre, personne) ont été proposés pour rendre compte des modalités du fonctionnement psychique du sujet et pour retracer et réactualiser le vécu.

Bilan psychologique

Les entretiens cliniques

Ils se centrent sur le récit du parcours avec le tabac jusqu'à la maladie et permettent de mettre en évidence les principales difficultés rencontrées par le patient à propos de :

— *« ses addictions »* :

a) le tabagisme :

Monsieur R. fume *« depuis l'âge de quatorze ans »*. *« À l'époque où j'ai commencé à fumer, le tabac n'était pas dangereux… c'était un petit réconfort, un petit soutien (…) il était valorisé comme l'alcool »*.

Monsieur R. est un *« gros fumeur »* : *« le tabac, c'est une grande partie de ma journée, c'est important »*. Il est passé de deux à trois paquets de cigarettes par jour. L'augmentation que monsieur R. évoque a eu lieu au cours de sa cure de désintoxication alcoolique. Il se dit *« drogué au tabac »*. Et souligne *« j'ai le cancer et je continue à fumer (…) quand on me voyait fumer, on me disait, mais t'es fou toi avec ce que t'as, tu fumes »*.

Ses motivations à fumer sont nombreuses. Il fume pour combler des moments d'ennui (*« parce qu'on fait rien, on attend »*) ; par conformisme (*« tout le monde fume, donc on fume »*) ; pour oublier ses soucis personnels (*« si j'ai un souci, je fume une cigarette, c'est vrai qu'il ne se résolut pas, mais le temps d'allumer la cigarette et de la fumer, on pense à autre chose*). Le tabac l'aide *« à tenir le coup »*. *« C'est un peu comme le refuge que j'avais pris dans l'alcool »*.

Il est conscient des effets négatifs du tabac sur sa santé physique (*« chaque fois que j'en allume une, j'écourte un petit peu ma durée de vie, c'est un suicide à petit feu (…) »* ; *« c'est une addiction qui vient très vite… »*) et il s'attend à recevoir des réprimandes de son pneumologue lors de leur prochaine rencontre.

Il exprime son regret (*« il aurait fallu que j'arrête »*) et son ambivalence (*« le tabac, ça m'aide un peu, non ça m'aide pas puisque c'est de la saloperie »*).

Il craint de débuter un sevrage : *« je ne sais pas comment je vais réagir, si je suis assez costaud »*. Par comparaison avec le sevrage d'alcool, il pense que *« c'est beaucoup plus long à encaisser »*.

b) l'alcool *:*

Monsieur R. évoque son alcoolisme en termes de *« refuge »* qui l'aidait à *« tenir le coup »*. Bien que le sevrage alcoolique se soit bien déroulé, il ne paraît pas satisfait : *"c'est le côté psychologique qui a manqué (…) il aurait fallu soigner la tête avant"*. Cette cure n'a pas ôté sa douleur (*« les problèmes sont là, ils reviennent »*) et *« n'a pas marché, car la première chose que j'ai eu envie c'est de prendre l'apéro en rentrant »*.

– *le cancer du poumon :*

a) La découverte du cancer

« J'avais une très grosse bronchite… radio de contrôle… on a découvert une tumeur au poumon ». Le vécu de cette annonce n'est pas abordé.

b) Le sens donné à la maladie

Pour monsieur R., plusieurs causes sont à l'origine de son cancer : *« on m'a dit que c'était le cancer du fumeur moi j'ai une autre idée »*. Bien qu'il reconnaisse la part de responsabilité de son tabagisme dans l'apparition de son cancer : *« je veux pas déculpabiliser le tabac »*, il en attribue une également à l'utilisation *« de produits extrêmement dangereux »* dans sa vie professionnelle. Puis il avance l'hypothèse que *« l'effet déclencheur (…) c'était plus émotionnel (…), psychologique (…) que tabagique »*, qu'il appuie par la chronologie suivante : *« grosse bronchite, radio… pas de soucis. Puis j'ai eu cette fameuse rupture un mois plus tard puis radio de contrôle et on découvre une tumeur »*.

c) Le traitement du cancer et son vécu

Le cancer n'étant pas opérable, monsieur R. a suivi, en même temps, un traitement de chimiothérapie et une radiothérapie pendant six mois. Il évoque le vécu difficile des effets secondaires, la fatigue surtout, de ces traitements. Mais il paraît satisfait de sa prise en charge : *« j'ai rien à dire (…) ça s'est bien passé à tous les niveaux que ce soit en radiothérapie ou chimio", "une équipe médicale géniale, très sympathique, très gentille (…) des gens qui comprennent (…) qui connaissent leur métier »*.

d) Le soutien familial

Monsieur R. a bénéficié du soutien de ses proches (sœurs et fils) : *« j'ai été pris en charge par ma famille (…) qui s'est bien occupée de moi »*. Ce qui l'a motivé pour suivre les traitements : *« je l'ai fait pour mes enfants »*.

e) La perte sociale, le repli sur soi

Monsieur R. aborde la perte de sa vie sociale (*« j'ai plus beaucoup d'amis »*) qu'il explique par le fait que le *« cancer fait peur à tout le monde »*. Il semble avoir été dans l'impossibilité d'évoquer sa maladie : *« on ne sait pas quoi dire aux gens »*, ce qui a entraîné un évitement : *« donc on les évite »* jusqu'à un repli sur soi : *« on finit par se retrouver tout seul »*. Ce repli sur soi est *« obligé »*, car il ne souhaite pas empiéter sur la vie de ses fils et sœurs.

f) Les effets secondaires des traitements

Monsieur R. évoque un effet secondaire entraîné par la toxicité de la chimiothérapie, la polynévrite au niveau des mains et des pieds, qui n'est pas complètement réversible : *« on a du mal à sentir ce qu'on touche (…) ça brûle au niveau des cuisses, alors je peux pas marcher longtemps (…) »*.

Puis, il parle d'une *« très grosse fatigue (…) j'essaie de marcher un peu, de m'oxygéner, mais je rentre, je suis vanné, lessivé »*. Cette fatigue extrême résulte aussi de l'asthénie dépressive.

Il évoque également *« des marques violettes qui reviennent de temps en temps là où j'ai eu mes rayons »*. Enfin, son *« cathéter a été mal posé »*, il garde *« une cicatrice d'enfer »*. Il relativise ces traces corporelles : *« à mon âge, je vais pas faire les play-boys »*.

Tout cela rappelle à monsieur R. que la maladie est présente : « *quand je prends ma douche et que je vois les traces, je sais que c'est là (…) elle ne se fait pas oublier* ».

g) La dénégation du cancer

Cette dénégation est parfois clairement exprimée, ainsi avant de débuter l'entretien il annonce : « *mon cancer, je m'en fous* », ou plus tard : « *j'ai le cancer, mais je continue à fumer parce que j'en ai rien à foutre* ». Il dit également : « *la maladie je l'ai pas vécue, je l'ai subie, j'ai mis de côté* ».

Par ailleurs, monsieur R. opère une mise à distance en utilisant le pronom impersonnel pour dénommer la maladie (« *je sais que c'est là, elle ne se fait pas oublier* »).

Cette dénégation résulte certainement du manquement de ses capacités psychiques à élaborer la réalité traumatique du cancer puisque ces dernières sont dirigées vers l'élaboration de la perte de son ex-compagne. Il se dit « *toujours un peu loin, très loin* » du cancer puisqu'il a « *l'esprit occupé par autre chose (…) cette fameuse fille (…) ma préoccupation première, c'est le souci sentimental* ».

Néanmoins transparaît l'inquiétude vis-à-vis de la maladie : « *j'ai l'esprit occupé par autre chose, et cette autre chose je préférerais que ce soit autre chose (…) qui me fasse penser à autre chose qu'à mon cancer* ».

h) La dépression

Monsieur R. rapporte un ensemble de faits pouvant expliquer son état dépressif actuel : ses « *soucis sentimentaux (…) cette fameuse rupture* » et la découverte de son cancer pulmonaire peu de temps après. Et « *des difficultés financières* » ou « *familiales* ».

L'humeur dépressive est patente. Monsieur R. est triste, il pleure par intermittence tout au long de l'entretien. Il se présente de façon négative et se dévalorise : « *il faut vouloir s'en sortir (…), s'accrocher (…) je suis un dégonflé… * ». Il exprime son incapacité à lutter : « *je suis descendu trop bas, et je descends encore (…) il va falloir que je remonte (…) faut se battre (…) j'essaie (…) j'y arrive pas* ». Enfin, il va jusqu'à exprimer des pensées suicidaires : « *quelles solutions ? Me balancer du 7ᵉ ? J'ai essayé (…) puis après ça passe* ».

Les dessins

Nous avons choisi de demander à monsieur R. deux dessins à réaliser : le dessin de l'arbre et le dessin de la personne. Le dessin de l'arbre, parce qu'il permet de situer le sujet dans sa globalité, son vécu, ses conflits, ses traumas, ses capacités de stabilité et d'enracinement et ses aspirations — l'arbre représentant la vie, la force, mais aussi le corps. Le dessin de la personne, parce qu'il est directement lié à la représentation de soi et à l'image du corps.

Le dessin de l'arbre

Pour réaliser le dessin de l'arbre, monsieur R. a gardé la feuille posée devant lui en mode portrait. Avec un crayon de couleur marron, il a d'abord tracé les lignes constituant le contour du tronc qu'il a colorié. Puis, avec un crayon vert, il a réalisé la couronne qu'il a ensuite garnie de feuillage. Dans son ensemble, cet arbre est assez simple : il comporte un tronc et une couronne. Il n'y a pas de ligne de sol, de racines ou de branches. Le coloriage est lui aussi élémentaire : traits grossiers. L'arbre est grand (il mesure 21,5 cm de hauteur). Le feuillage est légèrement plus grand que le tronc avec une hauteur de 11,5 cm contre 11 cm. L'arbre est disposé dans la partie centre droit de la feuille.

Le tronc est réalisé par deux traits. Le tracé du contour du tronc est fin, plutôt léger et continu. Il n'est pas droit, plutôt curviligne. Sa base est ouverte et élargie des deux côtés. Le tronc est également ouvert en haut, il donne dans le feuillage. Le coloriage du tronc se compose de traits verticaux.

La couronne est fermée sauf au niveau du tronc. Le trait du contour de la couronne est continu sous la forme d'un nuage. Le coloriage de la frondaison se compose d'un ensemble de traits réalisés dans un mouvement de va-et-vient.

L'analyse des tracés du dessin de l'arbre apportera de nombreux éléments qui complètent et corroborent ceux apportés par l'entretien clinique. Nous retrouverons chez monsieur R. :

a) concernant la sphère affective
— *un fort attachement à la mère et un blocage de la charge affective liée au passé.* Monsieur R. a besoin de se sentir rassuré, d'avoir des assises familiales solides (*tronc élargi à la base des deux côtés*), de prendre en compte les conceptions de l'entourage *(position centre tendance droite)* afin de garantir son adaptation au milieu *(arbre hauteur 3).*
— *un besoin de dépendance orale (tabac et alcool).*
— *des fragilités physiques* (liées à sa maladie et aux effets secondaires des traitements : manque de tonus musculaire, de résistance, asthénie) et *psychiques* (fragilité nerveuse, tendance dépressive, anxiété, émotivité) perceptibles à travers la facture du dessin *(trait léger dans le tronc et/ou dans le feuillage ; écorce striée ; tronc ouvert à la base, absence de branches).* Monsieur R. se sent vulnérable et a l'impression de manquer de stabilité voire d'appui dans certaines circonstances comme une séparation *(absence de ligne de sol).*
— *un sentiment d'insuffisance (absence de ligne de sol)* qui le freine à agir dans la vie. Il est devenu un spectateur effacé, inhibé *(trait léger dans le tronc et/ou dans le feuillage).*
— *des préoccupations par rapport à la sexualité* du fait de sa maladie et de sa solitude actuelle *(tronc entrant légèrement dans le feuillage).*

b) concernant la sphère intellectuelle
Monsieur R. est intelligent, mais son manque de confiance le fait en douter *(feuillage largeur 2).* Il devient alors hésitant, indécis *(absence de ligne de sol ; tronc*

ouvert et lié ou demi-lié au feuillage, tronc tube). Il est capable de réflexion (*feuillage hauteur 2*), il aime laisser mûrir des décisions et des projets en réfléchissant, en laissant les idées aller et venir (*feuillage plus grand que le tronc*). Il est méthodique (*tronc deux traits*) et s'attache au concret (*trait léger dans le feuillage*).

c) concernant la sphère sociale

Monsieur R. est plutôt extraverti. Il est complaisant dans les relations (*couronne en boucles ; feuillage plus grand que le tronc ; tronc ouvert à la base*) et se met en évidence de façon raisonnable adéquate (arbre hauteur 3, arbre bien inséré dans la page). Il est bien adapté socialement. L'isolement dans lequel il se cantonne depuis sa maladie lui est d'autant plus lourd à supporter.

Commentaires de monsieur R. sur son dessin de l'arbre

Au moment de dessiner la couronne, monsieur R. demande à la psychologue « *je le dessine à cette époque ou n'importe quelle époque ?* ». La psychologue répond : « *c'est comme vous voulez* ».

Il fait le choix de dessiner son arbre « *au printemps ou en été* ». « *Il a réussi à pousser sans encombre. Il s'est bien développé. Il arrive peut-être à maturité, mais il perd ses feuilles en automne* ». Le thème de la perte des feuilles renvoie peut-être à la perte de sa vie sociale et professionnelle liée à sa maladie, mais aussi à la perte de l'être aimé vécue comme un abandon.

Dessin de l'arbre de monsieur R., 60 ans
(arbre dessiné avec un feuillage vert et un tronc marron)

Le dessin de la personne

Monsieur R. a réalisé le dessin de la personne sur une feuille A4 en mode portrait. La personne a été dessinée dans son entièreté. Monsieur R. a commencé par réaliser les jambes, puis la ceinture, les chaussures. Il a ensuite dessiné le tronc avec les bras, les poches de pantalon, la tête avec le nez, les yeux et sourcils, la bouche et les cheveux. Enfin, il a rajouté la poche de veste puis le col.

De taille imposante, la personne occupe l'espace de la feuille. Elle se situe dans le centre droit de la feuille, signe d'angoisse, de solitude et de pensées intimes. Debout, de face, les pieds sont de profil tournés vers la gauche. Elle semble figée, immobile (bras près du corps et mains dans les poches), signe d'anxiété, d'inhibition, de difficulté à se tourner vers les autres ou encore d'insatisfaction des besoins. La position des jambes, parallèles et écartées, renvoie à un sentiment de stabilité.

Les tracés qui indiquent l'état émotionnel du sujet sont légers. Cette faible pression traduit la sensibilité, la douceur, la timidité voire le manque de confiance en soi. On retrouve ce type de tracé chez des sujets à personnalité hésitante, indécise ou à tendance dépressive. Les *tracés repassés, retouchés* à certains endroits dans un souci de perfection, indiquent la présence d'une tension intérieure. Ils sont parfois discontinus, donnant un aspect « abîmé » au personnage. Curvilignes, ils signent des attitudes de conciliation ou de soumission. Il n'y a pas de zone ombrée, mais on note la présence d'une hétérogénéité du tracé au niveau des poches pouvant traduire une culpabilité. Enfin, monsieur R. a réalisé la personne avec un crayon noir. Le choix des couleurs est un indicateur de l'affectivité du sujet et le noir, couleur froide et éteinte, renvoie à l'anxiété, au deuil, à la culpabilité et à la dépression.

La personne étant de face, il est aisé de repérer la présence de deux bras, deux jambes, deux pieds, une tête et le tronc. Le tronc (bien dessiné) donne à la personne une allure humaine à laquelle peut s'identifier facilement le sujet. Cette identification est effective pour monsieur R. : « *On dirait qu'il fait du 45 comme moi* ». Il s'agit d'un homme adulte. La personne est souvent du même âge et du même sexe que le dessinateur. Sa grande taille renvoie à une valorisation du sexe masculin, mais aussi à un contrôle de soi, un respect des autres ou encore à une certaine assurance, un épanouissement.

La tête est le siège du Moi du sujet, de sa pensée, de ses aspirations intellectuelles, de sa maîtrise des instincts ainsi que le siège de la communication sociale, car elle contient les organes nécessaires aux échanges sociaux. Monsieur R. a éprouvé quelques difficultés : « *c'est comment une tête ?* ». Mais une fois débutée, elle fut réalisée avec soin. La tête est petite par rapport au reste du corps, ce qui peut traduire des difficultés de communication ou une perte de contrôle sur ses instincts.

L'expression du *visage* est souriante. Toutefois, la présence d'autres éléments plaide en faveur d'une configuration émotionnelle opposée. L'expression des sentiments dans le dessin de la personne peut se faire par des mécanismes de compensation à travers une expression contraire à ce qui est ressenti. Les propos de monsieur R. vont dans ce sens : *« On va lui faire un sourire, ça changera »*. En général, les personnes sont dessinées souriantes, comme celle de monsieur R. *« il a le sourire, à la limite, il est bien »*. Le *« à la limite »* tempère le sourire. Monsieur R. précise que la personne *« attend »*. Cette attente renvoie à un sentiment d'imminence du temps vécu. Or, l'attente, sorte de stase de l'élan vital, abolit le présent. Ce sentiment d'imminence peut traduire une angoisse de mort suscitée par l'annonce de la maladie. Très vite, monsieur R. donne un sens à cette attente : *« il attend le bus… un copain, une copine… peut-être une bonne nouvelle »*, exprimant probablement dans cette dernière formule ses propres désirs dans un mouvement projectif. L'attente d'*« un copain, une copine »* reflète sans doute son désir de rétablir les contacts sociaux ou d'en finir avec une solitude qui lui pèse.

L'ensemble du dessin est porté par un mouvement de valorisation compensatoire : *« faire un beau garçon… un beau sourire »*. Monsieur R. va d'ailleurs jusqu'à lui attribuer une identité positive : *« s'il sort du dessin, on l'appellera Mac Gyver »* — un héros de série télévisée. Un personnage intelligent, ingénieux, décontracté et optimiste ; agent du gouvernement, il résout des problèmes insolubles, dans des situations de vie ou de mort. Ce mouvement de valorisation traduit une tentative de renarcissisation, après ses commentaires peu élogieux sur son habileté et sa production : *« je suis mauvais en dessin »*, *« les proportions c'est nul »*, *« je l'ai raté »*, signant un manque de confiance en soi, une dévalorisation.

Le *visage* est complet. Les *yeux* sont *« un signe de vie »*. Le regard a un rôle déterminant dans l'établissement des relations affectives et émotionnelles du sujet avec autrui. L'orientation de l'axe corporel est déterminée par la ligne des yeux. L'œil droit est plus bas que l'œil gauche ce qui donne l'impression que son regard est légèrement orienté vers la gauche, direction symbolique du passé, de la nostalgie, des souvenirs.
La présence du nez correspond à un élément phallique. Le fait qu'il ne soit pas accentué traduit une absence de crainte de castration.
La bouche, qui indique un besoin de communication, a aussi une signification érotique. Monsieur R. s'est attelé à modeler la bouche pour qu'elle arbore un sourire. L'épaississement par des traits repassés traduit une certaine agressivité et le fait qu'elle soit serrée, une certaine tension. Cette insistance sur la bouche renvoie également à un surinvestissement de la sphère orale qui correspond à ses dépendances (orales) alcoolo-tabagiques. Enfin, l'arrondi correspond à une certaine passivité ou dépendance.

Les oreilles, non visibles, ont été sans doute omises, ce qui est très fréquent. La chevelure, peu importante, mais élaborée, correspond à celle de monsieur R. Elle reflète les tendances viriles, des préoccupations sexuelles ou des besoins sensuels. *La faible visibilité du menton* traduit un manque d'affirmation de soi. Enfin, *le cou* n'est pas dessiné — ce qui est fréquent du fait de la difficulté de réalisation. Étant le lieu de projection du lien entre les pulsions du corps et le contrôle conscient, son absence signe un manque de contrôle du corps par l'esprit. Par opposition à la tête, lieu du contrôle, *le tronc* est le lieu des instincts. La minceur du tronc traduit un état de faiblesse. La forme des *épaules* est suggérée par la forme du tronc ; elles sont amoindries, arrondies. La *taille* est basse. Le resserrement à son niveau indique une inhibition, une contrainte concernant la puissance physique ou encore une maîtrise fragile de la sexualité. Ce resserrement et la présence d'une ceinture insistent sur la taille, ce qui traduit des efforts de contrôle du sujet sur sa vie instinctive. *La présence de la ceinture* correspond à un déplacement de la représentation des organes sexuels, comme le nez. En effet, le dessin de la personne ne comporte aucune allusion à la zone génitale qui a été évitée par la discontinuité du trait.

Les bras et les mains renvoient aux contacts du sujet avec son entourage. Les bras s'intègrent bien au reste du corps. Bilatéraux, longs, ils ne peuvent s'articuler en raison de l'absence du coude. La longueur des bras gêne monsieur R. : « *il a des grands bras quand même* ». *Les bras* correspondent aux aspirations du sujet, à la confiance, l'insécurité, l'agressivité ou la culpabilité. Longs et frêles, ils indiquent une impossibilité de réaliser ses ambitions, une faiblesse physique et un sentiment d'inadéquation. La réalisation des *mains* a été évitée : « *Si je mets des poches, j'aurai pas les doigts à dessiner* ». Les *doigts* sont difficiles à dessiner. *L'absence des mains*, point de contact avec le milieu, correspond à un manque de confiance ou d'assurance dans les contacts sociaux. Cachées dans les poches, elles renvoient à l'incapacité d'établir des liens, mais aussi à un sentiment de culpabilité (sexuelle ou délinquante) ou à une dépression extrême.

Les jambes au service d'une motricité automatique ont souvent une direction fixée et une forme stable. Elles signent un sentiment de sécurité, d'affirmation de soi, de contact avec l'environnement. Ici, des jambes courtes traduisent la passivité. *Les pieds*, points de contact avec le milieu, comme les mains, sont représentés de façon primitive sous la forme d'un « *pied-chaussure* », traduisant une insécurité ou une culpabilité.

Les vêtements traduisent l'identité sociale du personnage. La personne est normalement habillée : vêtements simples et élémentaires (chemise, pantalon, ceinture et bottes) qui renforcent l'identité sexuelle masculine. La présence de boutons est associée à la soumission, à la dépendance. *Les poches* renvoient au secret, à la possession. Elles ont une valeur orale ou sexuelle. *Le pantalon* est plus ou moins associé à la sexualité alors que la ceinture marque clairement des contraintes d'ordre sexuel. Les vêtements sont aussi une protection contre l'environnement et contre le regard des autres. L'habillement masque, met en valeur, transforme les signaux de séduction adressés à l'autre. *La présence des habits* ici signe le rapport narcissique, séducteur aux autres que monsieur R. a pu présenter au cours de nos rencontres. Néanmoins, par la discontinuité du trait, les vêtements paraissent abîmés… À travers *la poche de poitrine* placée sur le côté droit de la personne, monsieur R. a certainement projeté la présence sur son propre corps et de ce même côté d'une cicatrice imposante due à la pose d'une chambre implantable pour sa chimiothérapie. Ceci est attesté par le fait qu'en dessinant le sujet projette son côté droit sur la partie droite de la feuille. Aussi, cette poche de poitrine signale l'atteinte cancéreuse de monsieur R.

Commentaires de monsieur R. sur son dessin de la personne
Pour monsieur R., ce corps est : « *comme le mien, on peut le jeter* ». « *Je m'aime pas beaucoup… j'ai pas une bonne image de moi* ». Cette dévalorisation recouvre une perception de l'image du corps altérée. Ce corps est fragile : « *les yeux c'est fragile, ils n'ont pas beaucoup de protection* » et « *la fragilité des organes, ben forcément… ça peut être les poumons… je suis bien placé pour le savoir* ». Un glissement du physiologique au symbolique s'opère : « *le cœur* » est, en premier lieu, ce qui est atteignable et blessable… « *par la parole, par la pensée plus que par la maladie* »… « *On peut avoir mal partout… tout le corps est fragile* ». On retrouve souvent ce vécu de vulnérabilité chez les personnes atteintes d'un cancer.

Dessin de la personne de monsieur R., 60 ans

Diagnostic et conclusion

Monsieur R. présente un état dépressif sévère réactionnel aux évènements qu'il a vécus (rupture avec sa compagne et découverte de son cancer). Un certain nombre de signes cliniques attestent de son état dépressif : tristesse, autodépréciation, insatisfaction, culpabilité, anhédonie, vision négative de soi, vision négative du futur, mais aussi ralentissement psychomoteur avec asthénie ainsi que présence de troubles associés tels que l'anxiété et le désir de mort. Aucun antécédent dépressif n'est rapporté. Monsieur R. envisage de « *s'occuper* » de sa dépression. Un rendez-vous est prévu avec un psychiatre afin d'envisager une prise en charge médicamenteuse de la dépression.

Il présente également une intoxication alcoolo-tabagique. Son alcoolisme est récent. Au moment où monsieur R. rencontre la psychologue, il vient de terminer une cure de désintoxication éthylique. Sa consommation tabagique reste importante (trois paquets de cigarettes par jour).

Avec ce cas clinique, nous avons voulu insister sur l'intérêt clinique de l'utilisation des dessins (arbre, personne) dans des recherches en psychopathologie encore peu nombreuses auprès des adultes atteints de cancers. Ces outils sont un réel médiateur à la parole. Ils participent à une meilleure communication entre le patient adulte cancéreux et le psychologue. Ils favorisent l'établissement de la relation thérapeutique ainsi que la verbalisation. Ils constituent une source riche de données complémentaires dans la mesure où ils permettent d'approfondir des aspects déjà évoqués en entretien ou d'en aborder d'autres, facilitant la compréhension du fonctionnement psychique de l'adulte. Par ailleurs, ils sollicitent la projection de l'expérience bouleversante du cancer. Ainsi, permettent-ils d'identifier les aspects de cet évènement de vie et ce qu'il entraîne : sentiments divers, violents, contradictoires, angoisse, culpabilité, désespoir, sentiments d'injustice et d'impuissance, etc. face à la maladie. Le test de l'arbre et le test de la personne (Fernandez, 2014 ; Fernandez, 2016) permettent plus particulièrement d'aborder avec le sujet la question intime de la représentation de soi et de l'image de soi et du corps, une image entamée, malmenée, dévalorisée par la maladie, certes, mais porteuse aussi de tout ce que fut le sujet avant la maladie. C'est sur ces forces et ces faiblesses mises en valeur par les dessins et analysées que le travail thérapeutique pourra alors s'appuyer.

Bibliographie

BALDY, R. (2002). *Dessin-moi un bonhomme. Dessins d'enfants et développement cognitif.* Paris : Éditions In Press.

BOUAK, J., BOUTEYRE, E. (2010). Cancer et socio-esthétique : évaluation psychologique des changements de l'image du corps grâce au dessin de la personne. *Psycho-Oncologie,* 4, 1, 38-46.

BRETAGNE E. (2008). Être laryngectomisé : réhabilitation et réadaptation. *Psycho-Oncologie,* 2, 83-85.

CLARK, M., CROGHAN, I. et al. (2005). The relationship of body image dissatisfaction to cigarette smoking in college students'. *Body Image,* 2, 263-270.

CLARK, M., DECKER, P. et al. (2004). Weight concerns among male smokers. *Addictive Behaviors,* 29, 1637-1641.

CORORVE-FINGERET, M., VIDRINE, D. et al. (2007). The association between body image and smoking cessation among individuals living with HIV/AIDS. *Body Image,* 4, 201-206.

CROGHAN, I., BRONARS, C. et al. (2006). Is smoking related to body image satisfaction, stress, and self-esteem in young adults? *American Journal of Health Behavior,* 30, 3, 322-333.

ESKELINEN, M., OLLONEN, P. (2010). The body image drawing analysis in women with breast disease and breast cancer: anxiety, colour and depression categories'. *Anticancer Research,* 30, 683-692.

FERNANDEZ, L. (2014*). Le test de l'arbre. Un dessin pour comprendre et interpréter.* Paris : Éditions In Press, 3e édition.

FERNANDEZ, L. (2016). *Le dessin de la personne.* Paris : Éditions In Press, collection concept psy.

HOSPICES CIVILS DE LYON. (2010). *Projections de l'incidence et de la mortalité par cancer en France en 2010. Rapport technique.* Institut de veille sanitaire (InVS), Institut national du cancer (INCa), Francim, Institut national de la santé et de la recherche médicale (INSERM).

KING, T., MATACIN, M. et al. (2000). Body image evaluations in women smokers. *Addictive Behaviors,* 25, 4, 613-618.

KING, T., MATACIN, M. et al. (2005). A prospective examination of body image and smoking cessation in women'. *Body Image,* 2, 19-28.

LANTHEAUME, S., FERNANDEZ, L., BLOIS-DA-CONCEIÇÃO, S., MOTAK, L. (*sous presse*). Cancer du sein non métastasé et dessin de l'arbre. *Psycho-oncologie.*

LEV-WIESEL, R., ZIPERSTEIN, R., RABAU, M. (2005). Using figure drawings to assess psychological well-being among colorectal cancer patients before and after creation of intestinal stomas: A brief report'. *Journal of Loss and Trauma,* 10, 359-367.

LOUIS, M.Y., RAME, J. P. (2008). Cancers des voies aérodigestives supérieures. Vers un corps reconstruit, vers une autre vie ». *Psycho-Oncologie,* 2, 77-82.

ROYER, J. (1984). *La personnalité de l'enfant à travers le dessin du bonhomme.* Bruxelles : Editest.

Cas clinique 2

Anamnèse

Les éléments d'anamnèse de monsieur S. ont été recueillis, d'une part, dans son dossier médical, d'autre part, dans le cadre des entretiens cliniques.

Monsieur S. a 59 ans, est un homme agréable, gai, dynamique, serviable, ouvert et abordable. Il est aussi loquace et très à l'aise avec les gens. Il instaure d'emblée une relation par l'emploi d'un tutoiement.

Il porte les stigmates de sa maladie cancéreuse. Son visage est abîmé par de très nombreuses éruptions cutanées et l'on remarque une absence de sourcils et cils. Sous une casquette, il dissimule à la fois son alopécie et la présence d'une grosseur sur le côté arrière gauche de sa tête. Le diagnostic de cancer bronchique a été porté en 2008 après une bronchite difficilement soignable. L'intervention chirurgicale n'a pas été possible puisque la tumeur primitive se localisait au niveau du lobe inférieur droit du poumon et que le cancer s'avérait d'emblée très évolué avec des extensions métastatiques. Monsieur S. a suivi pendant trois mois un premier protocole de six cures de chimiothérapie qui a permis une stabilisation avant que ne soit observée, neuf mois plus tard, une nouvelle progression du cancer. Monsieur S. a alors suivi un second protocole de six cures de chimiothérapie pendant trois mois. Mais des métastases cérébrales ont été découvertes. Ainsi, monsieur S. a suivi quelques mois plus tard, dix séances de radiothérapie encéphalique et entrepris un troisième protocole de chimiothérapie. Monsieur S a encore suivi, quelques mois plus tard, dix séances de radiothérapie pour irradier des métastases osseuses découvertes au niveau de l'articulation du fémur de la hanche droite. Les métastases sont également traitées par corticothérapie. Actuellement, monsieur S. suit une chimiothérapie médicamenteuse par voie orale à son domicile, contrairement aux précédentes qui s'effectuaient sous perfusion à l'hôpital.

Monsieur S. est marié. Son épouse, institutrice est retraitée. L'entente conjugale semble correcte. Ils ont une fille âgée d'une vingtaine d'années, étudiante en deuxième année de licence de géographie.

Monsieur S. a une sœur et un frère. Il a également deux autres demi-frères et une demi-sœur, qu'il a rencontrés peu souvent au cours de sa vie. Il semble exister une certaine entente avec ses frères et sœurs. Il ne parle pas de ses parents.

En raison de sa maladie, monsieur S. est actuellement en arrêt-maladie. Depuis de nombreuses années, il travaille pour un accessoiriste-voiture. Il est en charge de l'aménagement des magasins. Il explique que cette profession était prenante et contraignante puisqu'elle nécessitait de nombreux déplacements. En raison de ceux-ci et de l'organisation de ses horaires et journées de travail particulièrement intenses, monsieur S. était souvent absent de son foyer familial. Il ne rentrait que le samedi soir tardivement pour repartir le lundi soir.

De ce fait, durant son exercice professionnel, ses relations sociales ont été limitées à des relations professionnelles. Monsieur S. souligne que, depuis qu'il est en arrêt-maladie, il entretient quelques contacts avec des personnes de son village, ce qu'il n'avait pas l'occasion de faire auparavant.

Par ailleurs, il se passionne pour la pêche, le jardinage et surtout, la construction de trains électriques depuis son enfance. Il nous montre lors du premier entretien des photographies de ses constructions de trains.

Monsieur S. se doutait qu'il avait « *quelque chose* ». Lorsque la maladie a été confirmée, il rapporte avoir eu « *un peu de mal à l'avaler* ». Il est assez fataliste et explique que « *si ça doit arriver, ça arrive (...) c'est comme ça* ». Néanmoins, il considère qu'il faut garder le moral face à la maladie. Il explique que se « *miner le sang* » en se répétant « *j'suis malade, j'vais mourir* » ne changera rien et préfère se dire qu'ils vont le soigner que « *ça va aller (...) il faut être positif, toujours, toujours, toujours* ». Il explique qu'il bouge et s'occupe « *toute la journée pour pas y penser* ». Il lutte contre l'angoisse de mort par un élan de vie : « *j'ai un cancer, je le sais, mais j'y pense pas (...) j'en ai rien à foutre (...) je me prends pas la tête avec ça (...) ce qui m'intéresse c'est ce qu'on mange* ».

Monsieur S. présente un antécédent de tabagisme chronique sevré. Sa consommation s'est étendue sur une durée d'environ quarante ans (un paquet de cigarettes par jour). Son initiation a eu lieu à l'adolescence (à dix-sept ans). Son parcours tabagique comprend quelques tentatives échouées de sevrage. Le sevrage définitif a été effectif quelques mois après l'annonce de son cancer. Celui-ci s'est réalisé progressivement, entrecoupé de quelques reprises, avec de grandes difficultés. Monsieur S. exprime qu'il a encore, parfois, envie de fumer.

Par ailleurs, il semble présenter un antécédent d'une consommation éthylique régulière. Il dit avoir stoppé complètement sa consommation d'alcool après avoir été interpellé à ce sujet par le médecin qui l'avait remarqué dans ses analyses et après son retrait de permis pour conduite en état d'ivresse. Cette consommation consistait à « *boire du vin à table* » et « *l'apéro le week-end* », un « *apéro violent* » (whisky). Cette consommation d'alcool lui manque. Il dit qu'une fois le traitement arrêté, il boira du « *vin avec du fromage* », car « *c'est très bon* ».

Les entretiens cliniques

Les thèmes et sous-thèmes dégagés des entretiens cliniques sont les suivants :

Le tabagisme
L'initiation, l'installation et la dépendance
L'initiation tabagique de monsieur S. a débuté vers l'âge de dix-sept-dix-huit ans. Il dit avoir « *fumé quelques cigarettes en tant qu'étudiant naturellement* » avant « *mais bon, quelques-unes pas beaucoup* ». La consommation s'est poursuivie avec

son père qui était « *un gros fumeur* » et qui lui « *donnait une cigarette par-ci par-là* » avant qu'il en achète lui-même. Il semble que l'installation dans le tabagisme ait été renforcée par le service militaire : « *ensuite, j'ai été à l'armée, comme tous les soldats donc, les cigarettes de l'armée, puis bon, après, j'ai plus arrêté* ».

Monsieur S. rapporte les divers types de consommation tabagique durant son parcours de fumeur : « *au début, je fumais des brunes, des "Gitanes" (...) ensuite, des cigarettes de l'armée (...) ensuite, re des "Gitanes" en sortant de l'armée (...) au début, elles étaient sans filtres (...) après ça était avec filtres (...) ensuite, la gitane légère (...) parce que c'était un peu blindé ce truc-là (...) et, je suis passé aux cigarettes blondes, euh... pas tout de suite... on va dire dix ans avant le cancer* ».

Son tabagisme s'est étendu sur une quarantaine d'années : « *de 17 à 57-58 ans (...) j'ai arrêté en 2009 (...) ouais, 40-41 ans de cigarettes* » ; « *un paquet de cigarettes par jour (...) vingt cigarettes par jour approximativement* ». La variation de sa consommation journalière dépendait « *de la longueur de la journée* », mais aussi des « *sorties* » au cours desquelles « *l'alcool aidant (...), on fume plus* ». Monsieur S. explique sa forte dépendance au tabac par le fait qu'il était « *trop accroc* », « *c'est une drogue* ». Durant son parcours tabagique, monsieur S. a tenté plusieurs fois d'arrêter de fumer : « *j'avais déjà essayé une fois ou deux avant* », mais ces sevrages n'ont pas été définitifs : « *ça durait quelques mois, 5-6 mois et puis je m'étais remis à fumer* ».

Les motivations à fumer

- *Les motivations positives*
La motivation principale à fumer semble être la recherche de l'effet « *stimulant des neurones (...) je fumais surtout pour le stimulus* ». Monsieur S. explique que « *si jamais pour une raison quelconque* », il rencontrait « *un petit problème technique, quelque chose qui coinçait* », « *c'était allumage d'une cigarette pour réfléchir, pour trouver la solution* ». Cette conduite a très certainement été renforcée par la croyance en son efficacité : « *j'allumais une cigarette et l'idée me vient (...) des fois, je trouvais tout de suite, j'éteignais la cigarette et on retournait au boulot* ». Ainsi, il conclut en disant : « *si t'as les mains occupées, tu ne fumes pas (...) faut pas avoir à réfléchir* ».

La seconde motivation à *fumer* concerne l'effet « *décontractant* » : « *c'est aussi, quand t'es trop énervé (...) tu fumes une cigarette pour te détendre (...) le soir (...) tranquillement* ».

Monsieur S. remarque que ces deux motivations à fumer sont contradictoires : « *c'est presque en opposition (...) c'est bizarre* », avant de minimiser ces propos : « *mais bon, c'est à peu près pareil quand même* ».

L'effet décontractant, détente du tabac peut être rapproché de la dimension de plaisir clairement exprimée : « *j'avais le plaisir de fumer* », « *j'en ai bien, bien, bien profité* ». Il se définit comme « *un bon vivant* ». « *Les bons repas, les bons alcools, les bonnes cigarettes, les bons cigares* ».

Les motivations à arrêter

La plupart des motivations positives à l'arrêt du tabac de monsieur S. relèvent de l'inconfort de sa consommation. Ces motivations sont exprimées à travers l'évocation des bénéfices du sevrage tabagique. Il exprime, tout d'abord, une ambivalence par rapport au goût du tabac : « *c'est pas particulièrement bon, mais c'est plaisant des petits cigares (...) après les repas* », car « *je trouvais ça meilleur que le papier de la cigarette qui n'est pas très bon* ». Ça *ne donne pas une haleine superbe, ça altérait le goût, mais même si c'est un peu désolant, car j'étais un bon vivant, j'aime les bonnes choses* ». C'est d'ailleurs pour amoindrir cette altération du goût que monsieur S. est « *passé des brunes aux blondes* ». Le sevrage tabagique de monsieur S. lui a permis de retrouver le goût et l'odorat. Il explique « *qu'un fumeur ou une fumeuse, je le sens parce que ses habits sont imprégnés alors qu'avant je le sentais pas* ». « *les cendres, ça sent pas bon (...) les murs étaient imprégnés (...) les voitures sentaient la cigarette (...) ça pollue* ». Depuis son sevrage, « *maintenant ma maison (...) voitures (...) ça sent bon (...) ça sent plus le tabac froid* ».

Enfin, monsieur S. aborde brièvement d'autres aspects désagréables qu'entraîne le tabagisme : « *on en fout partout, c'est pas propre (...) il y a des cendriers un peu partout, c'est pas très beau* ».

La motivation principale à l'arrêt du tabac de monsieur S. est la découverte de son cancer. Avec insistance, il explique que « *le cancer a fait que oui (...) ça était le déclencheur* ». Il a très certainement pris conscience de l'impact négatif sur sa santé que constituerait la poursuite de son tabagisme : « *faut arrêter parce que sinon là t'es mort* ». Il dira d'ailleurs « *quand j'ai arrêté, non, ça (le plaisir de fumer) avait disparu* ».

Le sevrage

Monsieur S. souligne les difficultés de son sevrage tabagique : « *très, très dur (...) j'ai eu beaucoup, beaucoup, beaucoup de mal à m'arrêter* ». Ces difficultés, il les rapporte à sa dépendance physiologique et comportementale : « *c'est le manque (...) j'ai été trop, trop accroc, trop en manque* ». Monsieur S. explique que « *la cigarette du café après manger le midi (...) était impérative* » et que « *celle-là, c'était dur de ne pas la fumer et la manipuler* ». Le sevrage de monsieur S. a été progressif. Il explique, plus précisément que « *le cancer a fait le déclic pour m'arrêter de fumer, mais j'ai fumaillé un peu après* ». Il parle de ses rechutes : « *j'ai arrêté, puis j'ai repris un peu, puis j'ai re arrêté, puis j'ai repris un peu (...) c'était plus un paquet par jour, je fumais deux ou trois cigarettes. Des fois, je ne fumais pas du tout de la journée et j'en fumais trois le lendemain. Jusqu'à tant que j'arrive à m'arrêter définitivement* ». L'arrêt définitif a eu lieu « *en vacances (...) en juillet 2009* ». Il semble que cette période spécifique de vacances ait participé à la réussite du sevrage : « *j'étais décontracté, j'avais rien de spécial, tout allé bien* ».

Monsieur S. explique avoir eu recours à différents substituts nicotiniques. Il signale avoir « *tout essayé (…) le chewing-gum, les fausses cigarettes, les patchs* » et que « *ça aide, mais c'est quand même les patchs le plus efficaces* ». L'utilisation de ces timbres nicotiniques a grandement contribué à son arrêt : « *les patchs (…) c'est avec ça d'ailleurs que j'ai arrêté (…) je les mettais pas régulièrement (…) quand j'avais trop envie de fumer je mettais un patch* ». Pour contrer ses envies de fumer, monsieur S. utilisait « *un produit qui s'appelait l'Atarax (…) ça me mettait un peu dans le cirage, ça me calmait* ».

Monsieur S. confie avoir encore des envies de fumer : « *je n'ai pas repris, mais j'ai toujours envie il y a des moments* ». Il explique, par exemple : « *même encore maintenant, quand je bricole, il ne faudrait pas grand-chose pour que je fume (…) je ne fume pas naturellement, mais c'est le moment où je fumerais (…) ça déclenche l'envie de fumer* ». Ce désir de fumer, monsieur S. l'accomplit d'ailleurs parfois dans ses rêves : « *je rêve que je fume des fois. Ce n'est pas souvent, mais ça arrive* ».

L'alcoolisme

Monsieur S. à des antécédents de consommation régulière d'alcool. Il est un « *bon vivant* », aime les « *bons alcools* » et dit en avoir « *bien, bien, bien, profité* ». Il boit « *du vin à table* » et de « *l'apéro le week-end* », un « *apéro violent* » (whisky). Il ne conduit pas depuis son retrait de permis, il y a deux ans à cause de l'alcool.

Monsieur S. explique avoir stoppé complètement sa consommation d'alcool après avoir été interpellé à ce sujet par son médecin qui l'avait repéré dans ses analyses. Ce sevrage éthylique concomitant au sevrage tabagique semble avoir été vécu avec de certaines difficultés : « *j'ai eu une période pas bon parce que plus d'alcool naturellement, plus de cigarettes* ». Boire de l'alcool lui manque. Il confie qu'une fois le traitement arrêté, il boira du « *vin avec du fromage* », car « *c'est très bon* ».

Le cancer
Les antécédents pulmonaires

Monsieur S. rapporte des antécédents pulmonaires qui ont, par ailleurs, très certainement augmenté ses risques de développer un cancer du poumon : « *Alors, antécédents pulmonaires. Oui, j'ai jamais eu de chance avec les poumons, moi* ». Il a eu une primo-infection tuberculeuse, à l'âge de sept ans et une tuberculose effective à l'âge de vingt ans : « *À 7 ans, j'ai fait une primo-infection. Ça ne démarrait déjà pas trop bien. Et à 20 ans à l'armée, ils m'ont foutu la tuberculose. J'ai été soigné comme on soigne à l'armée c'est-à-dire qu'ils m'ont enfermé six mois (…) à l'hôpital militaire (…) dans une pièce qui est grande comme celle-là, tout seul. Sans télé, sans radio, sans rien. C'était génial (…), pendant six mois, vous êtes contagieux. Je n'ai jamais été contagieux de ma tuberculose. Jamais, jamais, jamais. Mais pour eux, j'aurais pu l'être. C'est l'armée. Donc enfermé. Puis, ils m'ont lâché et envoyé à P. à C.* » où monsieur S. n'a pu être pris en charge par manque de place : « *le chef docteur m'a dit vous vous tirez, je n'ai pas de place, rentrez chez vous je vous rappelle quand j'ai de la place. Trois semaines plus tard, ils m'ont rappelé (…) ils m'ont dit (…) on vous met au sanatorium à C. (…) vous prenez le train à telle date »*. Sa prise en charge a duré deux ans. Puis, il a repris son travail.

La découverte du cancer

Monsieur S. raconte la découverte de son cancer : *« fin 2008, j'ai fait une sorte de bronchite (…) ça se soigne pas (…) on fait une petite radio, et là, le gars de la radio me dit il y a un loup-garou là-dedans, faut faire un scanner (…) et là, ils ont détecté un truc pas beau donc hôpital de B. (…). Le docteur a fait des prélèvements. Ils ont analysé. Et là, ils ont trouvé un cancer »*.

Les traitements du cancer

Monsieur S. n'a pas subi d'intervention chirurgicale pour retirer la tumeur, ni même de radiothérapie pulmonaire. Il explique avec précision les nombreux traitements qu'il a reçus et qu'il reçoit encore. Il est à noter que monsieur S. n'aborde que trois protocoles de chimiothérapie alors que son dossier médical fait état de quatre protocoles.

Monsieur S. a, tout d'abord, été soumis à un premier protocole de chimiothérapie administrée par perfusion dans une chambre implantable préalablement posée. Ce premier traitement (en 2009) a eu lieu et a consisté en *« une série de six séances (…) doubles (…) c'est-à-dire toutes les trois semaines (…) branchées (…) un peu la veille (…) toute la nuit (…) un peu le matin (…) je revenais une semaine plus tard (…) que pour l'après-midi (…) trois semaines et ainsi de suite »*.

En 2010, monsieur S. a suivi un second protocole de chimiothérapie *« toujours sous cathéter, mais cette fois c'était très rapide. J'arrivais à 9 h 30 du matin et à 12 h 30 j'avais fini »*. Ce protocole s'est achevé plus tôt que prévu : *« je n'ai même pas fait la dernière séance (…) ce n'était pas nécessaire »*. Il semble que monsieur S. ait confondu ce second protocole avec le troisième dont il ne fait pas mention et pour lequel le traitement, ayant débuté en décembre 2010, s'est stoppé en mars 2011 à la suite de la cinquième cure.

Monsieur S. a également effectué à plusieurs reprises des séances de radiothérapie tous les jours *« car ils ont trouvé des métastases »*.

Monsieur S. présentait des métastases cérébrales : *« Il avait trouvé des trucs à la tête, des métastases. Donc j'ai fait dix séances de rayons (…) c'était en décembre dernier, 2010 (…) ça s'est terminé juste avant noël »*. À la suite de ce traitement, un scanner a été réalisé *« pour voir où on en était »*. *« La tête, il l'a eu (…) il reste plus qu'une toute petite misère de rien »*. La radiothérapie a alors été stoppée *« ça valait plus le coup (…) tellement c'était infime »* et afin de faire *« disparaître complètement »* monsieur S. est sous corticothérapie.

Néanmoins, le scanner réalisé a décelé la présence de métastases osseuses : *« pas de chance ils m'ont trouvé des métastases à la hanche, à l'articulation du fémur de la hanche côté droit »*. Ces métastases entraînaient de vives douleurs au niveau de la jambe puisqu'elles réveillaient monsieur S. dans son sommeil : *« je peux plus dormir »*. Afin de les soulager, un traitement par morphine lui a alors été prescrit :

« quand j'avais très très mal à cette jambe, il m'avait filé de la morphine ». À propos de la morphine, Monsieur S. explique que *« ça met chaos, tranquille, t'es un peu dans le vague (...) t'as plus mal (...) tu fais douze heures »*, mais que le *« temps de réaction est un peu long (...) faut deux heures pour que ça agisse »*. Afin d'éliminer les métastases osseuses, monsieur S. a donc repris les séances de radiothérapie : *« dix séances pour la jambe (...) début mars »*. Le résultat de ce dernier traitement n'est pas encore connu : *« on ne sait pas (...) il faut attendre un scanner pour voir si ça a disparu ou pas »*. Actuellement, monsieur S. ne souffre plus autant de sa jambe, la prise de morphine : *« c'est exceptionnel. Quand j'ai une longue journée, que ma jambe me tire »*.

À propos des traitements par radiothérapie, monsieur S. a exprimé des doutes quant à leur chronologie, il ne s'en souvient pas très bien : *« Là, c'était pour la jambe. Attend je dis des bêtises. Non, non c'était pour la tête. »*

Actuellement, monsieur S. reçoit un troisième protocole de chimiothérapie par voie médicamenteuse : *« Et depuis, je suis passé au traitement, médicaments »*. Il évoque alors les médicaments qu'il prend au quotidien : *« Alors, oui, là je prends pas mal de médicaments. J'ai trois cortisones le matin. Après j'ai la petite pilule spéciale de la chimio. Celle-là c'est deux heures après la cortisone. Après j'ai plus que du... le soir pour renforcer mes nonos »*.

Monsieur S. décrit avec précisions ses traitements.

Les effets secondaires, les séquelles des traitements

Monsieur S. aborde les nombreux effets secondaires que ses traitements lui provoquent ou lui ont provoqués. La plupart sont consécutifs aux traitements par chimiothérapie. Il a été eu des nausées *« avec les traitements par perfusion. Pas avec les médicaments »*. *« ça a duré deux séances de chimio, la troisième, c'était fini »*. La prescription d'un antiémétique : *« ils m'avaient donné un produit (...) ça marche très, très bien »* a certainement participé à contrer cet effet secondaire.

Il a remarqué une altération du goût en fonction des traitements : *« ça vous bouffe le goût grave (...) tout ce que je mangeais, buvais, c'était du carton, tout le même goût (...) je ne sentais que les trucs violents »*. Cette altération du goût semble avoir profondément gêné monsieur S. puisqu'il se dit être une personne qui *« aime les bonnes choses »*, *« ce n'était pas agréable (...) j'me disais merde, si j'en suis réduit à la bouillie, ça va pas le* faire. *À chaque fois avec la chimio par cathéter (...) par médicaments, je n'ai pas eu de perte de goût brutal (...) j'ai senti un peu, et, ça a disparu assez vite »*.

Monsieur S. souffre de polynévrite provoquant des sensations d'engourdissement (mains, pieds) : *« tu ne sens rien (...) endoloris (...) sensation c'est comme si il était dur, mais avec des fourmis (...) ce n'est pas très agréable »*. Il a surtout été atteint au niveau des pieds et a une sensation de déséquilibre : *« tu ne sens pas quand tu marches (...) t'as une perte de l'équilibre, c'est grave, ça, c'est embêtant »* ; mais aussi au niveau des mains : *« ça montait aux doigts »* causant une maladresse dans les gestes quotidiens : *« deux mains gauches, du coup »*.

Monsieur S. a été sujet à des tremblements. « *ça a été terrible, je ne pouvais plus rien faire* ». Monsieur S. étant une personne active : « *télé, canapé, ce n'est pas mon truc* », il en a été particulièrement affecté : « *j'ai eu une période pas bon (...) je déprimais grave* ». Puis, ces effets secondaires se sont estompés : « *ça commençait à revenir (...) j'ai recommencé à pouvoir re bricolé des grosses choses* ». Néanmoins, la polynévrite n'a pas complètement disparu et laisse des séquelles : « *j'ai encore foutu un verre à terre tout à l'heure (...) quand je mets une vis maintenant c'est à deux mains* ». Monsieur S. se sent fatigué et n'a pas récupéré l'ensemble des capacités dont il disposait avant sa maladie : « *pour faire une étagère, il y a trois ans, je t'aurais fait ça en deux heures, là il me faut quatre jours (...) si j'y vais doucement, j'arrive à faire ça avec précision quand même* ».

Monsieur S. rapporte des effets sur sa peau et ses ongles. Tout en nous montrant les ongles de ses doigts, il explique que « *la peau s'en va au bout* », que ceci est « *désagréable* », mais aussi que « *ça fait mal* ». « *Aux pieds aussi (...), à un moment j'avais les ongles qui faisaient des vagues* » et cela le gênait pour marcher. Sa peau est « *très, très sèche* » et nécessite des soins : « *je beurre* ». De même, le deuxième protocole de chimiothérapie avait entraîné « *une série de boutons* » durant « *deux séances* ». Ces éruptions cutanées sont également présentes avec son traitement par chimiothérapie médicamenteuse, mais avec ce dernier « *ce n'est pas la même (...) les boutons m'aiment bien* ». Ces éruptions cutanées sont essentiellement présentes sur son visage et « *sur le corps de temps et temps* ». Elles grattent et laissent « *une petite plaie (...) rouge* ». Elles nécessitent également une surveillance et des soins : « *on les surveille de très près (...) on les endort avec de la pommade* ».

Son système digestif est également atteint. Constipation avec la morphine et diarrhées. Monsieur S. rapporte également « *quelques crampes, quelques douleurs abdominales* », au cours de ses traitements, qui étaient dus, selon lui, aux médicaments auxquels il « *n'était pas encore habitué (...) Le temps que mon estomac veuille bien faire la part des choses. Il a l'air d'être blindé le bétail parce que j'en bouffe des saloperies et il n'a pas l'air de broncher beaucoup* ».

Son acuité visuelle a diminué. Il a constaté qu'il avait de plus en plus de mal à lire. Ainsi, il a été contraint de changer de paires de lunettes « *parce qu'il n'y voyait plus rien* ».

Il a aussi remarqué qu'il perdait la mémoire « *ça, je n'avais pas (...) j'ai toujours eu une mémoire excellente (...) je me rappelle de quasiment tout* ». De ces « *trous de mémoire* », il dira uniquement que « *c'est gênant* ». Néanmoins, le ton de sa voix semble indiquer un ressenti plus douloureux qu'une gêne.

Enfin, monsieur S. a abordé des difficultés d'ordre sexuel qui correspondent, certainement, à une impuissance sexuelle fréquemment observée à la suite d'une chimiothérapie : « *côté câlins, on les oublie aussi, car ça fonctionne plus non plus* ».

Concernant les traitements par radiothérapie, monsieur S. explique que le seul effet secondaire qu'il a vraiment remarqué est une grande fatigue. « *t'es mort, mais alors mort, mort, mort (...) ça tue les rayons, mais grave* ».

Il parle également son alopécie ainsi que la perte de sa moustache qu'il affectionnait particulièrement. Il livre ses doutes quant à la repousse de celle-ci et de ses cheveux.

Enfin, c'est en essuyant ses yeux avec un mouchoir que monsieur S. signale que ses larmoiements sont également un des effets secondaires des chimiothérapies.

L'ensemble des effets secondaires et séquelles des traitements bouleverse profondément la qualité de vie et le quotidien de monsieur S.

Les mouvements, processus psychologiques

Avant l'annonce du cancer, monsieur S. s'était préparé psychologiquement à cette possibilité. Il explique qu'avec ses antécédents pulmonaires, cela pouvait être le cancer : « *tu sais ce que ça donne la maladie, tu connais* », « *je toussais depuis un certain temps pas mal, je m'étais dit, bon tu dois quand même avoir quelque chose* ».

L'annonce de la maladie a été difficile. Il a eu « *un peu de mal à l'avaler* ». L'utilisation spontanée du terme « *cancer* » indique une relative acceptation de la maladie : « *j'ai le cancer* ». Monsieur S. ne semble pas rechercher un sens et se dit « *fataliste* » : « *si ça doit arriver, ça arrive (…) c'est comme ça* ». Il paraît lucide et conscient des répercussions de la maladie, des possibilités et limites des traitements : « *tu sais que tu vas être embêté, tu sais que ça se soigne, mais tu sais aussi que tu peux en mourir très vite si c'est pris trop tard* ».

Néanmoins, il est possible d'identifier chez monsieur S. un certain nombre de mouvements défensifs avec notamment l'exercice d'un contrôle (contrôle de ses propos dans l'entretien, instauration du tutoiement avec son interlocuteur « *vas-y je t'écoute pour autre chose (…) tu veux qu'on se revoie quand ?* ». Cette mise à distance, ce contrôle est également visible à travers une répression des affects, ou tout au moins une minimalisation. La minimalisation porte, par exemple, sur le vécu des effets secondaires : « *c'était pas agréable (…) c'est pas sympa (…) c'est gênant* ». Les affects sont également réprimés par l'utilisation de l'humour et du rire : « *Et là pas de chance ils m'ont trouvé des métastases à la hanche, à l'articulation du fémur de la hanche côté droit (rires). Précis…. (…). J'en ai testé des trucs (rires) (…) T'appuies dessus, tu ne sens pas (rires) (…) Deux mains gauches, du coup (rires) (…) Pour faire une étagère, il y a trois ans, je t'aurais fait ça en deux heures, là il me faut quatre jours (rires).* ». Néanmoins, il est possible de repérer la présence de ressentis plus intenses à travers les insistances dans son discours : « *Ah oui, oui, oui. Tout à fait. Ah oui, oui, oui. Ah oui, oui (…) Beaucoup, beaucoup, beaucoup. Très, très dur* ».

Enfin, le contrôle apparaît s'exercer sur la maladie elle-même. Monsieur S. refuse que la maladie puisse l'affecter. Il se veut garder « *le moral* ». Il explique que se « *miner le sang* » en se répétant « *j'suis malade, j'vais mourir* » ne changera rien. Il s'en défend par son optimisme : « *faut être positif, toujours, toujours, toujours (…)* « *Ils vont me soigner, je prends des médicaments, je me bouge et ça va aller* ». En évoquant le vécu de la maladie, monsieur S. donne l'exemple d'un « *copain* » qui à l'annonce de son cancer *« a pris ça très très mal »*. Contrairement à lui, il n'a pas entrepris de sevrage alcoolo-tabagique : *« il a continué à fumer voir deux fois plus et à s'enfiler les bouteilles de whisky les unes derrière les autres »* et *"il est mort au bout de trois mois (…). Le foie a explosé »*. Monsieur S. semble également contrôler la maladie en voulant conserver son autonomie : *« Je suis toujours venu par mes propres moyens à l'hôpital. J'ai jamais voulu prendre une ambulance »*. Enfin, de façon générale, l'atteinte cancéreuse est banalisée : *« j'ai un cancer, je le sais (…) j'en ai rien à foutre (…) je me prends pas la tête avec ça (…) j'y pense pas »*. Cette répression, isolement de la maladie est renforcé par des mouvements défensifs d'ordre maniaque : *« faut s'occuper c'est impératif (…) bouger toute la journée pour pas y penser »*. Il réalise des maquettes de trains. Il évoque une période difficile lorsque les tremblements causés par ses traitements l'empêchaient de pratiquer cette activité : *« parce que plus d'alcool naturellement, plus de cigarettes, la seule passion qui me restait c'était mes maquettes (…) et je pouvais plus en faire (…) je ne pouvais plus rien faire (…) ça été terrible (…) là je déprimais grave »*. De la même manière, il est possible que monsieur S. compense le tabac et l'alcool par l'alimentation.

L'ensemble de ces mouvements défensifs s'inscrivent comme un élan de vie en réaction à une angoisse de mort que le cancer a fait surgir. Cette angoisse de mort est exprimée lorsque monsieur S. évoque la nécessité d'un sevrage tabagique à l'annonce de son cancer : *« faut arrêter parce que sinon là t'es mort »*. Le diagnostic de la maladie entraîne bien souvent un ensemble de questionnements existentiels amenant vers un *« retour à l'essentiel »*. Monsieur S. opère une relativisation à propos, par exemple, de la diminution de ses capacités à bricoler : *« mais bon, ce n'est pas grave, j'ai le temps »*. Alors que son travail était très prenant et contraignant, on note sa volonté de profiter du moment présent : *« je me prends pas la tête (…) ce qui m'intéresse c'est ce qu'on mange (…) j'vais lire les ragots des people (…) je ne me lève pas de bonne heure (…) tranquille (…) c'est pépère »*.

Dessin de la personne
Monsieur S. a réalisé le dessin de la personne (Fernandez, 2016) sur une feuille A4 qu'il a gardé en mode portrait. La personne a été dessinée dans son entièreté de profil vers la droite. Monsieur S. a commencé à dessiner le bras droit, puis la tête avec le nez, l'œil, la bouche, l'oreille, la casquette qu'il a coloriée et les cheveux. Il a ensuite dessiné le tronc sous la forme d'une veste, la main, puis la jambe droite (la plus en avant) avec le pied et la chaussure correspondante, puis la jambe gauche (arrière) avec sa chaussure. Il a ensuite ajouté les poches de veste : d'abord celle du bas, puis celle de poitrine, le col de la veste, puis il a noirci les chaussures. Enfin, il a dessiné le second bras. D'une taille de 18,3 cm, la personne dessinée occupe l'espace de la feuille notamment le centre gauche. Il n'y a ni indication d'environnement que ce soit intérieur ou extérieur, ni accessoires ajoutés aux personnes.

La personne est debout, de profil, orientée vers la droite. Son attitude signale un mouvement. La jambe droite, plus avancée que la jambe gauche, indique un mouvement de marche. Le bras droit, légèrement plié et tendu avec la main ouverte, donne l'impression d'une poignée de main. La visibilité du coude du bras gauche implique que la main de la personne est dans sa poche, ce que confirmera monsieur S.

Il existe un certain équilibre de la personne dans le vide malgré qu'il n'y ait pas de base (ligne situant la personne) ni d'encadrement (tracé circonscrivant la personne). Cette personne ne dispose pas d'accessoires typiquement féminins ou masculins, mais son aspect global, notamment ses cheveux courts et sa tenue vestimentaire indique qu'il s'agit d'un homme, ce que confirmera monsieur S.

Le tracé a été réalisé uniquement avec un crayon papier. Il est de pression variable (ni faible ni fort), repassée, discontinue, rectiligne et curviligne à la fois. Le dessin présente des zones hétérogènes et ombrées. Les zones hétérogènes sont : la casquette, la poche de poitrine et les chaussures. La casquette et les chaussures ont été ombrées de façon dense, mais aérée.

La structure générale de la personne est de type « tête-tronc » et « tronc-jambes ». Le mode d'intégration de la personne est non géométrique, plutôt organique ce qui donne une représentation simple, directe, naïve et non transposée.
La personne est normalement vêtue. Elle porte des vêtements simples et élémentaires : une veste, un pantalon, une casquette et des chaussures. Aucune transparence n'est identifiable. L'âge apparent de la personne semble correspondre à un adulte d'âge mûr.

La hauteur de la tête est proportionnelle à sa hauteur totale (comprise entre 1/8 et 1/4). La tête est identifiable par la présence d'un visage de type additif complet. *L'œil* est représenté de façon élémentaire par un concept géométrique simple. Il n'y a pas de sourcils, de cils ou encore de pupilles. *Le visage* est également composé d'un nez représenté en combinant et distinguant sa base et son arête. Ce *nez* présente un caractère caricatural par sa taille et son aspect pointu. *La bouche* a été représentée visuellement. Monsieur S. a tenté de la modeler. Toutefois, aucune expression n'est identifiable : ni sourire ni moue. *L'oreille* a été représentée visuellement : elle est modelée et détaillée. Il n'y a pas d'indicateur de pilosité faciale. *Les cheveux* peu nombreux ne sont pas intégrés à la tête. La personne est représentée avec un couvre-chef.

Le cou n'est pas identifiable distinctement, mais il pourrait être caché par le col. Ainsi, la comparaison longueur cou/longueur tête est impossible. Par ailleurs, il n'y a pas de détails vestimentaires particuliers à son niveau. *Le tronc* est représenté par une combinaison de formes géométriques plutôt rectangulaire. *La présence des épaules* est suggérée par un tracé spécial intégré au bras, au tronc et se confondant à la veste. *La poitrine* est suggérée par la présence d'une poche de poitrine. *La taille* a été représentée par une simple ligne horizontale se confondant avec le bord de la veste. Aucune allusion à la zone génitale n'est identifiable.

Les bras s'insèrent de manière additive en un point acceptable du tronc pour le bras droit et au cou pour le bras gauche. Ces deux bras sont articulés par la présence du coude. Leur longueur est indéterminable. *Le bras droit* s'éloigne du corps latéralement alors que *le bras gauche* est ramené au corps vers la poche. *La main droite* est représentée de façon détaillée alors que la *main gauche* est dissimulée. Aucun contact manuel n'est réalisé. *Les jambes* s'insèrent en un point acceptable du corps. Ce sont des *« jambes tuyaux »* : elles ne sont pas différenciées des vêtements. Elles exécutent un mouvement de marche. À l'extrémité de ces jambes, deux *« pieds chaussures »* sont représentés de manière primitive.

Après avoir dessiné la personne, monsieur S. a réalisé, en haut à droite, une seconde personne très rudimentaire dite *« personne filiforme »*. D'une hauteur de 5 cm, elle est debout, positionnée de face sauf les pieds de profils qui s'orientent vers la gauche, ce qui lui confère une légère attitude de mouvement vers la gauche. *La tête* est représentée par une forme géométrique ronde. *Le visage* comprend deux yeux, un nez et une bouche représentés par des formes géométriques simples. Son expression est souriante. La tête n'est pas rattachée au cou. De la même manière, *le tronc* n'est pas rattaché aux épaules et bras. *Les bras* s'éloignent du corps vers le haut. *L'articulation des coudes* est appréhendable. *Les jambes*, légèrement pliées, s'écartent l'une de l'autre. *Les pieds et les mains* sont représentés de manière similaire par un tracé n'ayant pas leur forme objective, mais les suggérant.

Temps de réalisation : 5 minutes et 20 secondes
P : dessinez une personne le plus jolie et le plus complète possible.
Monsieur S : *« Une personne ? »*.
P : « oui ».
Monsieur S : *« Ça une personne, c'est pas facile à dessiner. Dessiner une personne. Ça, ça n'a jamais été très facile à dessiner. Surtout que je ne suis pas très doué pour les personnes. On va lui faire une tête, ça marchera mieux. (Il se tâte la tête) Je ne sais jamais où elles sont perchées les oreilles. Ouais. Bon, comme je ne sais pas faire les cheveux, je vais lui claquer une casquette parce que je ne sais pas dessiner les cheveux alors je lui mets une casquette à ma personne. Un petit peu de cheveux quand même. Alors, il a une veste. Alors, ça les mains c'est extrêmement difficile à faire. C'est à peu près ça les proportions. J'en connais un qui va se retrouver avec des pieds de clowns dans pas longtemps. Alors là il a les pieds serrés. J'vais lui faire un deuxième pied. La deuxième main, elle est dans sa poche (rires). Voilà ce que je peux te faire en personne, mais je suis pas très fort, c'est pas mon truc. Il y a encore quelque temps, je t'aurais fait ça (dessine la petite personne rudimentaire et rigole).*

Voilà une personne. Ça, c'est plus un gibbon qu'une personne. T'auras le droit à deux personnes. Le dessin d'art c'est pas mon truc. Ma fille elle a fait une année de préparation aux beaux-arts à B. Elle est douée. Elle est très douée. L'avenir dans les beaux-arts, inexistant, carrément. Donc c'est géo ».

Histoire de la personne

P : « enfin, je vais vous demander de raconter l'histoire de cette personne comme s'il parlait ».

Monsieur S : *« Fais voir la tête que t'as toi. Qu'est-ce que tu fais dans la vie ? T'as une casquette, t'as plus beaucoup de cheveux. T'es retraité toi. T'as une poche ronde c'est un bleu de travail. C'est un retraité. Je ne sais pas s'il va à son jardin ou s'il se prépare à aller à la pêche. Car il a mis une veste avec plein de poches. Une casquette pour le soleil. Plus beaucoup de cheveux. Qu'est t'as fait dans ta vie ? Toi, t'étais mécano à la SNCF. Ça, c'est une veste de bleu. Ça c'est un truc pour mettre le scratch avec son nom dessus ou le bâtiment où il était affecté. Donc c'est de vieux habits qu'il lui reste quand il était mécanicien. Comme moi, mes vieux tee-shirts de motos. C'était un mécano, il répare les trains, les moteurs diesels à la SNCF. Maintenant, il est à la retraite. Il est rentré tout au début. Il a fait toute sa carrière, il a monté tous les échelons. Là, il va au jardin ou à la pêche. Il n'a pas d'outils dans les mains ou de canne à pêche, mais il va aller au soleil, car il a mis une casquette. Il va à un endroit au soleil. Il s'est mis quelque chose pour se protéger donc il va aller au soleil. Voilà ce que je peux te dire sur cette petite personne. Oui, il va à la pêche faut qu'il ramène du poisson pour que sa femme le fasse cuire. Pour le manger, le lendemain, jamais le jour même, toujours attendre une journée au moins. Et s'il va au jardin, il va ramener des légumes pour manger. Oui, les fleurs, c'est très accessoire. Ça ne se mange pas. C'est joli, mais ça ne se mange pas. Et l'homme étant avant toute chose une machine, il faut lui donner du carburant… ».*

P : « eh, bien non. Nous avons fini. Et cette seconde personne-là ? »

Monsieur S : *« Alors ça, tu sais qui c'est celui-là ? Alors c'est celui qui te dit fait ci ou fait ça. C'est la conscience. Je ne le savais pas il y a dix secondes (rires). Elle lui dit, va pas à la pêche t'as pas fini de biner les carottes. Je ne sais pas. Elle disparaît, elle apparaît. Voilà. C'est pour ça on ne peut pas avoir un corps structuré. Une apparition c'est rapide. Elle est en 3 D. Elle apparaît, elle disparaît. Un peu comme une lampe de poche que t'allumes, t'éteins. Ça fait un dessin. Elle n'a pas de consistance. Tu ne peux pas lui serrer la main. Elle ne parle pas. Tu l'entends, mais elle ne parle pas. Et tu ne peux pas lui parler, elle te parle, mais tu peux ne pas lui parler. De temps en temps, elle te met dans… t'as une situation double et c'est là qu'elle intervient. Est-ce que je dois boire ou commander ce deuxième verre ou prendre autre chose ? Est-ce que je risque mon permis ? Ah, ben dans mon cas, elle dit que non. J'ai trop besoin de mon permis. Et puis je ne peux pas. Et puis ça peut* *être dangereux. Pour une femme, c'est que je peux manger cet éclair au chocolat ou pas. Moi, je ne me pose pas la question ».*

Monsieur S. signale avant de partir qu'il aurait dû signer ses dessins tout en se référant aux tableaux de peintres célèbres qui ont de la valeur.

L'entretien sur les représentations corporelles
P : « pouvez-vous me dire quelles sont les parties du corps qu'on ne voit pas, qui sont à l'intérieur du corps ? ».
Monsieur S : « *Parties du corps qu'on ne voit pas ?* »
P : « oui, qui sont à l'intérieur du corps ».
Monsieur S : « *Tu veux dire je sais pas, un bras, un truc, non ? Je ne comprends pas. On ne parle pas d'organes, on parle de parties du corps ?* ».
P : « qui sont à l'intérieur du corps donc, oui, pourquoi pas les organes ».
Monsieur S : « *Ah, ben organes il y en a tout plein. Poumons, cœur. Organes, il y en a énormément. Mais je ne comprends pas bien le sens de la question* ».
P : « parties du corps qu'une personne extérieure ne voit pas ? ».
Monsieur S : « *Hum… Non. À part un bras qui est de l'autre côté du corps. Puis, tous les organes internes et tous les nonos. Ben oui, tous les organes internes, il y en a un paquet. Je suis pas médecin, je ne les connais pas tous. Je connais le foie, les reins, l'estomac, les poumons, les poumons, oui j'en sais quelque chose (rires). Qu'est-ce qu'il y a d'autres ? Puis, t'as tous les muscles naturellement. Ensuite, il y a… les veines, tous les muscles, les… nonos. Oui, enfin, bon on ne va pas décrire une personne complète parce que là sinon on en a pour trois jours. Non, il y a pas de trucs particuliers quoi. Ben comme je l'ai mis de profil ma personne. Mis à part un bras qui est de l'autre côté parce qu'il est dans la poche. Je ne vois pas de… Ben d'ailleurs quand il est dans la poche de sa veste, ça dépasse un petit peu (rajoute le bras). Voilà tu vois, il a la main dans sa poche, le garçon et voilà. Il a sa main dans sa poche donc on voit un petit bout de son bras (rires). Il y a les fesses. Elles sont cachées par la veste* ».
P : « pouvez-vous me dire quelles sont les parties du corps qu'on peut voir de l'extérieur ? ».
Monsieur S. : « *Tête, jambes, bras. Le corps. Jambes, bras, tête, corps, torse naturellement (montre sur le dessin). Les mains, les pieds. Tout ce qui est apparent chez un homme habillé. Après si on veut aller dans les détails, les yeux, le nez, les oreilles, la bouche, les dents s'il sourit* ».
P : « quelles sont les parties du corps qui bougent, qui peuvent se plier et se déplier ? ».
Monsieur S : « *Bras, jambes, cou. Qui bouge. La main naturellement aussi. Bras, jambes, cou, mains. Oh, pieds, ça bouge aussi. Visage pour les expressions, le visage bouge* ».
P : « que peut-on faire avec ce corps ? ».

Monsieur S : « *Le donner à la science (rires). Il y a des bouts qui sont bons pour sauver des gens. Faire don de ses organes. S'il y a des morceaux qui sont bons après tout. Oui, ça peut peut-être servir. Il y a des gens qui ne sont pas bien. Si j'ai un rein qui est bon, si je suis mort et qu'il y a une personne qui a besoin d'un rein et que c'est compatible, pourquoi pas ? Ce n'est pas la peine que les asticots le bouffent (rires). Je serai aussi bien dans le corps de quelqu'un. Si c'est un corps en bon état naturellement. Celui qui est bon naturellement. N'importe lequel. Ou plusieurs. S'il y a plusieurs qui sont bons. Une oreille, tiens ! T'as besoin d'une oreille, prends une oreille (rires). Tout ce qui est « sauvable ». Qui pourrait sauver les gens. Quelle que soit la personne. Bon, on va peut-être pas greffer une oreille de blanc sur un noir (rires). Ça ferait un peu tache. Tout ce qui peut être « sauvable ». Bon, moi les poumons ils ne sont pas terribles. Mais, la pompe, elle marche très bien. Je vais avoir 60 ans, mon cœur a toujours battu à 62, donc à mon avis, il n'est pas trop fatigué. Tout ce qui pourrait être bon, on peut le donner. Quand j'en aurais plus besoin, j'en aurais plus besoin. Le corps n'est qu'une machine, ni plus, ni moins. Bien faite, très, très, très bien faite, très sophistiqué, mais c'est qu'une machine. Ni plus ni moins. Je ne vais pas dire un robot, mais… qu'est-ce que je peux dire ? Si tu n'as pas l'esprit qui est la grande différence de l'homme, ton cops c'est rien. C'est rien du tout. C'est un amas de muscles qui te permet de te déplacer. C'est une machine que tu nourris, tu lui donnes à manger. Les autres machines, tu donnes de l'électricité ou quelque chose, bon là tu donnes de la nourriture. Mais… si, on l'a pas, mais si on avait la possibilité, pourquoi l'esprit ne pourrait pas aller dans ce corps-là, ou dans celui-là ? Parce qu'enfin de compte, ce qui est intéressant de sauver, c'est l'esprit, pas le corps lui-même. Tout ce qui fait la valeur de quelqu'un c'est son esprit. C'est quelqu'un qui pense, qui crée quelque chose ou qui a créé ou qui va créer quelque chose. Cette personne-là, qu'elle est un corps comme le mien ou un corps comme le tien, on s'en fout complètement. Einstein ça aurait été une grande blonde, ça aurait été très bien aussi, mais bon ce n'était pas une grande blonde. Mais en fin de compte, c'est ce qu'ils ont trouvé qui est intéressant. C'est ce que l'esprit trouve. Le corps en lui-même… C'est un peu compliqué cette affaire, mais après est-ce que sans corps, il y aurait un esprit ? (rires) n ne sait pas. C'est d'abord l'esprit, ensuite le corps. Bien sûr. Tu peux très bien être tout mal foutu, tout moche. C'est toujours au sens un peu spécial parce que certains vont le trouver tout moche ou tout beau. Mais t'es doué ou t'es très con. Heureusement, il y a les intermédiaires. Mais… c'est quand même l'esprit qui prédomine systématiquement. Le corps pour moi c'est un truc qui trimbale l'esprit et qui l'emmène partout. L'esprit a décidé d'aller là, le corps l'emmène. Et le corps… sert l'esprit, sert l'esprit. C'est dans ce sens-là que je vois le mot machine. Et c'est pour ça qu'on arrive à réparer le corps, à le soigner. Tu te casses un bras, on fait ce qu'il faut, on soigne le bras. Tu ne peux pas te casser l'esprit ou alors tu deviens complètement fou, mais là c'est parce qu'il y a eu une surtension (rires). Ça a trop chauffé et ça a éclaté. Là, c'est différent. Mais c'est quand même assez exceptionnel que quelqu'un de normal devienne cinglé. Alors que de se casser quelque chose c'est courant, c'est très courant (rires). De se casser* *ou d'attraper une maladie. C'est extrêmement courant. C'est plus difficile de se soigner l'esprit que le corps. Le corps se régénère. Il faut l'aider un peu, mais il se soigne, pas dire de lui-même, mais presque. L'esprit est extrêmement tortueux. Ce n'est pas franchement évidemment de le soigner. Et d'autre part, il faut encore que la personne le veuille bien. Parce que ça, c'est... compliqué. Quand t'as une personne qui a une déficience mentale. Il y a une certaine déficience qui se soigne enfin que l'on peut améliorer, soigner complètement pas sûr. Mais il faut que la personne veille. Si tu veux bien te laisser soigner ça marche, si tu ne veux pas de te laisser soigner ça ne marche pas. Oui, je fais une différence, c'est plus dur de soigner l'esprit. Ça passe par l'esprit. Parce que c'est l'esprit qui dit, on va se soigner ou ne pas se soigner. J'ai le cas typique, enfin j'ai le cas. Moi, j'ai un cancer du poumon j'ai décidé de me soigner, je me soigne. Et j'ai un copain, un collège qui faisait le même métier que moi qui est mort. Il a dit j'en ai rien à foutre, je fume et je bois du whisky. Ben, c'est pas comme ça qu'on se soigne. Trois mois plus tard, il était mort. Alors qu'il avait à peu près mon âge, il aurait pu se soigner. Il était pris... ce n'était pas une catastrophe. C'était soignable. Ça aurait été long, comme moi, mais soignable. Mais bon, il a baissé les bras. L'esprit a dit non, l'autre il s'est laissé aller. Chaque fois, on revient, ça passe par l'esprit. C'est toujours l'esprit qui commande de toute façon, toujours. Et là, il y a des gens plus ou moins forts, de caractère. Et qui... c'est vrai que ça fait la différence. C'est pour ça qu'il y a des dominants, des dominés, des dirigeants, des personnes qui obéissent ».*

P : « qu'est-ce qui est fragile dans ce corps et pourquoi ? ».

Monsieur S : *« Le plus fragile c'est les yeux. Le reste est fragile, on peut se blesser. La peau ce n'est pas très solide. Le plus fragile de tous, c'est les yeux et c'est quasiment irréversible. Tu te fais une coupure, ça cicatrise et ça repart. Pour l'instant, on n'a pas encore réussi à greffer un œil. On peut greffer une oreille, mais pas un œil (rires). Tu te coupes une main, on peut te greffer une main artificielle. Ça existe. Une jambe, ça existe, même deux. Mais les yeux, on ne peut rien faire pour l'instant. Ça commence-t-il y a quelques balbutiements. Pour moi, c'est ce qu'il y a de plus fragile. Extérieurement, je parle. Parce que bon si on te met un gros coup de bâtons sur la tête, comme on te claque le cerveau, là c'est fragile aussi. Mais bon extérieurement, je veux dire. Tu te promènes dans la rue, il y a une voiture qui passe qui te balances un caillou, bon si tu le prends sur le front ça va te faire mal, c'est pas une catastrophe. Si tu le prends dans l'œil, tu peux perdre un œil. Donc... je parle d'extérieur. La fragilité viendrait d'un truc extérieur. Pour moi, c'est les yeux. La possibilité de refaire. Oui, tout à fait difficilement. Par rapport à tout le reste. Tout le reste peut se soigner. Les yeux très difficilement. Le reste j'te dis c'est de la peau, c'est des nonos. Ça se refait. Ça cicatrise. Tu te coupes, ça va cicatriser. Les yeux c'est très embêtant ».*

P : « qu'est-ce qui est solide dans le corps (pourquoi ?) ».

Monsieur S : *« Les nonos. Parce que c'est la structure. C'est la structure, c'est ce qui tient le reste. Le reste étant les chairs, les muscles, les veines, les organes sont accrochés. Mais s'il n'y a pas les os. Donc qu'est-ce qui est solide ? Les os. Dont les* *os de la tête sont très costauds, car quand on te met un coup de boule ça fait très mal (rires). Il y a que les os qui sont solides, le reste non. Voilà, c'est eux qui maintiennent le corps. C'est la carcasse, la structure, comment on peut appeler ça d'autres. Je suis en train de me référer aux bâtiments. C'est la carcasse métallique d'un bâtiment.*

P : Qu'est-ce que vous aimez bien dans le corps ? Est-ce qu'il y a des endroits du corps que vous préférez ? ».

Monsieur S : « *Vu la tête de mon dessin, non. Si c'était un… j'aime beaucoup la tête en général. La tête pour les expressions. Le visage. J'aime beaucoup le visage. Le reste m'indiffère un peu. J'aime beaucoup le visage parce que c'est expressif et c'est vrai qu'on peut passer des grandes pleures aux grandes rigolades en quelques secondes. C'est l'homme. Il y a certains visages, ils sont carrément expressifs. On le sent. On regarde la personne et on sait que cette personne-là c'est quelqu'un avec qui soit on pourrait bien s'entendre soit… On sent tout de suite* ».

P : « qu'est-ce que vous n'aimez pas comme parties du corps ? ».

Monsieur S. : « *Je ne sais pas. Peut-être les pieds et encore. Je ne trouve pas cela très très beau. Oui pour l'aspect esthétique. Et puis il y a peut-être aussi… il y a tellement de gens qui se baladent pieds nus sur la plage et qui ne soignent pas leurs pieds, j''en ai un peu une horreur. Oui. Il y en a, ils feraient bien un peu de les soigner ou de les arranger. T'en as, ils ont des ongles tout noirs, tout mal foutus. C'est un peu pas ragoûtant. Peut-être pour ça, les pieds. L'hygiène, l'entretien. Ils sont mal entretenus. Les mains on ne peut pas juger, ça dépend du métier. Le mec il est toubib il a les mains propres. Il est mécanicien, il a les ongles tout noirs. C'est normal* ».

P : « je vous remercie. Nous avons terminé ».

Dessin de la personne : monsieur S., 59 ans

Descriptif des dessins d'arbre
Les trois arbres ont été réalisés avec un crayon à papier. Monsieur S. signale qu'habituellement, il utilise ce type de crayon.

Arbre n° 1
Temps de réalisation : un peu moins d'une minute
L'arbre est réalisé avec une certaine aisance : la feuille (position portrait) est bien maintenue, les gestes sont souples. Monsieur S. a d'abord tracé les lignes discontinues constituant le contour du tronc à l'aspect abîmé, puis les racines et enfin les branches d'un trait et les branches courtes et isolées sur le tronc de chaque côté. Dans un mouvement ample et circulaire, il a constitué le feuillage emmêlé. Enfin, il a ajouté les traits à l'intérieur du tronc ainsi que la cicatrice. La rivière a été dessinée lorsqu'il racontait l'histoire de l'arbre. Il n'y a pas de ligne de sol.
L'arbre est plutôt petit est disposé dans la partie haute gauche de la feuille. Il mesure 12,8 cm de hauteur. Le feuillage est plus grand que le tronc avec une hauteur de 7,5 cm contre 4 cm. Les racines s'étendent sur 2,5 cm.
Le tronc est réalisé par deux traits. Le tracé du côté gauche est vertical et continu alors que celui du côté droit est léger, anguleux, curviligne et interrompu. Sa base, fusionnant avec les racines, est ouverte et élargie des deux côtés. Le haut du tronc, rétréci, est également ouvert et donne dans le feuillage. L'intérieur du tronc comporte quelques traits légers ainsi qu'une cicatrice.
Les racines sont de deux traits en pointes aiguës. D'une hauteur et d'une largeur normale, elles sont plus petites que le tronc ou le feuillage. Au nombre de cinq, les deux situées aux extrémités se présentent comme prolongation des tracés du tronc. Celle qui est le plus à droite est la plus haute, elle constitue en quelque sorte la ligne de sol absente. La plus à gauche est la plus profonde.
Les branches sont dessinées d'un trait anguleux. La plupart sont situées dans le feuillage et dissimulées par celui-ci. Ces branches sont montantes et non rattachées au tronc. Deux autres branches sont ajoutées au tronc : l'une à gauche sur le haut de celui-ci, l'autre à droite située plus bas. Ces deux branches sont également montantes, raccourcies, mornes, déformées. Toutes les branches sont tournées vers l'extérieur.
Le feuillage
Le feuillage se compose de traits légers spasmodiques en spirale à l'intérieur et en bordure. Il présente un léger mouvement sur la droite.

Dessin de l'arbre 1 : monsieur S., 59 ans

Index de WITTGENSTEIN
Âge du sujet : 59 ans
Hauteur de l'arbre : 216 cm
Début 1er nœud : 36 cm
Fin 1er nœud : 55 cm
59 x 36/216 = 9,83 ans
59 x 55/216 = 15,02 ans
Début 2^{d} nœud : 76 cm
Fin 2^{d} nœud : 81 cm
76 x 59/216 = 20,76 ans
81 x 59/216 = 22,13 ans

Arbre n° 2
Temps de réalisation : un peu plus d'une minute
Monsieur S. a gardé la feuille en mode portrait pour dessiner. L'arbre est réalisé avec aisance. Il a d'abord dessiné les branches, puis le tronc avec les racines. Ensuite, il a ajouté sur les branches des poires. Il a tracé les traits horizontaux correspondant à des fils servant de tuteur à l'arbre. En racontant l'histoire de cet arbre, il a dessiné un rond autour d'une poire, situé en bas droite. Ce rond représente un sac en plastique.

Cet arbre est un arbre fruitier, plus précisément, un poirier en espalier. Dans son ensemble, il semble fragile. Le tracé est léger, interrompu, anguleux. Il comporte un tronc et des racines au tracé discontinu, des branches insuffisamment reliées au tronc ainsi que des poires à l'aspect abîmé. Il n'y a pas de ligne de sol et de feuillage.

Ce second arbre est de petite taille : il mesure 7,4 cm.

L'arbre est disposé dans la partie haute gauche de la feuille.

Le tronc est réalisé par deux traits. Le tracé est léger, anguleux, curviligne et interrompu. Sa base, fusionnant avec les racines, est rectiligne. Le haut du tronc est fermé.

Les racines sont de deux traits en pointes aiguës. D'une hauteur et d'une largeur normale, elles sont plus petites que le tronc ou le feuillage. Au nombre de quatre, bien que le tracé soit interrompu du côté droit, les deux racines situées aux extrémités se présentent comme prolongation des tracés du tronc. La plus à droite est la plus haute, elle constitue en quelque sorte la ligne de sol absente. La plus à gauche est la plus profonde.

Les branches

Les branches réalisées de deux traits sont horizontales. Elles sont fermées et en forme de moignons ou pointues. Certaines sont insuffisamment reliées au tronc. Elles n'ont pas de feuilles, mais comportent quelques fruits, des poires. L'une d'elles est entourée d'un sac plastique.

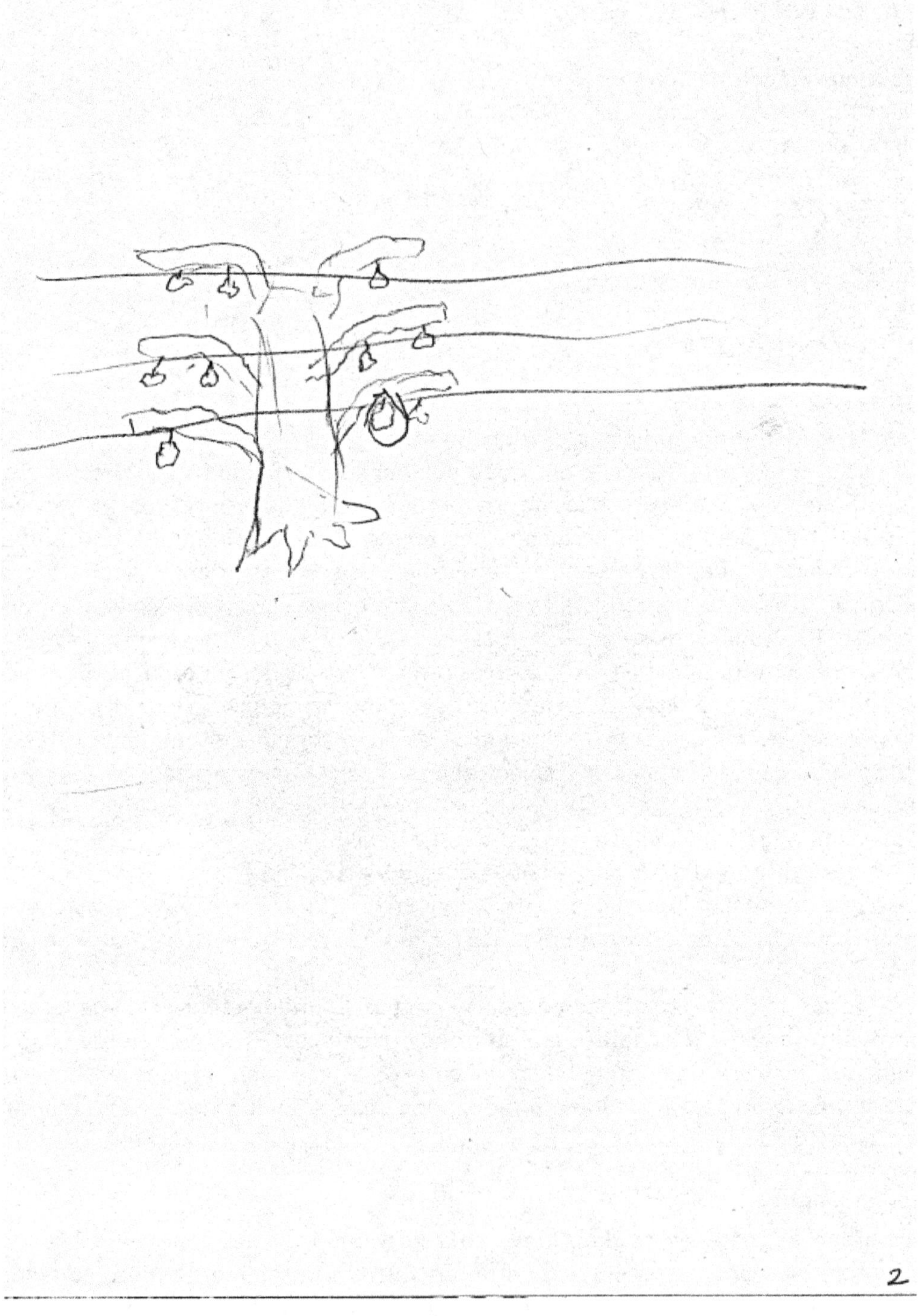

Dessin de l'arbre 2 : monsieur S, 59 ans

Arbre n° 3

Temps de réalisation : 3 minutes et 30 secondes

Monsieur S. a gardé la feuille en mode portrait. Cet arbre a été réalisé avec aisance et soins. Il a dessiné d'abord les branches, puis les murs de la cabane. Ensuite, il a réalisé le tronc et les racines. Il a ajouté les deux yeux : un sur le tronc, l'autre sur une branche. Puis, il a dessiné le feuillage, avant de rajouter une branche dans la cabane. Enfin, il a dessiné la porte de la cabane, la fenêtre, le plancher et la rambarde.

Cet arbre dépasse le haut de la page. Il comporte : un tronc, des racines, plusieurs branches, un feuillage et une cabane. Il n'y a pas de ligne de sol.

Ce troisième arbre est d'une grande taille : il mesure 26,3 cm. Le feuillage est plus grand que le tronc avec une hauteur de 14 cm contre 7,7 cm. Les racines s'étendent sur 4,3 cm.

L'arbre est disposé dans la partie centre gauche de la feuille.

Le tronc est réalisé par deux traits. Il est court et montant. Le tracé est léger, interrompu et onduleux à droite. Sa base, fusionnant avec les racines, est élargie des deux côtés. Le haut du tronc est également ouvert et donne dans le feuillage. L'intérieur du tronc comporte un œil.

Les racines sont de deux traits en pointes aiguës. D'une hauteur et d'une largeur normale, elles sont plus petites que le tronc ou le feuillage. Au nombre de six, les deux racines situées aux extrémités se présentent comme prolongation des tracés du tronc. La plus à droite est la plus haute, elle constitue en quelque sorte la ligne de sol absente. La plus à gauche est la plus profonde.

Les branches sont dessinées de deux traits. Certaines sont en tubes, d'autres sont fermées. Elles se divisent en deux ou en trois. Elles sont très grandes, l'une d'elles se prolonge dépassant le haut de la page. Ces branches sont montantes et tournées vers l'extérieur. La branche la plus basse à droite comporte un œil.

Le feuillage se compose de traits légers en spirale.

Dessin de l'arbre 3 : monsieur S., 59 ans

Commentaires durant la passation des dessins d'arbre

Arbre n° 1 : « *Dessinez un arbre* »
Temps de réalisation : un peu moins d'une minute.
P : « sur une première feuille, je vais vous demander de dessiner un arbre ».
Monsieur S : « Un arbre ? N'importe quel arbre ? »
P : « oui, oui. N'importe quel arbre. Celui que vous souhaitez ».
Monsieur S. « Voilà ».

Arbre n° 2 : « *Dessinez encore un arbre* »
Temps de réalisation : un peu plus d'une minute.
P : « sur une seconde feuille, je vais vous demander de dessiner encore un arbre ».
Monsieur S : « Je croyais que j'allais en faire plein. Un autre arbre ? Alors ce coup-ci… euh… alors ce coup-ci, on va en faire un comme ça. Hum, pas terrible, mon arbre. Je voulais faire une sorte d'arbre en espalier, mais je crois que je ne suis pas très doué pour les arbres en espalier. Il ressemble plus à un cactus qu'à un arbre (rires). Tiens, on va faire un poirier (rires). Le poirier est un arbre décoratif, mais faut en faire un investissement quand même. Voilà, un deuxième arbre. Il ressemble plutôt à un truc pour l'électricité (rires) ».

Arbre n° 3 : « *Dessinez un arbre de rêve* »
Temps de réalisation : 3 minutes et 30 secondes.
P : « sur une troisième feuille, je vais vous demander de dessiner un arbre de rêve ».
Monsieur S : « Un arbre de rêve ? Je n'ai pas d'arbre de rêve, moi (soupire)… Bah, je ne sais pas trop. Qu'est-ce que je pourrais bien faire ? Que l'arbre ? Pas l'aménagement dans l'arbre, une cabane ou un truc comme ça ? Ça pourrait être un très gros arbre avec une cabane dedans pour faire un observatoire, pour regarder un peu les bébêtes. Disons que ça me déplairait pas ce genre de chose. Normalement, il faudrait que ça, ça disparaisse (les branches entremêlées avec les traits de la cabane). Il y a la cabane devant. Une petite racine là, voilà. Un œil (rires). Un autre œil. Et des feuilles, tout plein de feuilles, tout plein de feuilles. Une petite branche dans la cabane naturellement. Une porte. Et une fenêtre. Et voilà (rires). Et, un plancher. Et comment on monte ? Et bien, on grimpe à l'arbre (rires). Pas d'échelle, sinon tout le monde monte. Voilà. Un arbre observatoire. Voilà, à peu près ce que je ferais. Et voilà. Une barrière pour ne pas tomber. Et voilà ».

Histoires des arbres
Histoire de l'arbre n° 1
Monsieur S : « Bah, qu'est-ce qu'il a cet arbre-là ? Cet arbre-là, il… Cet arbre-là… (Il dessine les traits horizontaux en dessous de l'arbre représentant la rivière), il est au bord de la rivière. Voilà. C'est un arbre qui est au bord de la rivière. Qui s'est planté tout seul parce que… parce qu'avec les graines… Il était tout petit, petit et il est

devenu grand. Et, c'est un arbre qui est au bord de la rivière. Voilà son histoire. Et, j'vais me cacher là-dessous pour aller à la pêche, pour avoir de l'ombre (rires). Voilà l'histoire de cet arbre-là. En espérant que personne ne va le couper. Mais c'est pas un arbre... c'est pas un bon arbre. C'est pas du chêne, ce n'est pas de l'orne. C'est... c'est de l'arbre... c'est pas du bon bois. Voilà. Ils ne viendront pas le couper (rires). C'est pas du bon bois, ils viendront pas le couper. C'est pas un bois noble. Du genre chêne, orne, acacia, ébène, pas par chez nous, mais... Un châtaigner. Un truc comme ça. Un châtaigner... Il est gros. Un marronnier, tiens, il est gros. Un marronnier, un châtaigner. Un marronnier plutôt parce qu'il est gros. Oui, parce que ça fait de l'ombre. On se met sous l'arbre parce que ça fait de l'ombre. Et puis, on peut se cacher aussi pour pas que les poissons nous voient (rires). Une truite, ça voit à dix mètres. Dix mètres. Si t'as une truite ici (montre sur le dessin), si t'es caché là (montre sur le dessin), il y a dix mètres, t'arrives à l'avoir. Si tu te mets là, tu ne l'auras pas ».

Histoire de l'arbre n° 2

Monsieur S : *« Alors celui-là, c'est un poirier en espalier. Normalement, il a plein de petits frères. Il n'est pas tout seul. Alors ça, ça a été planté par mon grand-père, il y a très, très longtemps. Et depuis, on s'évertue à leur donner la forme d'espalier pour pouvoir récolter les fruits. Donc, ça fait déjà la troisième génération qui s'occupe de l'arbre. Donc, c'est un arbre qui a... qui a... 80 ans (rires) .80 ans. Voilà. Et donc... c'est un arbre fruitier, au fond du jardin, le long d'un mur naturellement. Et, ça donne des fruits plus ou moins tous les ans. Plus ou moins. Mais... euh..., il commence à être vraiment très, très, très vieux et euh, il donne de moins en moins naturellement. Il va falloir commencer à penser à les remplacer lui et ses petits camarades. Voilà. Ils ont tous été plantés à peu près en même temps. Il y a avait ça dans le jardin de ma tante. Moi, j'ai pas d'arbre. C'est du grillage et de la haie. Et j'avais ça dans le jardin de ma tante. Il y avait tout un mur qui était tapissé de poirier comme ça. C'est pour cela que j'ai le souvenir de ce truc-là. Alors ça date de... j'étais gamin à l'époque. Donc, ça date un petit peu. J'ai le souvenir de ces arbres. J'aimais bien ces arbres en espalier. Je trouvais ça sympa. Faut leur donner la forme. Et c'est long. Ça met des années et des années. Trouver la forme qui va le mieux. Parce qu'avant pour récolter faut que ça bourgeonne naturellement. Et pour récolter, tu mets des petits sacs en plastique autour du fruit, de l'embryon de fruit. Tu mets un sac en plastique que tu serres modérément pour que ça respire. Et le sac en plastique, d'une part, ça fait un peu serre, et d'autre part, les bébêtes ne peuvent pas venir bouffer les fruits. Sinon t'as les guêpes, elles se tapent les poires. Et ça te permet de récupérer de très, très belles poires. Et quand tu vois quelquefois, une grosse, énorme poire dans une bouteille, une poire Williams en l'occurrence, c'est le même principe. Quand il était petit, on a mis la bouteille, on l'a attaché, on a mis un petit sac en plastique pour pas que les bêtes rentrent, et on a fait grossir la poire dans une bouteille. J'me souviens très très bien de mon... oncle qui s'occupait de mettre ses petits sacs et il vérifiait ça régulièrement pour pas qu'il y ait de bêtes qui* *rentrent. Après les sales guêpes les bouffent. Voilà. La maison a été vendue depuis. Je ne sais pas. À l'époque, j'étais un jeune homme, j'avais 22 ans quand j'ai quitté, quand mon oncle et ma tante sont partis. Je connaissais ces arbres j'avais 22 ans. Et euh… C'était un petit jardin sympa. Il y a avait pas mal d'arbres fruitiers. Des pommiers, des poiriers, des framboisiers. Plein de trucs fruitiers. C'est chouette. Pour manger surtout. C'était surtout très très bon à manger quand c'était la saison des poires ou des framboises. Voilà c'est tout ce que je peux te dire en gros sur cet arbre et ses petits camarades ».*

Histoire de l'arbre n° 3
Monsieur S : *Alors celui-là… c'est un peu un observatoire et c'est aussi, le final, l'aboutissement de dizaines, de dizaines de cabanes que j'ai faites dans les arbres quand j'étais gamin (rires). Parce que j'avais la chance d'habiter dans un village où il y avait des forêts tout autour et où il y avait des cabanes dans tous les coins (rires). On faisait des cabanes dans tous les coins, mes petits copains et moi. Et on a fait des dizaines, des dizaines de cabanes dans les arbres. Pas aussi sophistiquées que celle-là, naturellement. Ça, c'est l'aboutissement. C'est… parmi les choses, les smart box qu'on gagne, certainement que j'irais passer une nuit dans les arbres un jour, pour changer. On va être emmerdé c'est pour monter, mais bon (rires). Oui… c'est un peu un rappel de mon enfance. Parce que, qu'est-ce qu'on a construit comme cabanes. On habitait dans les bois quasiment. Je sortais de chez moi, je faisais trente mètres et j'étais dans les bois. Et sur des kilomètres. Du bois, du bois, du bois. C'était très agréable. Tu penses qu'on était un peu homme des bois. On savait tout. Et on construisait des cabanes. On était six copains. Quand on n'était pas à l'école, on faisait des cabanes. Alors ça tenait avec des bouts de ficelles. J'me demande d'ailleurs comment on a fait pour pas se tuer. Des fois, c'était monté curieux. Enfin, ça tenait. On s'est bien pris des gamelles, mais bon ce n'était pas bien méchant. On peut observer les oiseaux. On peut observer, en bas, les autres animaux plus gros. On peut voir du chevreuil, des sangliers, du lapin, du renard éventuellement quoique c'est très méfiant ces bêtes-là. Si tu ne fais pas de bruit, avec une bonne paire de jumelles, tu peux observer en bas. Ou des oiseaux en haut. Mais… ça se fait beaucoup maintenant. Il y a pas forcément une construction souvent c'est un bateau. Des fois, il n'y a même pas la rambarde. Mais d'un autre côté si tu fais avec une fermeture comme ça, les animaux s'habituent à la fermeture et ils te voient plus alors que si t'es sur le bateau ils te voient. Alors que là quand t'es dedans, tu regardes par la fenêtre et les animaux te voient pas, mais toi tu les vois. Et puis, si c'est assez grand, tu peux faire dodo dedans. Alors moi les arbres ont toujours des feuilles parce que je n'aime pas l'hiver. Les arbres tout nus ce n'est pas beau. Ils ont des feuilles toujours. C'est moche un arbre tout nu. C'est squelettique. C'est moche. D'ailleurs quand tu veux faire peur, tu montres toujours des arbres tous nus (rires), des arbres sans feuilles. Je ne sais pas moi j'aime bien la verdure des feuilles, c'est joli. Ça donne de l'épaisseur à l'arbre. Ça habille ».*

Histoires reliant les arbres

P : « alors maintenant je vais vous demander de raconter une histoire qui relierait les trois arbres ».

Monsieur S : « Pas facile. Deux c'est possible. Trois pas tellement. (Long silence). Celui-là (le 1ᵉʳ) c'est quand il était petit. Et quand il est devenu très grand, très très grand et très très fort, on a pu se permettre de faire une cabane et de la mettre dedans (le 3ᵉ). Et il n'était pas loin du jardin où il avait celui-là (le 2ᵉ) et on allait manger les fruits sur celui-là (rires). Je ne peux pas l'accorder c'est pas du tout le même genre. Là, ça peut aller, je peux encore jongler un peu. Donc là, il était encore petit, pas encore assez costaud pour supporter un poids et quand il est devenu très grand et très fort on a pu se permettre de mettre une cabane dedans. Donc oui, ça peut être un marronnier parce que c'est costaud (rires). C'est le même, le troisième. En plus vieux. Quelques années plus tard. Je suis en train de réfléchir à des arbres qu'il existe dans ces coins et au bord des rivières surtout. Un marronnier il ne vit pas au bord des rivières. Un aune oui… C'est un arbre. Il y a un jardin avec celui-là. Lui c'est le petit frère. Qui nous permet quand c'est la saison de manger quelques fruits tout en observant les bébêtes dans la cabane. Sinon, on pourrait faire quoi comme histoire ? On sort du jardin où il y a l'arbre à fruit là. Et puis de là, on traverse la rivière, on passe devant le petit arbre. On rentre dans la forêt qui est tout de suite là pour aller voir l'observatoire avec la cabane dans l'arbre. Là, c'est un cheminement. Ils sont séparés. Ce sont plus même. En se promenant, on rencontre les trois arbres. On peut même dire que ça évolue. On sort du jardin, on traverse le petit pont. On va voir cet arbre, on passe devant cet arbre où on a l'habitude de pêcher. Donc, c'est un arbre qu'on connaît bien. Ça continue et on arrive à la forêt où il y a un observatoire qui a été monté pour observer le gibier en l'occurrence. Que les poires se dépêchent de mûrir, car j'adore les gâteaux à la poire. On fera des gâteaux.

Les dessins d'arbre : analyse

Sphère affective

Monsieur S. semble avoir vécu un développement psychologique normal avec toutefois des traumatismes se produisant plus tard. Les index de Wittgenstein attestent de l'existence de trois évènements : le premier durant la période où monsieur S. était âgé de 9-10 ans à 15 ans ; le second de 15-16 ans à 17-18 ans et le troisième de 20-21 ans à 22 ans. Aucun élément d'anamnèse ne coïncide avec les deux premiers. Par contre, le troisième peut correspondre à la tuberculose que monsieur S. a déclarée à l'âge de 20 ans et à son lourd traitement d'une durée de deux ans qu'il avait rapporté durant les entretiens.

Concernant les relations de monsieur S. à ses parents, on relève un attachement ambivalent à la mère et une identification au père sous-tendue par une rivalité concernant notamment la virilité.

Toutefois, en raison du manque d'éléments d'anamnèse à ce sujet, il est impossible d'attester ces allégations.

Monsieur S. semble être d'une grande émotivité, et très sensible à l'environnement. Ilsemble fragile et vulnérable malgré la confiance qu'il se témoigne déjà repérée dans les entretiens.

Comme relevé dans les entretiens, monsieur S. fait preuve de contrôle, de répression et de répression des affects. Il lui arrive d'être nerveux, impatient, irritable, impulsif. Monsieur S. explique s'être *« engueulé »* avec un ambulancier, car les ambulances ne sont *« jamais à l'heure »* et qu'il n'est *« pas patient du tout »*. Par ailleurs, les sentiments d'agressivité sont prégnants.

Il ressent aussi de l'insécurité certainement consécutive à l'annonce de son cancer et aux changements que celui-ci a entraînés sur sa vie familiale, sociale, professionnelle. On note de nombreuses incertitudes quant à l'avenir. Monsieur S. recherche des soutiens. Il a besoin d'être sécurisé, rassuré. Il. a également un besoin de dépendance orale (*cf.* sa consommation alcoolo-tabagique est sevrée, mais il compense par l'alimentation).

Il éprouver des sentiments d'insuffisance et d'impuissance probablement face à l'ensemble des effets secondaires provoqués par les traitements de sa maladie. En effet, on relève des déficits corporels, des troubles moteurs et une fragilité physique qu'il a rapportés au cours des entretiens et qui le poussent quelquefois à une certaine passivité.

Monsieur S. perçoit son environnement comme insuffisamment satisfaisant. Il paraît déçu dans sa vie quotidienne peut-être en raison d'un désaccord entre ses désirs et la réalité, d'une absence de liberté d'action en relation avec les effets secondaires de ses traitements pour le cancer. Ainsi, il tente d'échapper à cette réalité non conforme à ses désirs par une imagination envahissante, non contrôlée et des activités qu'il aime. Il fait d'ailleurs preuve de puérilisme.

Monsieur S. est nostalgique de sa vie passée, du temps où il était en bonne santé. Il a des préoccupations, des inquiétudes par rapport à sa sexualité qu'il avait évoquées durant les entretiens. Il présente une frustration sexuelle et semble éprouver une culpabilité en rapport avec ces difficultés.

Sphère sociale

Bien qu'il fasse preuve d'une bonne adaptation, de bon contact social, monsieur S. a besoin de développer des moyens d'ajustement plus affinés avec autrui puisqu'il semble rencontrer certaines difficultés dans ses relations. Ces dernières apparaissent limitées. Il est dépendant de son entourage et recherche son affection. Ainsi, il arrange sa personnalité, dissimule ses conceptions, se montre accommodant pour développer ou maintenir des contacts sociaux. Il se présente comme une personne extravertie. Il se valorise en utilisant son humour pour convaincre. Il a besoin de contact pour se sentir exister.

Monsieur S. apparaît à la fois traditionaliste et conservateur, mais sachant faire preuve d'originalité. Paradoxalement, il a besoin d'être indépendant, insouciant, indiscipliné pour continuer à avancer dans la vie malgré la maladie.
Il a besoin d'activités et de s'occuper.

Sphère intellectuelle

Monsieur S. présente une intelligence normale (de type réalisatrice) avec des facilités d'apprentissage et de mises en pratique. Il lui arrive de douter de ces capacités quand la maladie le gêne.
Il fait preuve de curiosité. Il une personne méthodique. Il est capable de faire des projets qu'il laisse mûrir avant de les mettre en pratique.

Symbolique des arbres

Le premier arbre

Ce premier arbre, représentant l'attitude sociale et professionnelle du sujet (De Castilla, 2000 ; Fernandez, 2014), apparaît fragile, abîmé et désorganisé. Effectivement, l'annonce du cancer a désorganisé la vie professionnelle, familiale et sociale. L'aspect de ce premier arbre atteste, en ce sens, de ses difficultés relationnelles et de son besoin de contacts sociaux qui sont limités.
Cet arbre est défini par sa position dans l'espace : *« il est au bord de la rivière »*. Cette rivière, monsieur S. l'a dessinée au moment du récit de l'histoire de l'arbre. L'ébauche d'un paysage traduit une fuite de la réalité par l'imagination) relevée également par d'autres tracés. Il est possible que monsieur S. ait eu besoin de s'appuyer sur cette rivière pour continuer son histoire.
L'arbre est *« planté tout seul »*, cela renvoie peut-être à la non-reconnaissance de monsieur S. par son père à sa naissance. Mais cet arbre s'est développé normalement *« Il était tout petit, petit et il est devenu grand »*.
Dans un puissant mouvement projectif, monsieur S. s'introduit complètement dans l'histoire l'arbre en se mettant en scène. L'histoire se précise autour d'une activité de pêche en rivière : *« aller à la pêche »*, que monsieur S. pratique et qui a certainement déterminé son choix de dessiner une rivière. L'arbre est utilisé pour son ombre (aspect pratique), mais aussi *« pour se cache, pour pas que les poissons nous voient »*.
Monsieur S. souligne l'existence d'une menace sur cet arbre : *« en espérant que personne ne va le couper »*. Cette menace traduit peut-être la présence d'une angoisse de mort certainement soulevée par l'annonce de sa maladie. Cette menace d'être coupé est alors écartée par un commentaire de dévalorisation de l'arbre : *« ils ne viendront pas le couper (…) ce n'est pas un bon arbre (…) ce n'est pas un bois noble du genre chêne, orne, acacia, ébène »*. Cette dévalorisation traduit le manque de confiance en soi de monsieur S est ambivalent dans le choix de l'arbre. Un châtaignier puis finalement un marronnier *« plutôt parce qu'il est*

gros ». Cette conception manque de fondement puisque ce critère de choix est erroné : le marronnier et le châtaignier sont tous deux d'une taille imposante.

Bien que proche et ainsi souvent confondue, la symbolique de ces deux arbres diffère sur certains points.

Le châtaignier est impressionnant pour sa taille imposante et pour sa longévité considérable puisqu'il peut vivre jusqu'à 2000 ans. Ses racines exubérantes lui confèrent un symbole de virilité. Le châtaignier est essentiellement le symbole de la prévoyance (Chevalier, Gheerbrant, 1997). Pour les Celtes, cet arbre était symbole de l'honnêteté, de la franchise. Ils le considéraient également comme un gardien, protecteur. Cet arbre fut ensuite estimé comme fidèle à l'homme pour la nourriture saine et abondante qu'il procura lors de nombreuses famines. Les feuilles du châtaignier sont quant à elles, utilisées pour soigner les toux, les bronchites grâce à ses vertus médicinales expectorantes et antitussives. Enfin, cet arbre entretient une relation symbolique avec la mort en tant que lieu de passage vers l'au-delà. De nombreuses croyances mettent d'ailleurs en jeu les châtaignes le jour de la Toussaint ou lors de rites funéraires.

Le marronnier est également impressionnant pour sa taille. Néanmoins, sa durée de vie de 300 ans est bien moindre que celle du châtaignier. Cet arbre symbolise essentiellement la protection.

À travers l'évocation de ces deux arbres, monsieur S. semble réclamer une protection dont il a très certainement besoin contre les difficultés que lui impose sa maladie ou plus largement contre la mort à venir. La quête d'un soutien, d'une protection auprès d'une personne pour être sécurisé, rassuré, avait d'ailleurs été notée.

On peut s'interroger sur la mise à distance du châtaignier au profit du marronnier. Peut-être que monsieur S. tente de dissimuler certaines de ses conceptions. En effet, certains symboles du châtaignier peuvent être renvoyés à sa maladie : les vertus médicinales de ses feuilles contre les maux respiratoires dont monsieur S. souffre, le symbole d'une longévité qui est compromise, la relation symbolique avec la mort qu'il entrevoit par l'atteinte cancéreuse, le symbole de la prévoyance dont il doit faire preuve en raison de sa maladie. Par ailleurs, le châtaignier est également symbole de la virilité que monsieur S. surinvestit. De plus, le châtaignier est un arbre qui procure une alimentation.

La rivière, ou plus généralement, l'eau revêt également plusieurs dimensions symboliques. L'eau porte, tout d'abord, la dualité symbolique de générer la vie et la mort. Elle est destructrice par ses inondations, mais elle est aussi conçue comme à l'origine de la création, indispensable à la vie, en mesure de transmuter la matière inerte en vie. L'eau est aussi souvent invoquée pour ses aptitudes à soigner et à guérir le corps et l'âme. En ce sens, on peut voir à travers cette rivière le désir de monsieur S. d'être soigné de sa maladie. Enfin, elle est le symbole de la sagesse. L'eau constitue aussi le premier miroir de l'homme. Miroir à travers lequel monsieur S. peut faire le bilan de sa vie, souvent réalisé par les personnes atteintes de maladie grave. La rivière est d'ailleurs souvent, par métaphore, assimilée au parcours de la vie d'un individu. Dans cette optique de bilan de vie, l'eau, symbole de la pureté est dotée de pouvoirs purificateurs, peut laver monsieur S. de ses souillures et de ses péchés.

Le deuxième arbre

Le second arbre, représente selon (De Castilla 2000 ; Fernandez, 2014) le Moi intime du sujet. Il semble fragile. Son aspect confirme la vulnérabilité et la fragilité relevées chez monsieur S. explique que ce second arbre est « *un poirier en espalier (…) arbre fruitier* ». Le poirier par le caractère éphémère de sa fleur porte le symbole du deuil. Il est possible que ce deuil concerne pour monsieur S. le deuil de sa vie de non-malade. La poire est le symbole de la sensualité, de l'érotisme (Chevalier, Gheerbrant, 1997). Cette dernière symbolisation renvoie aux préoccupations sexuelles de monsieur S. Enfin, jusqu'au Ve siècle, le bois du poirier était associé à la protection contre les maladies, les accidents et les dangers de toute sorte. Ce second arbre corrobore l'éventuel désir de monsieur S. d'une protection contre la maladie, soulevé par l'évocation du châtaignier et du marronnier lors du premier dessin de l'arbre. Par ailleurs, réaliser un arbre en espalier traduit un contrôle de soi mis en évidence par d'autres tracés.

Monsieur S. souligne que « *normalement, il a plein de petits frères. Il n'est pas tout seul* ». La négation de la solitude et la référence normative à l'accompagnement par d'autres renvoient au besoin de contact déjà exprimé par monsieur S. ou plus spécifiquement à sa dépendance à son entourage et à sa quête de soutien. La recherche de soutien et le besoin de sécurité sont également soulignés par la présence de tuteurs horizontaux à l'arbre traduisant un manque de confiance en soi et/ou des déficits corporels.

L'arbre est situé « *le long d'un mur naturellement (…) au fond du jardin de ma tante* ». Monsieur S. explique que « *le souvenir de ces arbres (…) date un petit peu (…) j'avais 22 ans* ». Le dessin d'un poirier en espalier a une valeur affective pour monsieur S. : « *J'aimais bien ces arbres en espalier. Je trouvais ça sympa* ». Au sujet du jardin de sa tante dans lequel se trouve l'arbre, monsieur S. dira : « *C'était un petit jardin sympa. Il y a avait pas mal d'arbres fruitiers… Des pommiers, des poiriers, des framboisiers… C'est chouette. C'était surtout très très bon à manger* ». On voit ici comment opère le retour au passé et à des souvenirs anciens. De même, on peut noter une nouvelle référence à l'alimentation.

Monsieur S. se projette dans l'histoire de ce second arbre. Il explique que cet arbre « *a été planté par mon grand-père il y a très, très longtemps* » et que c'est « *la troisième génération qui s'en occupe (…) on s'évertue à leur donner la forme d'espalier pour pouvoir récolter les fruits* ». On note une volonté de monsieur S. de s'inscrire dans sa filiation certainement en raison de la non-reconnaissance de son père à sa naissance. L'histoire de cet arbre s'articule ensuite autour de la récolte de ses fruits : « *il donne des fruits plus ou moins tous les ans* ». Monsieur S. livre une technique, une méthode pour optimiser la récolte des fruits : « *Tu mets des petits sacs en plastique autour du fruit, de l'embryon de fruit. Tu serres modérément (…)*

Ça fait un peu serré, et d'autre part, les bébêtes (...) les sales guêpes (...) peuvent pas venir bouffer les fruits. Et ça te permet de récupérer de très, très belles poires ». À travers cet exposé, monsieur S. réclame peut-être une fois de plus implicitement une protection à l'image du sac en plastique qui protège les poires de la menace d'être *« bouffées »* par les guêpes. Il est possible qu'il projette sa propre angoisse de dévoration.

Quant à la productivité de ses fruits : *« Il commence à être vraiment très, très, très vieux (...) il a 80 ans (...) et il donne de moins en moins naturellement »* jusque dans un mouvement de disparition : *« Il va falloir commencer à penser à les remplacer lui et ses petits camarades ».* La diminution de la productivité des fruits de l'arbre renvoie peut-être aux sentiments d'insuffisance et d'impuissance que monsieur S. éprouve (du fait de sa maladie et ses lourds traitements. L'idée de remplacer l'arbre traduit peut-être l'angoisse de mort soulevée par le cancer.

Le troisième arbre

Le troisième arbre, l'arbre de rêve, représente selon (De Castilla, 2000 ; Fernandez, 2014), les désirs profonds du sujet. Son apparence atteste de l'importance des désirs pour monsieur S. : sa taille imposante lui confère une robustesse, contrairement aux deux premiers arbres.

Le troisième arbre est un *« arbre observatoire [...] avec une cabane dedans pour faire un observatoire ».* Cet arbre semble bien constituer son arbre de rêve puisqu'il signale que *« ce genre de chose, ça me déplairait pas »* et qu'*« un jour »*, il apprécierait de *« passer une nuit dans les arbres ».*

Monsieur S. explique que cette *cabane* est *« le final, l'aboutissement de dizaines, de dizaines de cabanes que j'ai faites quand j'étais gamin ».* Sa capacité à réaliser des projets mûrement réfléchis ainsi que ses aptitudes manuelles sont confirmées.

Étymologiquement, cabane signifie *« petite maison ».* Initialement, les cabanes sont nées du besoin des hommes de se protéger contre les intempéries. Elle est souvent considérée comme une demeure précaire, éphémère puisqu'elle constitue un refuge temporaire où l'on peut trouver de l'aide. En ce sens, la cabane porte le symbole de la protection. Protection, sécurité dont monsieur S. a besoin et qu'il réclame comme nous avons pu le relever à plusieurs reprises.

Habitat traditionnel, la cabane est un espace de transition entre la nature et la culture. Elle s'inscrit dans un désir de retrouvailles avec la nature de par la relation étroite qu'elle entretient avec elle. Monsieur S. apprécie particulièrement la nature auprès de laquelle il a grandi et dont il dira que : *« C'était très agréable ».* En effet, il explique qu'il *« habitait quasiment dans les bois. Je sortais de chez moi je faisais trente mètres et j'étais dans les bois. Et sur des kilomètres ».* Lorsqu'il était enfant, *« On était six copains. Et on construisait des cabanes. Tu penses qu'on était un peu homme des bois. ».* L'évocation de la cabane le renvoie des souvenirs d'enfance clairement exprimés : *« c'est un peu un rappel de mon enfance ».*

Le plus souvent, la cabane constitue une adaptation humaine à la nature. Elle est un modèle de fonctionnalité et de simplicité afin d'observer la nature sans la bouleverser. De cet arbre observatoire, monsieur S. explique qu'« *on peut observer les oiseaux [...] en bas, les autres animaux plus gros [...] du chevreuil, des sangliers, du lapin, du renard* ». Il dira également : « *quand t'es dedans [...] Si tu ne fais pas de bruit, avec une bonne paire de jumelles [...] tu regardes par la fenêtre et les animaux te voient pas [...], ils s'habituent à la fermeture et ils te voient plus [...], mais toi tu les vois* ». Cette *cabane observatoire* traduit bien le don d'observation de monsieur S. ainsi que sa curiosité tout en veillant au respect de la nature.

Construire une cabane constitue un rêve d'enfant qui peut perdurer à l'âge adulte. En effet, les cabanes d'enfance sont un espace de jeu, de découverte et d'aventures. Ainsi, la cabane dessinée par monsieur S. traduit bien son puérilisme. La cabane offre également un espace à soi dans lequel la liberté est accessible par l'évasion imaginaire dont monsieur S. fait preuve. En ce sens, la cabane de monsieur S. répond à son besoin d'échapper à une réalité qu'il perçoit comme insatisfaisante, décevante, non conforme à ses désirs et dans laquelle il ne se sent pas libre.

Bien que les cabanes soient perçues comme le signe d'une originalité, elles sont aussi souvent envisagées comme des objets indisciplinés et transgressifs. La cabane de monsieur S. atteste ainsi de l'indiscipline, de la transgression et de l'originalité de celui-ci. Les cabanes sont souvent un lieu où s'exerce une grande sociabilité, une convivialité. Ainsi, la cabane de monsieur S. traduit peut être son besoin de contacts sociaux. Cette cabane ou petite maison peut être envisagée comme l'image du Moi de monsieur S. La cabane forme un carré. Cette forme symbolise la stabilité dont il a le sentiment de manquer, mais aussi, à travers ses quatre dimensions, l'ordonnancement du monde traduisant peut-être l'autodiscipline quand elle est vraiment nécessaire. Les murs renvoient aux limites de son Moi ou encore aux défenses de ce dernier. Le toit signale également la protection. La présence d'une fenêtre à cette cabane indique la réceptivité, la sensibilité à l'environnement. La porte symbolise souvent un lieu de passage, notamment de la terre au ciel. Ainsi, fermée, elle peut renvoyer d'une certaine façon à une lutte contre l'angoisse de mort. Plus largement, il peut s'agir du passage d'un état à un autre, d'un changement comme celui du statut de non-malade à malade ou du passage de la vie à la mort. Monsieur S. fait preuve de prévoyance contre des menaces ou les dangers potentiels : « *pas d'échelle, sinon tout le monde de monte [...] une barrière pour pas tomber* ». *L'absence d'échelle* peut également traduire d'une lutte contre l'angoisse de mort, car l'échelle symbolise l'ascension spirituelle, le passage entre la terre et le ciel.

Enfin, monsieur S. signale que « *ses arbres ont toujours des feuilles* » parce qu'il « *n'aime pas l'hiver* ». L'hiver, saison signant le déclin, le renvoie sûrement à ses sentiments d'insuffisance et d'impuissance et à sa maladie qui l'a fait décliner. L'hiver est également la saison où les arbres n'ont plus de feuilles. Or, monsieur S. dit ne pas apprécier les « *arbres tout nus* », car « *ce n'est pas beau [...] c'est moche [...] c'est squelettique* ». Par analogie, les feuilles sont à l'arbre ce que les poumons sont à l'homme. Ils permettent de respirer et par conséquent de vivre. La sensibilité de monsieur S. à l'absence du feuillage des arbres traduit peut-être l'angoisse de mort relative à son cancer du poumon [un homme sans poumon, c'est comme un arbre sans feuilles]. Un arbre sans feuille est d'ailleurs renvoyé à un squelette, à un corps dévitalisé, mais aussi à la peur : *« quand tu veux faire peur, tu montres toujours des arbres sans feuilles »*. Monsieur S. *« aime bien la verdure des feuilles »*, car *« c'est joli »* et que *« ça donne de l'épaisseur à l'arbre, ça habille »*. Peut-être que cette épaisseur lui offre la possibilité de dissimuler sa personnalité et ses conceptions ou de conserver son jardin secret.

À propos de l'histoire qui relie les trois arbres, monsieur S. en propose deux.

Dans la première histoire, monsieur S. établit une confusion entre le premier et le troisième arbre : *« Celui-là [le 1er] c'est quand il était petit [...] [le 3e] C'est le même [...] En plus vieux »*. Il explique que petit, cet arbre n'était *« pas encore assez costaud pour supporter un poids »* et que une fois *« devenu très, très grand et très, très fort, on a pu se permettre de faire une cabane »*. Cette explication témoigne de l'investissement de la virilité et de la force par monsieur S. Il indique que cet arbre *« peut être un marronnier parce que c'est costaud »* avant de se réinterroger sur sa nature puisque *« un marronnier ne vit pas au bord des rivières »*. Face à cette contradiction, monsieur S. réalise une mise à distance en se désengageant : *« c'est un arbre »*. Le deuxième arbre est d'abord relié à l'histoire spatialement : *« pas loin [...], il y a un jardin avec celui-là [le 2e] »*. Ainsi, *« quand c'est la saison [...], on allait manger les fruits tout en observant les bébêtes dans la cabane »*. Par ailleurs, monsieur S. établit un lien de parenté surprenant entre ce deuxième arbre et les deux autres : *« Lui c'est le petit frère »*. Dans la seconde histoire, la fusion établie auparavant entre le premier et le troisième arbre ne tient plus : *« Ils sont séparés. Ce sont plus mêmes »*. Ce mouvement de fusion-séparation atteste de la fragilité des limites du Moi de monsieur S.

La seconde histoire est la suivante : *« On sort du jardin où il y a l'arbre à fruit [le 2e]. On traverse la rivière [...] le petit pont [...] on passe devant cet arbre [...] qu'on connaît bien [...] où on a l'habitude de pêcher. Et on arrive à la forêt où il y a un observatoire qui a été monté pour observer le gibier »*. Monsieur S. parle d'*« un cheminement »* peut-être à l'image de son propre cheminement de vie dont il fait le bilan. Enfin, dans un dernier commentaire, monsieur S. se projette dans l'histoire de ses arbres : *« Que les poires se dépêchent de mûrir, car j'adore les gâteaux à la poire. On fera des gâteaux à la poire et j'irais me goinfrer là-dedans [dans la cabane] »*. On remarque son impatience ainsi que son surinvestissement de l'alimentation traduisant peut-être son besoin de dépendance orale.

Les trois arbres sont situés dans la partie gauche de la page, plus précisément dans la partie haute gauche pour les deux premiers et dans la partie centre gauche pour le troisième. Symboliquement, ces zones renvoient à la passivité [provoquée par la maladie] et à la nostalgie [du passé quand il n'était pas malade et en bonne santé].

Bibliographie

CHEVALIER, GHEERBRANT, A. (1997). *Dictionnaire des symboles : Mythes, rêves, coutumes, gestes, formes, figures, couleurs, nombres.* Paris : Robert Laffont, collection, Bouquins.

DE CASTILLA, M. (2000). *Le test de l'arbre : Relations humaines et problèmes ac*tuels. Paris : Masson, collection Graphologie, 2e édition.

FERNANDEZ, L. (2014*). Le test de l'arbre. Un dessin pour comprendre et interpréter.* Paris : Éditions In Press, 3e édition.

FERNANDEZ, L. (2016). *Le dessin de la personne.* Paris : Éditions In Press, collection concept psy.

CONCLUSION

Rares sont les ouvrages en psychologie clinique ou en psychopathologie qui présentent des contenus de cours, des travaux thématiques ou des cas cliniques. Les cas cliniques qui sont souvent présentés dans des articles scientifiques peu accessibles au grand public.

Ce manuel-outil a pour objectif de dévoiler des situations cliniques, des thématiques correspondant aux préoccupations d'enseignements et de recherches de l'auteure, mais surtout qui ont attiré l'attention et l'intérêt des étudiants en cours de formation, avec des outils qui lui sont propres, qu'elle emprunte ou qu'elle a développés et qu'elle utilise dans sa pratique clinique avec les sujets addictés.

Cet ouvrage se veut un guide pédagogique non exhaustif et pratique pour aborder les addictions et proposer des exemples concrets de pratiques professionnelles et de recherches dans ce domaine en offrant un panorama de situations rencontrées pour décrire les mécanismes psychiques en jeu, exposer sa façon de travailler avec des patients.

Dans « Addictions 2 », « Concepts et modèles théoriques », le lecteur trouvera des éléments explicatifs et de compréhension des addictions et de leurs processus.

À PROPOS DE L'AUTEUR

Lydia Fernandez est actuellement professeur des universités à Lyon 2 et membre du laboratoire L-VIS (EA 7428) à Lyon 1. Elle est également psychologue clinicienne et tabacologue. Elle enseigne la psychologie clinique, la psychopathologie et la psychologie de la santé à tous les âges de la vie. Ses recherches portent sur les addictions (tabagisme et alcoolisme, notamment), les émotions, l'image du corps et les tests projectifs de dessin (dessin de l'arbre, dessin de la personne, etc.) dont elle est une spécialiste reconnue. Elle a publié de très nombreux ouvrages théorico-cliniques et méthodologiques en France ou à l'étranger ainsi que de nombreux articles scientifiques.